中国民法典评注丛书

丛书总主编　王利明

中国民法典评注
——婚姻家庭编——

COMMENTARY ON THE CIVIL CODE OF THE PEOPLE'S REPUBLIC OF CHINA

主编　龙翼飞

执行主编　冉克平

人民法院出版社　｜　People's Court Press

图书在版编目（CIP）数据

中国民法典评注. 婚姻家庭编／王利明总主编；龙翼飞主编. -- 北京：人民法院出版社，2021.11
ISBN 978-7-5109-3274-8

Ⅰ. ①中… Ⅱ. ①王…②龙… Ⅲ. ①婚姻法－研究－中国②继承法－研究－中国 Ⅳ. ①D923.04

中国版本图书馆 CIP 数据核字（2021）第 179845 号

中国民法典评注——婚姻家庭编

龙翼飞　主编

策划编辑：林志农　张承兵　孟　晋　宋　斌
责任编辑：黄丽娟　范　俊　刘新悦　马　倩
执行编辑：张亚纬　杨　阳　王菲菲　王　楠
出版发行：人民法院出版社
地　　址：北京市东城区东交民巷 27 号（100745）
电　　话：（010）67550695（责任编辑）　67550558（发行部查询）
　　　　　65223677（读者服务部）
客 服 QQ：2092078039
网　　址：http://www.courtbook.com.cn
E - mail：courtpress@sohu.com
印　　刷：天津嘉恒印务有限公司
经　　销：新华书店

开　　本：787 毫米×1092 毫米　1/16
字　　数：301 千字
印　　张：19
版　　次：2021 年 11 月第 1 版　2021 年 11 月第 1 次印刷
书　　号：ISBN 978-7-5109-3274-8
定　　价：68.00 元

版权所有　侵权必究

本编作者简介

主编：

龙翼飞（中国人民大学法学院教授、博士研究生导师）

执行主编：

冉克平（武汉大学法学院教授、博士研究生导师）

核心作者（按姓氏笔画排列）：

王葆莳（湖南师范大学法学院副教授）

叶名怡（上海财经大学法学院教授、博士研究生导师）

孙维飞（华东政法大学法律学院副教授）

李　昊（北京航空航天大学法学院教授、博士研究生导师）

李国强（大连海事大学法学院教授、博士研究生导师）

肖新喜（西北政法大学民商法学院副教授）

序　言

2020年5月28日，第十三届全国人民代表大会第三次会议通过了《中华人民共和国民法典》（以下简称《民法典》），并已于2021年1月1日正式实施。编纂《民法典》是深入贯彻落实习近平法治思想的一次生动实践，也是全面推进依法治国的重大成果。《民法典》是新中国第一部以"典"命名的法律，是治国理政的重器，也是保护公民权利的宣言书。《民法典》作为市场经济的基本法和社会生活的百科全书，它的颁布实施在我国法治建设历史上具有里程碑意义，标志着我们已经正式进入"民法典时代"，必将对建设法治国家、法治政府、法治社会带来更加积极全面的影响，也会对推进国家治理体系和治理能力现代化、保障人民群众美好幸福生活提供充分的法律保障。

《民法典》系统整合了新中国成立70多年来的民事法律规范，汲取了立法和司法实践的宝贵经验，以法典的形式确定了我国建设社会主义法治所取得的一系列重要制度成果。《民法典》立足我国的基本国情，维护国家基本经济制度，弘扬社会主义核心价值观，保障人民的基本权利，集中展现了中华民族法治文明发展的新成果。《民法典》坚持主体平等、保护财产权利、便利交易流转、改善营商环境、保障经济有序发展；《民法典》坚持以民为本、以民为上，致力于保障人权、改善民生、兴旺民业；《民法典》注重人文关怀、维护人格尊严、促进家庭和谐、保障人民安居乐业，不断增强人民群众获得感、幸福感、安全感；《民法典》积极回应了互联网、大数据和高科技爆炸时代的要求，充分彰显了时代特色。可以说，"民法典时代"也是以法律手段保障人民美好幸福生活的时代。迈进"民法典时代"，我们对中国法治建设的美好明天充满信心，对实现中华民族的伟大复兴和实现人民的美好幸福生活充满期待！

随着《民法典》的颁布，我国民商事法律规范体系已经基本形成，大规模创设民法规则的时代已经结束，在今后相当长的时间内，如何理解好、贯彻好、实施好《民法典》，使这部法典从"纸面上的法律"变为"行动中的法律"，使《民法典》所形成的制度优势转化为治理效能，将是法治建设的重要任务。为此，人民法院出版社在《中华人民共和国民法典（草案）》出台之际，就开始策划本套丛书的撰写工作，从2020年1月开始组建作者团队，到本书最终交付出版，一共历时20个月，在此期间，伴随着新司法解释和新的法律规范出台，丛书也相应地进行了多次修改。本丛书主要具有如下特色：

第一，定位明确，注重理论结合实际。本丛书的写作定位于使读者更好地理解我国的民事法律规范体系。因此，本丛书在写作过程中特别注重围绕法律规则在司法实务中已经存在的争议以及新规定可能引发的理解分歧展开论述，并就相关条文在司法适用中的裁判规则进行了梳理，以期为《民法典》及其配套司法解释的准确理解与适用提供有益参考。同时，本丛书关注理论前沿，在进行写作任务分配时，各团队成员负责自己有过学术积累的条文，以作者在相关领域的专业性确保条文写作质量。

第二，详略得当，篇幅处理灵活。为了便于读者快速准确理解法律条文的内涵，本丛书的撰写坚持"表达从简"和"写作篇幅根据条文实际情况具体处理"两项原则，对于内容复杂、在适用中可能存在较大争议的条文，作者进行详细解读；而对内容简单、争议较小的法律条文，则进行简要阐释。

第三，体例清晰，写作重点明确。本丛书按照"法条由来""法条评注""其他问题"的写作体例展开写作，我们在"法条由来"部分用最简单的语言描述《民法典》条文的变迁，重点说明条文的变化之处，以提示读者留意；"法条评注"部分除了对条文进行解读之外，还对条文在理解、适用中可能存在的问题进行详细解读；"其他问题"部分则对有必要交代的问题加以说明。

第四，内容新颖，反映最新的立法精神和司法观点。在本丛书撰写过程中，最高人民法院为了更好地贯彻实施《民法典》，开展了全面清理司法解释的工作，在废止、修改一大批司法解释的同时，也颁布了一批全新的司法解释，本丛书的写作最大程度地将这些新内容纳入其中。为了等待《个人信息保护法》《人脸识别司法解释》等新的重要法律、司法解释的出台，本丛书至2021年8月底才正式定稿，目的是尽量反映最新的立法精神，使法条评注的内容尽可能与最新的法律规定相契合。

第五，形式丰富，融合"民法典评注小程序"。丛书适应融媒体发展形势，充分结合数字技术和移动阅读，开发"民法典评注小程序"，每条评注内容均可通过小程序查看，同时关联各类立法、司法资料，包括法典评注、音频学习、新旧对照、关联法条、关联案例、参阅文献六大内容，为广大读者全方位全景式系统化学习《民法典》提供助力。

《民法典》内容博大精深，且将随着时代发展、社会生活的变化而不断发展和完善。与之相适应，我们对《民法典》的理解也是一个不断深化的过程。希望本丛书能够为大家准确理解《民法典》规则提供有益参考。虽然本丛书各位作者和编辑都十分重视编写质量，但书中的纰漏在所难免，我们衷心希望广大读者不吝指正！

王利明

二〇二一年十一月一日

凡 例

1. 法律文件名称中的"中华人民共和国"省略，其余一般不省略，例如《中华人民共和国民法典》，简称《民法典》；

2. 《最高人民法院关于适用〈中华人民共和国民法典〉婚姻家庭编的解释（一）》（法释〔2020〕22号），简称《民法典婚姻家庭编司法解释（一）》；

3. 《最高人民法院关于适用〈中华人民共和国民法典〉继承编的解释（一）》（法释〔2020〕23号），简称《民法典继承编司法解释（一）》；

4. 《最高人民法院关于适用〈中华人民共和国婚姻法〉若干问题的解释（一）》（法释〔2001〕30号），简称《婚姻法司法解释（一）》，已经被《最高人民法院关于废止部分司法解释及相关规范性文件的决定》（法释〔2020〕16号）废止；

5. 《最高人民法院关于适用〈中华人民共和国婚姻法〉若干问题的解释（二）》（法释〔2003〕19号），简称《婚姻法司法解释（二）》，已经被《最高人民法院关于废止部分司法解释及相关规范性文件的决定》（法释〔2020〕16号）废止；

6. 《最高人民法院关于适用〈中华人民共和国婚姻法〉若干问题的解释（三）》（法释〔2011〕18号），简称《婚姻法司法解释（三）》，已经被《最高人民法院关于废止部分司法解释及相关规范性文件的决定》（法释〔2020〕16号）废止；

7. 《最高人民法院关于人民法院审理离婚案件如何认定夫妻感情确已破裂的若干具体意见》〔法（民）发〔1989〕38号〕，简称《认定夫妻感情破裂意见》，已经被《最高人民法院关于废止部分司法解释及相关规范性文件的决定》（法释〔2020〕16号）废止；

8. 《最高人民法院关于人民法院审理离婚案件处理子女抚养问题的若干具体意见》（法发〔1993〕30号），简称《离婚案件子女抚养意见》，已经被《最高人民法院关于废止部分司法解释及相关规范性文件的决定》（法释〔2020〕16号）废止。

目　录

第一章　一般规定

第一千零四十条 001
　　[条文主旨]　婚姻家庭编的调整对象

第一千零四十一条 006
　　[条文主旨]　婚姻家庭关系的基本原则

第一千零四十二条 011
　　[条文主旨]　调整婚姻家庭关系的禁止性规定

第一千零四十三条 014
　　[条文主旨]　调整婚姻家庭关系的倡导性规则

第一千零四十四条 018
　　[条文主旨]　收养的基本原则

第一千零四十五条 022
　　[条文主旨]　亲属、近亲属及家庭成员

第二章　结　婚

第一千零四十六条 025
　　[条文主旨]　结婚自愿

第一千零四十七条 028
　　[条文主旨]　法定结婚年龄

第一千零四十八条 ·· 031
  [条文主旨] 禁止结婚的亲属关系

第一千零四十九条 ·· 035
  [条文主旨] 结婚登记

第一千零五十条 ·· 041
  [条文主旨] 男女双方在结婚后组成家庭

第一千零五十一条 ·· 043
  [条文主旨] 婚姻无效事由

第一千零五十二条 ·· 051
  [条文主旨] 婚姻可撤销事由

第一千零五十三条 ·· 054
  [条文主旨] 一方患有重大疾病未如实告知的可撤销婚姻

第一千零五十四条 ·· 057
  [条文主旨] 婚姻无效和婚姻被撤销的法律效果

第三章 家庭关系

第一节 夫妻关系

第一千零五十五条 ·· 062
  [条文主旨] 夫妻家庭地位平等原则

第一千零五十六条 ·· 064
  [条文主旨] 夫妻独立姓名权

第一千零五十七条 ·· 066
  [条文主旨] 夫妻人身自由权

第一千零五十八条 ·· 069
  [条文主旨] 夫妻平等享有、共同行使亲权

第一千零五十九条 ·· 071
  [条文主旨] 夫妻相互扶养义务

第一千零六十条 ·· 074
　　[条文主旨]　夫妻家事代理权

第一千零六十一条 ··· 080
　　[条文主旨]　夫妻相互继承权

第一千零六十二条 ··· 082
　　[条文主旨]　夫妻共同财产制

第一千零六十三条 ··· 089
　　[条文主旨]　夫妻个人财产的范围

第一千零六十四条 ··· 093
　　[条文主旨]　夫妻共同债务的认定

第一千零六十五条 ··· 099
　　[条文主旨]　夫妻财产约定

第一千零六十六条 ··· 107
　　[条文主旨]　婚内共同财产分割请求权

第二节　父母子女关系和其他近亲属关系

第一千零六十七条 ··· 113
　　[条文主旨]　不履行抚养义务、赡养义务的后果

第一千零六十八条 ··· 120
　　[条文主旨]　父母教育、保护未成年子女的权利和义务

第一千零六十九条 ··· 126
　　[条文主旨]　子女尊重父母的婚姻权利

第一千零七十条 ·· 131
　　[条文主旨]　父母和子女相互继承遗产权

第一千零七十一条 ··· 137
　　[条文主旨]　非婚生子女的同等权利与生父母的抚养义务

第一千零七十二条 ··· 144
　　[条文主旨]　继父母和继子女间权利义务

第一千零七十三条 ·· 150
　　[条文主旨]　亲子关系的确认或否认

第一千零七十四条 ·· 156
　　[条文主旨]　祖父母、外祖父母的抚养义务和孙子女、外孙子女的赡养义务

第一千零七十五条 ·· 161
　　[条文主旨]　兄弟姐妹间的扶养义务

第四章　离　婚

第一千零七十六条 ·· 167
　　[条文主旨]　离婚协议的形式与内容

第一千零七十七条 ·· 169
　　[条文主旨]　协议离婚的冷静期

第一千零七十八条 ·· 171
　　[条文主旨]　协议离婚的审查与登记

第一千零七十九条 ·· 174
　　[条文主旨]　诉讼外调解与诉讼离婚

第一千零八十条 ·· 177
　　[条文主旨]　婚姻关系解除的法定形式要件

第一千零八十一条 ·· 179
　　[条文主旨]　现役军人的配偶要求离婚的限制性规定

第一千零八十二条 ·· 181
　　[条文主旨]　男方离婚诉权的限制

第一千零八十三条 ·· 183
　　[条文主旨]　自愿恢复婚姻关系须重新进行结婚登记

第一千零八十四条 ·· 185
　　[条文主旨]　离婚后的父母子女关系

第一千零八十五条 ··· 189
　　[条文主旨]　离婚后子女的抚养费负担

第一千零八十六条 ··· 192
　　[条文主旨]　离婚后对子女的探望权

第一千零八十七条 ··· 195
　　[条文主旨]　离婚时夫妻共同财产的分割

第一千零八十八条 ··· 198
　　[条文主旨]　离婚时的经济补偿请求权

第一千零八十九条 ··· 201
　　[条文主旨]　离婚时夫妻共同债务的清偿

第一千零九十条 ·· 206
　　[条文主旨]　离婚后对生活困难一方适当的经济帮助

第一千零九十一条 ··· 209
　　[条文主旨]　离婚损害赔偿

第一千零九十二条 ··· 212
　　[条文主旨]　夫妻一方擅自处分共同财产或者伪造债务侵占另一方财产的处理

第五章　收　养

第一节　收养关系的成立

第一千零九十三条 ··· 214
　　[条文主旨]　被收养人的条件

第一千零九十四条 ··· 218
　　[条文主旨]　送养人的条件

第一千零九十五条 ··· 222
　　[条文主旨]　未成年人监护人送养的特别条件

第一千零九十六条 ·· 224
  [条文主旨] 送养孤儿的限制条件以及变更监护人

第一千零九十七条 ·· 226
  [条文主旨] 生父母共同送养原则及其例外

第一千零九十八条 ·· 228
  [条文主旨] 收养人的一般条件

第一千零九十九条 ·· 232
  [条文主旨] 收养人的特别条件

第一千一百条 ·· 235
  [条文主旨] 收养子女的数量限制

第一千一百零一条 ·· 237
  [条文主旨] 夫妻共同收养原则

第一千一百零二条 ·· 239
  [条文主旨] 无配偶者收养异性子女的年龄差

第一千一百零三条 ·· 240
  [条文主旨] 继父母收养继子女的条件

第一千一百零四条 ·· 243
  [条文主旨] 收养自愿原则

第一千一百零五条 ·· 245
  [条文主旨] 收养的形式要件和程序

第一千一百零六条 ·· 253
  [条文主旨] 收养关系在户籍登记方面的效力

第一千一百零七条 ·· 254
  [条文主旨] 生父母亲友抚养不适用收养的规定

第一千一百零八条 ·· 256
  [条文主旨] 祖父母和外祖父母的优先抚养权

第一千一百零九条 ································· 258

[条文主旨] 外国人在中国收养子女的规定

第一千一百一十条 ································· 263

[条文主旨] 保守收养秘密

第二节 收养的效力

第一千一百一十一条 ······························· 266

[条文主旨] 收养关系成立的法律效力

第一千一百一十二条 ······························· 269

[条文主旨] 养子女的姓氏

第一千一百一十三条 ······························· 270

[条文主旨] 无效收养行为

第三节 收养关系的解除

第一千一百一十四条 ······························· 273

[条文主旨] 未成年人收养关系的解除

第一千一百一十五条 ······························· 276

[条文主旨] 成年后收养关系的解除

第一千一百一十六条 ······························· 278

[条文主旨] 解除收养关系的登记要件

第一千一百一十七条 ······························· 279

[条文主旨] 解除收养关系的法律效果

第一千一百一十八条 ······························· 282

[条文主旨] 收养关系解除后的补偿义务

后　记 ·· 285

第一章　一般规定

> **第一千零四十条　【婚姻家庭编的调整对象】**
> 本编调整因婚姻家庭产生的民事关系。

◆ **【法条由来】**

本条规定是对《婚姻法》第1条规定的修改完善。《婚姻法》第1条规定："本法是婚姻家庭关系的基本准则。"该条规定虽然直接反映了《婚姻法》的地位和作用，但是并未科学、精准地反映婚姻家庭法律的调整对象。因此，在编纂《民法典》的过程中，有必要对婚姻家庭编的调整对象加以准确规定。

本条规定的立法意义在于：第一，通过规定婚姻家庭编的调整对象，在立法框架和逻辑体系方面，实现《民法典》各编关于调整对象的协调统一。《民法典》第2条明确规定："民法调整平等主体的自然人、法人和非法人组织之间的人身关系和财产关系。"以此为基础，《民法典》各分编在第一章首条中均规定了本编的调整对象。本条规定即体现了这一立法要求。第二，通过规定婚姻家庭编的调整对象，揭示了婚姻家庭法律的本质和核心法理要求。尽管婚姻家庭法律规范在《民法典》编纂过程中回归到民法中来，但并未消失其特有调整功能，即调整因婚姻家庭产生的民事关系。这种民事关系是以婚姻、血缘和家庭生活为纽带而建立起来的，充满了婚姻家庭关系的人伦本质。婚姻家庭法律对这种特定民事关系的调整，所贯穿的核心法理思想，必定是人权平等、人格尊严、人身自由、人亲和谐、人际诚信、人性友善、人财共济、人伦正义、人本秩序和人文关怀。①

◆【法条评注】

本条是关于婚姻家庭编调整对象的规定。本条规定的内容，可以概括为以下方面：

一、婚姻家庭编调整对象的性质

婚姻家庭编调整的对象是因婚姻家庭产生的民事关系，虽然《民法典》没有对婚姻和家庭作出概念性规定，但是中国婚姻家庭法学研究中的共识是：婚姻是指男女双方依法缔结的配偶关系。家庭是由配偶、父母、子女和其他共同生活的近亲属形成的亲属关系。婚姻家庭编的调整对象是婚姻家庭成员之间的民事关系，即人身关系和财产关系。在这种关系中，婚姻家庭成员之间的特定人身关系起着主导性、决定性作用，而其财产关系是基于人身关系而产生的，服务于婚姻家庭成员间人身关系的存续和维系，处于从属性、保障性地位。正是因为这一本质特征，婚姻家庭成员间的所有民事权利义务都是围绕婚姻家庭成员间的人身关系而设定和发生的，起着维系婚姻家庭成员间特定人身关系的法律调整作用。

二、婚姻家庭法律的性质

关于婚姻家庭法律的性质，学术界一直以来都有不同看法。有学者认为婚姻家庭法律的性质应归入身份法，它是调整婚姻家庭成员特定人身关系的设立、变更、消灭的法律规范。也有学者认为，婚姻家庭法律和其他的民事法律一样，是将身份法和财产法融于一体的民事法律规范。笔者认为，婚姻家庭法律的性质取决于婚姻家庭法律的调整对象，即特定社会关系的性质。从前述阐释中不难看出，婚姻家庭法律所调整的对象是以特定社会成员，即彼此具有婚姻、血缘和共同生活关系的婚姻家庭成员之间的人身关系为核心和基础的。因此，婚姻家庭法律关系究其本质而言仍属于身份法。尽管婚姻家庭法律中有某些财产关系的规范，但这些财产关系的法律规范都是为保障婚姻家庭成员间的人身关系而设置的，脱离了婚姻家庭成员间的人身关系法

---

① 参见龙翼飞：《编纂民法典婚姻家庭编的法理思考与立法建议》，载《法制与社会发展》2020年第2期。

律规范，婚姻家庭法律中的财产法律规范便失去了前提和基础。例如，夫妻身份关系一经设立，便会发生夫妻间的财产关系。婚姻家庭法律在确立了夫妻间的人身权利义务关系后，便为维系该种特定人身关系设置了相应的诸如夫妻财产制这类财产性权利义务关系，一旦夫妻人身关系终止，其原本存在的正常财产关系即告结束。

三、婚姻家庭编的调整对象受到《民法典》其他各编规范的共同保护

婚姻家庭编的调整对象既然属于民事关系，便不可能孤立于《民法典》其他各编规范的保护之外。因此，在适用《民法典》婚姻家庭编的法律规范保护婚姻家庭成员间民事关系时，还必然要适用到《民法典》其他各编的规范，对婚姻家庭间的民事关系进行综合保护。

根据《民法典》第2条规定，民法调整平等主体的自然人、法人和非法人组织之间的人身关系和财产关系。《民法典》通过各编规范有针对性地规定了对民事主体的人身权利、财产权利和其他合法权益的保护措施。婚姻家庭成员作为民事主体中最广泛、最大量的群体，其人身权利、财产权利和其他合法权益就理所当然地受到《民法典》所有规范的有效保护。因此，《民法典》婚姻家庭编的调整对象，即因婚姻家庭产生的民事关系，绝不仅仅是本编的法律保护对象，也是《民法典》各编的规范所共同承担的保护任务。例如，《民法典》第112条规定："自然人因婚姻家庭关系等产生的人身权利受法律保护。"《民法典》第113条规定："民事主体的财产权利受法律平等保护。"《民法典》第207条规定："国家、集体、私人的物权和其他权利人的物权受法律平等保护，任何组织或者个人不得侵犯。"《民法典》第464条规定："合同是民事主体之间设立、变更、终止民事法律关系的协议。""婚姻、收养、监护等有关身份关系的协议，适用有关该身份关系的法律规定；没有规定的，可以根据其性质参照适用本编规定。"《民法典》第991条规定："民事主体的人格权受法律保护，任何组织或者个人不得侵害。"《民法典》第1120条规定："国家保护自然人的继承权。"《民法典》第1164条规定："本编调整因侵害民事权益产生的民事关系。"上述各条法律规定均体现了共同的立法思想，即民法是综合保护民事主体民事权利的法律规范。

◆【其他问题】

合法婚姻状态下的夫妻人身关系和财产关系受到婚姻家庭编的法律调整，

自不待言。但是，在现实社会生活中，仍然存在没有合法夫妻身份的当事人同居在一起，或者曾经发生了婚姻关系的当事人被宣告婚姻无效，或者婚姻被依法宣告撤销的现象。对此类当事人之间发生的利益纠葛，《民法典》婚姻家庭编是否还有调整作用，这些都是不容回避的问题。

一、非婚同居关系问题

《民法典》第1049条规定："要求结婚的男女双方应当亲自到婚姻登记机关申请结婚登记。符合本法规定的，予以登记，发给结婚证。完成结婚登记，即确立婚姻关系。未办理结婚登记的，应当补办登记。"根据该条法律规定，凡欲以合法夫妻关系共同生活的男女双方只有依法办理结婚登记才能确立婚姻关系。如果未办理结婚登记的，应当补办结婚登记。对于那些未依法办理结婚登记但以夫妻相待、共同生活在一起的男女当事人，法律并不确认其婚姻关系，更不确认其产生夫妻间的权利和义务。按照目前的司法审判实践经验做法和相关的司法解释：第一，自1994年2月1日起，没有配偶的男女，未经结婚登记以夫妻名义生活的不受法律保护。第二，1994年2月1日民政部《婚姻登记管理条例》公布实施以后，男女双方符合结婚实质要件的，人民法院应告知其在案件受理前补办结婚登记；未补办结婚登记的，按解除同居关系处理。第三，男女双方依法补办了结婚登记的，婚姻关系的效力从双方均符合法律所规定的结婚的实质要件时起算。第四，当事人起诉请求解除同居关系的，人民法院不予受理，但当事人请求解除的同居关系属于有配偶者与他人同居的，人民法院应当受理并依法予以解除；当事人因同居期间财产分割或者子女抚养纠纷提起诉讼的，人民法院应当受理。第五，对于同居关系当事人在同居期间共同拥有的财产，按照一般共有财产处理。第六，对于双方在同居期间所生育的子女，按照法律规定给予保护。例如，《民法典》第1071条规定："非婚生子女享有与婚生子女同等的权利，任何组织或者个人不得加以危害和歧视。""不直接抚养非婚生子女的生父或者生母，应当负担未成年子女或者不能独立生活的成年子女的抚养费。"

二、婚姻无效与婚姻被撤销后当事人间的人身关系和财产关系问题

根据《民法典》第1054条的规定，处理婚姻被依法宣告无效或者被撤销的当事人之间的人身关系和财产关系问题，应当按照下列规则加以处理：第一，对无效的或者被撤销的婚姻，该类婚姻自始没有法律约束力，当事人之

间不具有夫妻的权利和义务。第二，当事人同居期间所得的财产，由当事人协议处理；协议不成的，由人民法院根据照顾无过错方的原则判决。第三，对因重婚行为导致的无效婚姻的财产处理，不得侵害合法婚姻当事人的财产权益。第四，对当事人所生的子女，适用《民法典》婚姻家庭编关于父母子女关系的各项相关规定。第五，婚姻被依法宣告无效或者被撤销的，无过错方有权向过错方请求损害赔偿。

（撰稿人：龙翼飞）

第一千零四十一条　【婚姻家庭关系的基本原则】

婚姻家庭受国家保护。

实行婚姻自由、一夫一妻、男女平等的婚姻制度。

保护妇女、未成年人、老年人、残疾人的合法权益。

◆【法条由来】

本条规定是在《民法通则》第104条和《婚姻法》第2条的基础上修改完善而成的。《民法通则》第104条规定："婚姻、家庭、老人、母亲和儿童受法律保护。""残疾人的合法权益受法律保护。"《婚姻法》第2条规定："实行婚姻自由、一夫一妻、男女平等的婚姻制度。""保护妇女、儿童和老人的合法权益。""实行计划生育。"本条规定的立法修改和变化在于：第一，将"婚姻家庭受国家保护"作为本编的首要基本原则，宣示了国家在保护婚姻家庭方面的神圣义务。第二，继续坚持婚姻自由、一夫一妻和男女平等的婚姻制度。第三，取消了"实行计划生育"的规定。第四，将"保护妇女、未成年人、老年人、残疾人的合法权益"作为本编的基本原则。

◆【法条评注】

本条是关于婚姻家庭关系基本原则的规定。本条规定的内容可以概括为以下五个方面：

一、婚姻家庭受国家保护原则

众所周知，家庭是国家和社会的基本细胞，婚姻是家庭的核心。婚姻家庭关系的幸福和谐，是国家和社会稳定与和谐的前提和基础。国家对婚姻家庭的保护，就是国家对人民根本利益的保障和维护，彰显了人民利益高于一切的宪法精神。《民法典》婚姻家庭编将"婚姻家庭受国家保护"作为本编的首要基本原则，是《宪法》第49条第1款规定的"婚姻、家庭、母亲和儿童受国家的保护"的基本要求。本条法律规定也是《宪法》关于保护公民基本人权的法律要求在《民法典》中的具体体现。婚姻家庭受国家保护的原则，包含两层意义：第一，国家通过制定和实施一系列保护婚姻家庭的法律和法规，赋予自然人在婚姻家庭领域里的一系列民事权利，如婚姻自由权，夫妻之间的人身权和财产权，父母与子女间的人身权和财产权，祖孙之间的人身权和财产权，兄弟姐妹之间的人身权和财产权。婚姻家庭成员行使上述婚姻家庭权利，将实现自然人在婚姻家庭关系中的根本利益。第二，当婚姻家庭成员所享有的婚姻家庭权利受到侵害时，国家将采取一系列强制措施，为婚姻家庭成员提供有效的法律救济。

二、婚姻自由原则

婚姻自由是指法律赋予婚姻当事人自主决定自己婚姻事务的法律原则。婚姻自由权是指婚姻当事人依法享有按照自己的意愿决定自己婚姻的自主性权利。作为本编的一项基本原则，婚姻自由反映了当代中国民法所贯穿的人权平等、人格尊严、人身自由的核心法理思想和权利法定、契约维护、文明和谐等具体法理规则。按照婚姻自由原则的规定，任何组织或者个人实施的干涉他人婚姻自由的行为均属于侵害自然人婚姻自主权的违法行为，并将承担相应的侵权民事责任。婚姻自由包括结婚自由和离婚自由两个方面。结婚自由是指婚姻当事人有依法缔结婚姻关系的自主性权利，不受任何组织或者个人加以强迫、干涉。《民法典》第1046条规定："结婚应当男女双方完全自愿，禁止任何一方对另一方加以强迫，禁止任何组织或者个人加以干涉。"离婚自由是指婚姻当事人有权依法自主处理离婚问题。本编在离婚制度中，全面规定了离婚的条件、程序、离婚后的子女抚养教育、离婚时的财产分割和债务清偿以及经济帮助等问题。结婚自由与离婚自由共同构成了婚姻自由的完整含义，其中结婚自由是婚姻当事人实现婚姻自由的前提条件，离婚自由是对婚姻当事人自主决定离婚问题的法律保障。本编在保障婚姻当事人享有婚姻自由权利的同时，还规定了禁止权利滥用的相关制度。在结婚方面，本编规定了禁止包办、买卖婚姻，禁止借婚姻索取财物，禁止有配偶者与他人同居，禁止家庭暴力；还规定了婚姻当事人在受到胁迫的情形下所缔结的婚姻可以被依法撤销；一方婚前患有重大疾病未如实告知另一方的，另一方可以向人民法院申请撤销该婚姻。在离婚方面，本编对夫妻双方自愿离婚的，规定了时间为30日的离婚冷静期制度，为婚姻当事人慎重理性地考虑解除婚姻关系对个人、家庭和子女所产生的后果与影响，化解夫妻矛盾提供了必要的机会；本编还规定了因一方有过错而导致离婚的，无过错方有权请求损害赔偿。

三、一夫一妻制原则

一夫一妻制，是指一男一女结为夫妻关系的婚姻制度。在该婚姻制度下，任何男女不得同时拥有两个或两个以上的配偶，即任何人不得同时和两个或两个以上的人结婚，任何人不得同时保持与两个或两个以上的人的婚姻关系；禁止任何形式的一夫多妻或一妻多夫的配偶关系。一夫一妻制体现了本编贯穿的人格尊严、人本秩序等核心法理思想和权利法定、公序良俗、禁止权利滥用等具体法理规则。[①] 为了维护一夫一妻制，本编不仅在结婚制度方面规定了结婚应当是男女双方完全自愿的民事法律行为，同时在第1042条第2款规定"禁止重婚。禁止有配偶者与他人同居"。在离婚制度方面，《民法典》第1079条中将重婚或者与他人同居作为夫妻感情确已破裂应当准予离婚的法定情形，同时将因重婚、与他人同居而导致离婚的，作为无过错方有权请求法定赔偿的情形。

四、男女平等原则

男女平等原则有宪法含义和民法含义之分。从宪法的角度上讲，男女平等原则是指作为社会成员的男女双方在政治、经济、文化、社会和婚姻家庭生活等各方面，都处于平等的地位。从民法的角度上讲，男女平等原则是指男女双方在婚姻关系和家庭生活的各个方面，均享有平等的权利，承担平等的义务。男女平等原则体现了贯穿于本编的人权平等的核心法理思想和权利法定、文明和谐等具体法理规则。按照男女平等原则的要求，本编所规定的结婚、离婚的条件、程序及其相应的权利、义务和责任，对婚姻当事人男女双方同等适用。夫妻双方在婚姻家庭关系中的权利和义务关系平等。本编关于父母子女权利义务的规定对男性家庭成员和女性家庭成员平等适用。

五、保护妇女、未成年人、老年人、残疾人合法权益的原则

保护妇女、未成年人、老年人、残疾人合法权益的原则是本编所贯穿的人权平等的核心法理思想和权利法定、公序良俗、文明和谐等具体法理规则

[①] 参见龙翼飞：《编纂民法典婚姻家庭编的法理思考与立法建议》，载《法制与社会发展》2020年第2期。

的必然要求。对该原则可以从以下几个方面加以理解：

（一）保护妇女的合法权益

保护妇女的合法权益，不仅是对男女平等原则的必要补充，而且也是由妇女在婚姻家庭中的地位、作用和生理特点决定的。本条对保护妇女合法权益的要求，主要包括：第一，妇女在婚姻家庭关系中享有与男性平等的地位。第二，妇女在离婚方面有获得法律特殊保护的权益。例如，在离婚程序中，男方在女方怀孕期间、分娩后一年内或者终止妊娠后六个月内，不得提出离婚请求；在离婚分割夫妻共同财产时，应当根据照顾子女和女方的原则依法判决。

（二）保护未成年人的合法权益

本条将《婚姻法》规定的"保护儿童合法权益"修改为"保护未成年人合法权益"。关于保护未成年人合法权益的规定主要体现在《民法典》第1067条、第1068条、第1071条、第1074条、第1075条、第1084条、第1085条、第1086条。

（三）保护老年人的合法权益

《宪法》第49条明确规定，"成年子女有赡养扶助父母的义务"，"禁止虐待老人"。本条把保护老年人的合法权益作为基本原则加以规定，具体规则体现在《民法典》第1067条、第1069条、第1070条、第1074条、第1075条。

（四）保护残疾人的合法权益

根据该项法律原则，具备结婚条件的残疾人享有同健全人一样的结婚自由权；已婚的残疾人享有同健全人一样的离婚自主权。残疾人的配偶双方在夫妻关系中享有平等的法律地位，受到平等的法律保护。在家庭关系中，残疾人家庭成员有权得到其他家庭成员在物质资料提供、生活照料、抚养教育和赡养扶助等方面的保障。

◆【其他问题】

一、自然人生育权利的法律保护问题

1980年《婚姻法》在总则部分增设了"实行计划生育"这一规定，将"实行计划生育"确立为《婚姻法》的基本原则之一。2018年《全国人大关于〈民法典各分编（草案）〉的说明》对取消计划生育的理由解释为："为了适应我国人口形势新变化。"这一立法变化反映了2015年中共中央十八届五中全会决定所提出的"全面实施一对夫妇可生育两个孩子的政策"而产生的新的国家要求。《民法典》婚姻家庭编虽然取消了"实行计划生育"的基本原则，但这绝不意味着我国法律对自然人生育权利给予法律保护的消亡。

二、未成年人、老年人、残疾人和妇女的权益保护问题

根据《民法典》第128条规定："法律对未成年人、老年人、残疾人、妇女、消费者等的民事权利保护有特别规定的，依照其规定。"根据该条规定，凡是《未成年人保护法》《老年人权益保障法》《残疾人保障法》和《妇女权益保障法》等法律中分别对未成年人、老年人、残疾人和妇女等进行了特殊保护规定的，均应纳入民法保护的范围内，成为民法的特别法。司法机关在审理婚姻家庭纠纷案件时，应当分别针对未成年人、老年人、残疾人和妇女的婚姻家庭权利受到侵害的情形，直接适用《民法典》和《未成年人保护法》《老年人权益保障法》《残疾人保障法》《妇女权益保障法》等相关规定给予未成年人、老年人、残疾人和妇女应有的特别保护。

（撰稿人：龙翼飞　姚　邢）

第一千零四十二条　【调整婚姻家庭关系的禁止性规定】

禁止包办、买卖婚姻和其他干涉婚姻自由的行为。禁止借婚姻索取财物。

禁止重婚。禁止有配偶者与他人同居。

禁止家庭暴力。禁止家庭成员间的虐待和遗弃。

◆【法条由来】

本条沿用了《婚姻法》第3条的规定，未作内容修改。

◆【法条评注】

本条是关于婚姻家庭关系的禁止性规定。本条规定的内容可以概括为以下几个方面：

一、禁止包办、买卖婚姻和其他干涉婚姻自由的行为

（一）包办、买卖婚姻

包办婚姻，指婚姻关系以外的第三人违反婚姻自由原则，在完全违背婚姻当事人意愿的情况下，强迫其缔结的婚姻。买卖婚姻，指婚姻关系以外的第三人以索取财物为目的，包办、强迫他人缔结的婚姻。二者的区别在于是否以索取一定的财物为目的。包办婚姻的行为，是不以索取财物为目的；而买卖婚姻，则主要是为了索取财物而包办、强迫他人缔结婚姻。

（二）其他干涉婚姻自由的行为

其他干涉婚姻自由的行为，是指除包办、买卖婚姻以外的违反婚姻自由原则，阻挠、干涉他人行使婚姻自主权的行为。例如，父母干涉子女婚姻、子女干涉丧偶或离异父母再婚、子女干涉父母复婚等。对于保护老年人婚姻自由问题，《民法典》第1069条规定："子女应当尊重父母的婚姻权利，不得干涉父母离婚、再婚以及婚后的生活。"

二、禁止借婚姻索取财物

借婚姻索取财物，是指婚姻当事人一方（或其父母等第三人）向另一方索要一定的财物，以此作为结婚条件的违法行为。以索要财物作为结婚的条件，是对婚姻自主权的滥用，是违反婚姻自由原则的行为。

借婚姻索取财物与买卖婚姻不同：第一，在婚姻决定权上，借婚姻索取财物的男女双方结婚基本上是自主自愿的。买卖婚姻是完全违背婚姻当事人结婚意愿的。第二，在索取财物主体的认定上，借婚姻索取财物的主体一般是婚姻当事人一方，也有婚姻当事人一方的父母。买卖婚姻的主体是婚姻当事人以外的第三人。

三、禁止重婚

重婚，是指有配偶者又与他人结婚的违法行为，即一个人在同一时间内存在两个或两个以上的婚姻关系。重婚是结婚的禁止条件和引起婚姻无效的原因。构成重婚须同时具备两个要件：第一，当事人一方或者双方存在有效的婚姻关系。第二，有配偶者与他人结婚。此处的结婚既包括法律上的重婚，即有配偶者又与他人登记结婚，也包括事实上的重婚，即虽未经结婚登记，但又与他人以夫妻关系同居生活。

四、禁止有配偶者与他人同居

禁止有配偶者与他人同居是对禁止重婚规则的补充。在理解"禁止有配偶者与他人同居"时应注意以下几点：首先，有配偶者与他人同居与重婚不同。有配偶者与他人同居并不具备夫妻关系的外观，重婚中的双方当事人以夫妻关系相待并公示于众，具有夫妻关系的外观。其次，有配偶者与他人同居与婚外性行为不同。通奸等婚外性行为，通常是偶发性的，一般没有共同的居所或者无同居生活。

五、禁止家庭暴力

《反家庭暴力法》第2条规定："本法所称家庭暴力，是指家庭成员之间以殴打、捆绑、残害、限制人身自由以及经常性谩骂、恐吓等方式实施的身体、精神等侵害行为。"

在认定家庭暴力时应注意以下几点：第一，主体间具有亲属关系。从主体来看，施暴者和受害者之间具有特定的亲属关系，施暴者一般是处于强势地位的家庭成员，受害者一般是处于弱势地位的家庭成员，多为妇女、未成年人和老年人。第二，实施暴力的场所具有隐蔽性。家庭暴力的实施场所与一般暴力行为的实施场所不同,前者通常发生在家中,具有一定的隐蔽性。第三,施暴者在主观上具有故意性。施暴者实施家庭暴力行为,是出于故意的,并且家暴行为在时间上具有一定的连续性。

六、禁止家庭成员间的虐待和遗弃

虐待,是指以作为或不作为的形式,对家庭成员歧视、折磨、摧残,使其在精神上、肉体上遭受损害的违法行为,如打骂、恐吓、冻饿、患病不予治疗、限制人身自由等。

遗弃,是指家庭成员中负有赡养、扶养、抚养义务的一方,对需要赡养、扶养、抚养的另一方,不履行其应尽义务的违法行为。如父母不抚养未成年子女;成年子女不赡养无劳动能力或生活困难的父母;配偶不履行扶养对方的义务等。遗弃以不作为的形式出现,应为而不为,致使被遗弃人的权益受到侵害。

◆【其他问题】

关于调整婚姻家庭关系的禁止性规定所涉及的法律责任问题。在婚姻家庭关系中,如果当事人实施了本条规定的六种违法行为,其所导致的法律后果,不仅涉及民事责任,而且还可能涉及行政责任或者刑事责任。在相关的诉讼过程中,人民法院可以根据不同案件的具体情况,对违法行为人实施的本条所规定的禁止性违法行为,分别追究违法行为人的民事责任、行政责任或者刑事责任。例如对重婚行为,当事人构成重婚罪的,就应当根据《刑法》第258条的规定,对行为人判处二年以下有期徒刑或者拘役的刑事处罚。再如,《反家庭暴力法》第33条规定,当事人对家庭成员实施了家庭暴力,构成违反治安管理行为的,依法给予治安管理处罚;构成犯罪的,依法追究刑事责任。

(撰稿人:龙翼飞 姚 邢)

> **第一千零四十三条　【调整婚姻家庭关系的倡导性规则】**
>
> 家庭应当树立优良家风，弘扬家庭美德，重视家庭文明建设。
>
> 夫妻应当互相忠实，互相尊重，互相关爱；家庭成员应当敬老爱幼，互相帮助，维护平等、和睦、文明的婚姻家庭关系。

◆【法条由来】

本条规定是对《婚姻法》第4条规定的修改完善。《婚姻法》第4条规定："夫妻应当互相忠实，互相尊重；家庭成员间应当敬老爱幼，互相帮助，维护平等、和睦、文明的婚姻家庭关系。"《民法典》婚姻家庭编对该条的修改是：首先，增加了"家庭应当树立优良家风，弘扬家庭美德，重视家庭文明建设"的规定。其次，在"夫妻应当互相忠实，互相尊重"的基础上增加了"互相关爱"的法律要求。

◆【法条评注】

本条是关于调整婚姻家庭关系的倡导性规则的规定。本条规定贯穿了《民法典》婚姻家庭编所遵行的人权平等、人格尊严、人亲和谐、人际诚信、人伦正义、人性友善和人文关怀等核心法理思想和权利法定、公序良俗、文明和谐等具体法理规则。本条规定的内容可以概括为以下三个方面：

一、关于家庭文明建设

本条第1款规定："家庭应当树立优良家风，弘扬家庭美德，重视家庭文明建设。"该款规定的家庭文明建设应当从以下几个方面加以理解：

（一）树立优良家风

家风是社会风气的重要组成部分。家庭不只是人们身体的住处，更是人们心灵的归宿。家风好，就能家道兴盛、和顺美满；家风差，难免殃及子孙、贻害社会。广大家庭都要弘扬优良家风，以千千万万家庭的好家风支撑起全社会的好风气。① 本编将树立优良家风纳入法律规范条文中,既体现了习近平总书记关于加强家庭文明建设的讲话精神,也是对《民法典》第1条中关于"弘扬社会主义核心价值观"立法宗旨的贯彻与实施。

(二)弘扬家庭美德

尊老爱幼、妻贤夫安,母慈子孝、兄友弟恭,耕读传家、勤俭持家,知书达礼、遵纪守法,家和万事兴等中华民族传统家庭美德,是支撑中华民族生生不息、薪火相传的重要精神力量,是家庭文明建设的宝贵精神财富。② 将弘扬家庭美德写入本编,既体现了婚姻家庭法律的伦理属性及其追求的伦理价值目标,亦是道德在国家治理中的地位和功能的法律表达。法安天下,德润人心。法律有效实施有赖于道德支持,道德践行也离不开法律约束。法治和德治不可分离、不可偏废,国家治理需要法律和道德协同发力。③

(三)重视家庭文明建设

重视家庭文明建设,要求家庭成员注重家庭生产生活中开展的物质文明建设和精神文明建设,营造良好的家庭文明氛围。树立优良家风、弘扬家庭美德是家庭文明建设的必要前提和基础保障,家庭文明建设是树立优良家风、弘扬家庭美德的必然结果。家庭文明建设应紧密围绕社会主义核心价值观展开,这不仅体现了中国人的独特精神世界和百姓日用不觉的价值观,更是对中华优秀传统文化的传承和升华。④

二、关于夫妻关系的基本准则

本条第2款中规定:"夫妻应当互相忠实,互相尊重,互相关爱。"在《民法典》的编纂过程中,有全国人大常委会委员提出,夫妻之间除应互相忠实、互相尊重外,还应当互相关爱。全国人大宪法和法律委员会经研究,建议采纳该意见,在该条第2款中增加夫妻之间应当"互相关爱"的规定。夫妻互相关爱,体现在夫妻婚姻家庭生活中的各个层面,既包括感情上的互相

---

① 习近平:《在会见第一届全国文明家庭代表时的讲话》,载《人民日报》2016年12月16日,第2版。
② 同上注。
③ 《习近平:坚持依法治国和以德治国相结合 推进国家治理体系和治理能力现代化》,载《人民日报》2016年12月11日,第1版。
④ 习近平:《青年要自觉践行社会主义核心价值观》,载《光明日报》2014年5月5日,第2版。

慰藉、体贴、关怀,也包括生活上的互相关心、照顾、扶助。

三、关于家庭关系的基本准则

本条第2款中规定:"家庭成员应当敬老爱幼,互相帮助,维护平等、和睦、文明的婚姻家庭关系。"家庭关系的基本准则体现在以下两个方面:

(一)家庭成员应当敬老爱幼,互相帮助

敬老与爱幼是保护老年人合法权益原则以及保护未成年人合法权益原则的具体要求。敬老,指家庭中的晚辈成员对长辈成员应当予以尊敬,使其愉悦地安度晚年。爱幼,指家庭中的长辈成员对晚辈成员应当予以爱护,使其健康成长。保护未成年人、老年人合法权益,侧重于各种具体的人身和财产权益的保护。敬老爱幼,则是将如何正确处理家庭中的代际关系问题的伦理道德要求上升为了法律规范要求。

(二)维护平等、和睦、文明的婚姻家庭关系

家庭是组建社会的基本单元,婚姻家庭关系是最基本的社会关系。维护平等、和睦、文明的婚姻家庭关系,是婚姻家庭法律的伦理属性要求,亦是其追求的伦理价值目标。家庭成员间应当平等相待、和睦相处、文明互让。家庭成员间具有平等的法律地位,不得恃强凌弱。

◆【其他问题】

一、夫妻互相忠实的法律约束力问题

由于本编将夫妻忠实的规定置于第一章"一般规定"之中,而非规定在第三章"家庭关系"之中,因此,其规范属性是倡导性、宣示性规范,而非禁止性规定,也不是具体的权利义务规定。本条规定表明了《民法典》婚姻家庭编的伦理价值目标。因此,不能将夫妻间的互相忠实解释为夫妻间的法定义务,而是将其作为倡导性的法律规则。《民法典婚姻家庭编司法解释(一)》第4条规定:"当事人仅以民法典第一千零四十三条为依据提起诉讼的,人民法院不予受理;已经受理的,裁定驳回起诉。"依据该司法解释条文的规定,当事人不能单独以违反"夫妻忠实义务"为由提起民事诉讼。至于在离婚案件中涉及夫妻一方因有重婚、与他人同居的行为而导致夫妻感情确已破裂的,则可以作为人民法院判决准予离婚的法定情形。

二、家庭成员应当敬老爱幼、互相帮助的规则适用问题

如前所述，本条规定的"家庭成员应当敬老爱幼，互相帮助"也是倡导性规则，不能作为案由提起诉讼。但是，在家事纠纷中，如果家庭成员有违背赡养义务或抚养义务的情形，权利人向人民法院起诉要求义务人支付赡养费、抚养费的，应当以赡养纠纷、抚养纠纷作为案由起诉。人民法院应当根据案件的具体事实，判令赡养义务人或抚养义务人承担相应支付赡养费或者抚养费的法律责任。

（撰稿人：龙翼飞　姚　邢）

> **第一千零四十四条　【收养的基本原则】**
> 收养应当遵循最有利于被收养人的原则，保障被收养人和收养人的合法权益。
> 禁止借收养名义买卖未成年人。

◆【法条由来】

本条第 1 款来自《收养法》第 2 条前半句"收养应当有利于被收养的未成年人的抚养、成长，保障被收养人和收养人的合法权益"，进一步明确了"最有利于被收养人"原则。第 2 款来自《收养法》第 20 条："严禁买卖儿童或者借收养名义买卖儿童。"

◆【法条评注】

本条是关于收养的基本原则的规定。

一、最有利于被收养人原则

收养是公民依法领养他人子女为自己子女的法律行为。在《收养法》的立法过程和实践中，关于立法宗旨，学界与实务界存在一定争论，例如，所谓"双向保护"和"单向保护"之争。"单向保护"指收养时应特别注意"保护被收养人合法权益"，"双向保护"指不仅要保护被收养的未成年人的合法权益，而且应注意保护收养人的合法权益，也有学者提出多层面保护的观点，如除对收养人、被收养人的权益保护外，也要保护送养人权益。

目前各国立法对被收养的未成年人的保护力度相对较大，系基于收养关系中被收养人是相对弱者的假设，故在保护多方当事人合法权益的同时，更加偏重保护被收养的未成年人的合法权益。在收养领域中，我们较直观地看到被收养人是未成年人这样的客观事实，并将其归为弱势群体的范围，保护弱者的原则正是通过倾斜对失衡的社会关系作出的必要矫正，从而缓和现实生活中实质上的不平等，这是另一种意义上的法律平等，即实质平等。故现代家庭法的显著特征之一就是从父母本位主义向子女本位主义过渡。《民政部婚姻司对〈收养法〉的解答》中强调，我国《收养法》有两个基本原则。一是有利于未成年人健康成长的原则。实行收养制度主要是为了养子女的利益，它可以使无依无靠的孤儿，或因某些原因无法随父母生活的儿童，在养父母的抚养教育下，享受家庭的温暖，得以健康成长。二是平等自愿的原则。收养是确立养父母子女关系的一种法律行为，为了保证这种拟制血亲关系的稳定，就要求它必须建立在双方平等自愿的基础上。《未成年人保护法》第4条也规定"保护未成年人，应当坚持最有利于未成年人的原则"。在关于《民法典》草案的说明中，王晨副委员长指出：为了更好地维护被收养的未成年人的合法权益，将联合国《儿童权利公约》关于儿童利益最大化的原则落实到收养工作中，《民法典》草案中特意增加规定了最有利于被收养人的原则。

收养关系成立后，养子女与养父母之间建立拟制血亲关系，养子女与生父母及其他近亲属之间的权利和义务关系即行消除，即收养关系的建立，不仅使养子女与生父母之间的父母子女关系消除，也使养子女与其祖父母、外祖父母及兄弟姐妹的关系消除。之所以这样规定，主要是为了稳定收养关系，有利于养子女在新的生活环境中与养父母及其近亲属建立和睦、亲密的家庭关系，也使各方当事人法律上的权利和义务更为明确。但这也意味着，作为未成年人的被收养人之生活环境和社会关系产生重大变化，对其心理和精神的冲击尤甚，故需要特别加以保护。

《民法典》婚姻家庭编第五章收养的很多具体规定均体现了对被收养未成年人的保护，例如，《民法典》第1104条规定，如果被收养的未成年人年满8周岁以上，要征得被收养人同意。第1098条第4项在收养人条件中增加规定，无不利于被收养人健康成长的违法犯罪记录。第1105条第5款规定，民政部门应当依法进行收养评估。第1114条规定，收养人在被收养人成年以前，原则上不得解除收养关系；养子女8周岁以上的，收养人和送养人协议解除收养关系时应当征得本人同意。第1117条规定，收养关系解除后，未成年养子女与养父母及其他近亲属间的权利义务关系即行消除，与生父母及其他近亲属间的权利义务关系自行恢复。

对未成年人利益之倾斜性保护，在有关被拐卖儿童收养问题上表现得尤为明显。根据民政部和公安部2015年联合发布的《民政部、公安部关于开展查找不到生父母的打拐解救儿童收养工作的通知》（民发〔2015〕159号），对于解救的被拐卖儿童，如果公安机关12个月内通过各种手段（包括DNA比对）仍未查找到儿童生父母或其他监护人，则其监护人主动遗弃、出卖儿童的可能性较大，此时为了避免儿童无法被正常收养，公安部门应当向社会福利机构出具查找不到生父母或其他监护人的证明，社会福利机构收到该证明后，有权进行国内送养。如果儿童被收养后查找到其生父母或其他监护人，且经公安机关确认该儿童确属于被盗抢、被拐骗或者走失的，生父母或者其他监护人可以要求收养人与社会福利机构共同到民政部门办理解除收养关系登记。但若查明儿童的生父母双方或者其他监护人有出卖或者故意遗弃儿童行为的，应当依法追究法律责任，已成立的合法收养关系不受影响。

二、保障被收养人和收养人的合法权益

收养法的立法宗旨之一就是要保障收养关系各方当事人的合法权益。通过收养行为，收养人和被收养人之间形成法律拟制的血亲关系。收养人、送养人与被收养人是收养关系的当事人，收养关系成立后，他们的合法权益即受到法律的保障。根据《民法典》第1111条，自收养关系成立之日起，养父母与养子女间的权利义务关系，适用本法关于父母子女关系的规定；养子女与养父母的近亲属间的权利义务关系，适用本法关于子女与父母的近亲属关系的规定。据此，收养人与被收养人之间形成拟制的直系血亲关系，养子女从此取得了与婚生子女完全相同的法律地位，亦应获得相应的权利保护。

司法实践中对事实收养关系的处理，也体现了这一宗旨。1992年施行的《收养法》第15条规定："收养查找不到生父母的弃婴和儿童以及社会福利机构抚养的孤儿的，应当向民政部门登记。""除前款规定外，收养应当由收养人、送养人依照本法规定的收养、送养条件订立书面协议，并可以办理收养公证；收养人或者送养人要求办理收养公证的，应当办理收养公证。"1998年修正后的《收养法》第15条第1款规定："收养应当向县级以上人民政府民政部门登记。收养关系自登记之日起成立。"在《收养法》颁布之前，部分收养人和送养人并未订立书面协议，也未向民政部门登记，但收养人和被收养人已经共同生活多年。对此，1992年《最高人民法院关于学习、宣传、贯彻执行〈中华人民共和国收养法〉的通知》第2条规定："收养法施行后，各级人民法院必须严格执行。收养法施行后发生的收养关系，审理时适用收养法。收养法施行前受理，施行时尚未审结的收养案件，或者收养法施行前发生的收养关系,收养法施行后当事人诉请确认收养关系的,审理时应适用当时的有关规定。"其中"当时的有关规定",指的是最高人民法院《关于贯彻执行民事政策法律若干问题的意见》(现已失效)第四部分"收养问题"的规定,其中第28条明确规定:"亲友、群众公认,或有关组织证明确以养父母与养子女关系长期共同生活的,虽未办理合法手续,也应按收养关系对待。"该规定体现了对收养关系当事人合法权益和合理期待的保护。

三、禁止借收养名义买卖未成年人

《收养法》第31条第1款规定:"借收养名义拐卖儿童的,依法追究刑事责任";第3款规定:"出卖亲生子女的,由公安部门没收非法所得,并处以罚款;构成犯罪的,依法追究刑事责任"。这些规定有利于防止收养领域中的违法犯罪行为。本条第2款承接之前的立法精神,规定了"禁止借收养名义买卖未成年人"。

实践中,应全面考察当事人动机、行为和其他因素,综合判断是否存在"借收养名义买卖未成年人"。例如,送养人将子女交给他人收养的同时,以"营养费"等名义索取高额费用,后来又将收取的营养费出借给他人收取利息,并非用于生活消费开支,该送养行为即存在买卖儿童、非法获利之嫌。[1]

(撰稿人:王葆莳)

---

[1] 参见浙江省安吉县人民法院民事判决书,(2018)浙0523民初4082号。

第一千零四十五条 【亲属、近亲属及家庭成员】

亲属包括配偶、血亲和姻亲。

配偶、父母、子女、兄弟姐妹、祖父母、外祖父母、孙子女、外孙子女为近亲属。

配偶、父母、子女和其他共同生活的近亲属为家庭成员。

【法条由来】

本条规定了亲属、近亲属及家庭成员的内涵。本条是《民法典》婚姻家庭编的新增条文，该条文内容结合了《继承法》第10条、《民法通则》第16条、第17条的规定。《继承法》第10条规定："遗产按照下列顺序继承：第一顺序：配偶、子女、父母。第二顺序：兄弟姐妹、祖父母、外祖父母。""继承开始后，由第一顺序继承人继承，第二顺序继承人不继承。没有第一顺序继承人继承的，由第二顺序继承人继承。""本法所说的子女，包括婚生子女、非婚生子女、养子女和有扶养关系的继子女。""本法所说的父母，包括生父母、养父母和有扶养关系的继父母。""本法所说的兄弟姐妹，包括同父母的兄弟姐妹、同父异母或者同母异父的兄弟姐妹、养兄弟姐妹、有扶养关系的继兄弟姐妹。"《民法通则》第16条规定："未成年人的父母是未成年人的监护人。""未成年人的父母已经死亡或者没有监护能力的，由下列人员中有监护能力的人担任监护人：（一）祖父母、外祖父母；（二）兄、姐；（三）关系密切的其他亲属、朋友愿意承担监护责任，经未成年人的父、母的所在单位或者未成年人住所地的居民委员会、村民委员会同意的。""对担任监护人有争议的，由未成年人的父、母的所在单位或者未成年人住所地的居民委员会、村民委员会在近亲属中指定。对指定不服提起诉讼的，由人民法院裁决。""没有第一款、第二款规定的监护人的，由未成年人的父、母的所在单位或者未成年人住所地的居民委员会、村民委员会或者民政部门担任监护人。"《民法通则》第17条规定："无民事行为能力或者限制民事行为能力的精神病人，由下列人员担任监护人：（一）配偶；（二）父母；（三）成年子女；（四）其他亲近属；（五）关系密切的其他亲属、朋友愿意承担监护责任，经精神病人的所在单位或者住所地的居民委员会、村民委员会同意的。""对担任监护人有争议的，由精神病人的所在单位或者住所地的居民委员会、村民委员会在近亲属中指定。对指定不服提起诉讼的，由人民法院裁决。""没有第一款规定的监护人的，由精神病人的所在单位或者住所地的居民委员会、村民委员会或者民政部门担任监护人。"

本条在结合《继承法》《民法通则》的既有规则后明确规定了亲属、近亲属的范围，并首次提出家庭成员的范围。本条规定的"家庭成员"包括配偶、父母、子女和其他共同生活的近亲属。

◆【法条评注】

本条是关于亲属、近亲属及家庭成员的规定。在理解与适用本条法律规定时，应从以下三方面考虑：

一、亲属

亲属的概念有广义与狭义之分。广义的亲属，是指一切具有婚姻、血缘或法律拟制血亲关系的自然人的总体，包括受法律调整和不受法律调整的所有具有婚姻、血缘或者法律拟制关系的自然人。狭义的亲属是指具有婚姻、血缘或者法律拟制血亲关系，受法律调整的彼此具有一定法律效果的自然人。本条规定的亲属是指狭义的亲属，包括配偶、血亲和姻亲。

1. 配偶。配偶，即夫妻，是指男女双方因结婚而互为配偶的亲属。配偶在亲属关系中居于核心地位，也是血亲和姻亲产生的源泉和基础。

2. 血亲。血亲，是指有血缘关系的亲属。根据血缘的来源不同，血亲分为自然血亲和法律拟制血亲。自然血亲，是指出自同一祖先，因出生而形成的具有真实血缘联系的亲属。如父母与子女、兄弟姐妹、祖父母与孙子女、外祖父母与外孙子女、伯叔与侄子女、舅姨与外甥子女等。法律拟制血亲，是指本来没有血缘关系，但由法律确认其具有与自然血亲同等的权利义务的亲属。例如，养父母与养子女之间的拟制血亲关系，继父母与受其抚养教育的继子女之间的拟制血亲关系。

3. 姻亲。姻亲，是指配偶一方与另一方的血亲之间因婚姻关系而发生的亲属关系。例如，儿媳与公婆、女婿与岳父母、丈夫与妻子的兄弟姐妹、妻子与丈夫的兄弟姐妹。

二、近亲属

近亲属，是指法律规定的特定范围内的亲属。近亲属是亲属中血缘关系较亲近的亲属，具体有配偶、父母、子女、兄弟姐妹、祖父母、外祖父母、孙子女、外孙子女。本条规定是以封闭列举的方式规定了近亲属的范围。

规定近亲属具有以下法律意义：在结婚制度中，《民法典》第1048条规定："直系血亲或者三代以内的旁系血亲禁止结婚。"《民法典》总则编规定，近亲属可以担任无民事行为能力或者限制民事行为能力的成年人的监护人；近亲属可依法对失踪的亲属向法院提出宣告失踪和宣告死亡的申请。

三、家庭成员

家庭成员，是指在同一家庭内生活、相互具有法定权利义务关系的近亲属。本条规定的家庭成员包括配偶、父母、子女和其他共同生活的近亲属。家庭成员以共同生活为核心特征，有亲属关系的人不一定是家庭成员，但家庭成员一定是近亲属。

（撰稿人：龙翼飞　姚　邢）

第二章 结　婚

> **第一千零四十六条　【结婚自愿】**
> 结婚应当男女双方完全自愿，禁止任何一方对另一方加以强迫，禁止任何组织或者个人加以干涉。

◆【法条由来】

本条规定是对《婚姻法》第 5 条规定的修改完善。本条将《婚姻法》第 5 条的"不许任何一方对他方加以强迫或任何第三者加以干涉"改为"禁止任何一方对另一方加以强迫，禁止任何组织或者个人加以干涉"。与此同时，本条仍坚持"男女双方"为结婚登记的主体。换言之，我国《民法典》仅认可异性之间的婚姻关系，即缔结婚姻的主体须为"男女双方"。

◆【法条评注】

本条是关于结婚自愿的规定。

一、结婚自愿与《民法典》基本原则的关系

本条规定体现了《民法典》婚姻家庭编人身自由的核心法理思想。[1] 根据本条规定，结婚应当男女双方完全自愿，这是本编婚姻自由原则在结婚制度上的具体体现，也反映了结婚应当遵从私法自治原则。结婚自愿是婚姻缔结行为的积极要件，要求男女双方对于缔结婚姻关系的意思表示一致且真实。本条规定的规范意旨是，男女双方是否结婚、与谁结婚，应当完全由其本人

---

[1] 参见龙翼飞：《编纂民法典婚姻家庭编的法理思考与立法建议》，载《法制与社会发展》2020 年第 2 期。

自主决定。

二、结婚自愿的内容

"男女双方完全自愿",具体包括以下几个方面:第一,应当是男女双方均为自愿,非出于本人自愿,任何一方都不得强迫另一方与自己结婚。第二,应当是基于男女双方本人自愿,而非基于他人意愿,不是双方父母或第三者采用包办、买卖等方式干涉男女双方缔结婚姻,即任何组织或个人不得干涉男女双方缔结婚姻。第三,应当是男女双方完全自愿且双方对于缔结婚姻关系的意思表示真实且一致,而非由于存在某种外在的情况勉强同意的。根据《民法典》第1052条规定,如果由于受到胁迫而同意结婚的,属于可撤销婚姻,受胁迫的一方可以向人民法院请求撤销婚姻。

结婚是男女双方以建立家庭、互为配偶为目的的两性结合。究其本质而言,这种结合是以感情为基础的,而感情只能产生于当事人自身,其他人决定男女情感的命运是违背婚姻本质的。与此同时,本条要求本人自愿,但这并不意味着排斥男女双方就个人的婚事征求父母、亲友的意见,也不排斥父母、亲友等第三者出于对当事人的关心和爱护对他们的婚姻提出看法和建议。这与我国封建社会婚姻制度的"父母之命,媒妁之言"截然不同。

◆【其他问题】

关于当事人因婚约解除引起的财产纠纷问题。依照我国民间习俗,在结婚前,男女双方会订立婚约,即订婚。自新中国成立以来,为倡导婚姻自由、一夫一妻、男女平等的婚姻家庭制度,我国1950年《婚姻法》、1980年《婚姻法》和2001年《婚姻法》均未对婚约予以明确规定,但婚约习惯依然存在,因婚约引发的财产关系纠纷依然存在。为妥善解决婚约纠纷,我国《民法典婚姻家庭编司法解释(一)》第5条规定:"当事人请求返还按照习俗给付的彩礼的,如果查明属于以下情形,人民法院应当予以支持:(一)双方未办理结婚登记手续;(二)双方办理结婚登记手续但确未共同生活;(三)婚前给付并导致给付人生活困难。""适用前款第二项、第三项的规定,应当以双方离婚为条件。"司法解释对涉及婚约中的财产纠纷所作出的回应,对于彩礼给付方是一种权利保护,也有利于维护稳定的婚姻关系。

笔者认为,有必要确立有关解除婚约导致的财产返还规则。男女双方解除婚约后，一方因订立婚约而给付的财物依法应当返还，不能返还的应承担赔偿责任。其理由在于：第一，在中国民间，订立婚约已成普遍习俗，且该习俗历史悠久、影响面广。如果法律规定不认可婚约的法律效力，那么，就应当将该法律理念宣示全社会，以正世俗。第二，因婚约而给付的财物已经产生财产转移的法律后果，在男女双方解除婚约后，对财物进行返还已成为习惯，在不违背公序良俗的情况下，返还该财产具有合理性。[1]

（撰稿人：龙翼飞　赫　欣）

---

[1] 参见龙翼飞：《编纂民法典婚姻家庭编的法理思考与立法建议》，载《法制与社会发展》2020年第2期。

> **第一千零四十七条　【法定结婚年龄】**
> 结婚年龄，男不得早于二十二周岁，女不得早于二十周岁。

◆【法条由来】

本条是对《婚姻法》第 6 条规定的修改完善。《婚姻法》第 6 条规定："结婚年龄，男不得早于二十二周岁，女不得早于二十周岁。晚婚晚育应予鼓励。"为了适应我国人口形势新变化，本条不再保留"计划生育"相关内容，与之相应，取消了"晚婚晚育应予鼓励"的规定。值得注意的是，2015 年修正的《人口与计划生育法》已将第 18 条规定中的"国家鼓励现行生育政策，鼓励公民晚婚晚育"径行删除，改为"符合法律、法规规定条件的，可以要求安排再生育子女"。这也是基于 2015 年中共中央十八届五中全会决定所提出的"全面实施一对夫妇可生育两个孩子的政策"而产生的立法变化。只要是合法的夫妻就享有生育二胎的权利，不再受"单独二孩"政策或"双独二孩"政策的限制。

◆【法条评注】

本条是关于法定结婚年龄的规定。本条规定，直接体现了《民法典》婚姻家庭编贯穿的人权平等、人本秩序等核心法理思想和权利法定、行为公示等具体法理精神。[①] 本条规定的内容，可以概括为以下几个方面：

一、法定结婚年龄的含义

法定结婚年龄，指法律规定允许结婚的最低年龄界限，在此年龄以上方可结婚。凡双方当事人或一方当事人未达到法定结婚年龄，婚姻登记机关一律不予办理结婚登记。

二、确定法定结婚年龄的考量因素

婚姻兼具自然属性和社会属性，同理，法定结婚年龄的确定也取决于自

[①] 参见龙翼飞：《编纂民法典婚姻家庭编的法理思考与立法建议》，载《法制与社会发展》2020 年第 2 期。

然因素和社会因素两方面。第一，自然因素主要包括人的心理和生理状况。第二，社会因素包括政治、经济、文化、人口发展和风俗习惯等因素。结婚只有达到一定的年龄，才能具备适合的生理条件和心理条件并履行夫妻义务，承担对家庭和社会的责任。尽管我国法律赋予每个公民结婚的权利能力，但并非所有公民都可以成为婚姻法律关系的主体，只有达到法律规定的符合结婚条件的最低年龄时才享有结婚的权利，否则就是违法。

三、法定结婚年龄的调整

1950年《婚姻法》第4条规定："男二十岁，女十八岁，始得结婚。"这与当时的政治、经济、文化发展水平，与人民群众的觉悟程度和接受能力相适应。为了适应改革开放的新形势，1980《婚姻法》将保护妇女和儿童合法权益的原则扩大为保护妇女、儿童和老人合法权益的原则，增加了实行计划生育的原则，[1] 也为了配合国家晚婚晚育的人口政策，相应将法定结婚年龄也调整为男22周岁、女20周岁。由此可知，结婚年龄并不基于客观的生理标准确定，其非但不与民事主体的民事行为能力标准挂钩，且很大程度上是作为国家进行人口治理的政策工具而存在。[2] 考虑到1980年确定的法定结婚年龄执行情况基本是可行的，2001年修正的《婚姻法》对法定结婚年龄没有再作修改。

四、降低法定结婚年龄的争论

在编纂《民法典》的过程中，关于是否应当降低法定结婚年龄的争论在社会上引起很大反响，主要可分为两种立场：一种认为应当降低法定婚龄并取消男女婚龄差，建议修改为："结婚年龄，男女双方均不得早于二十周岁。"其理由在于：第一，法定婚龄过高违背了自然人的生长发育规律。第二，考虑到我国广大农村地区和少数民族地区的结婚习俗，许多男女青年有早结婚的个人意愿，降低法定婚龄有利于满足其正当需求，减少因未达到法定结婚年龄而不能办理结婚登记所引发的纠纷。第三，我国控制人口增长的计划生育政策已经发生改变，1980年《婚姻法》提高法定婚龄的现实基础已不复存在。第四，法定

---

[1] 冉克平：《论〈民法典婚姻家庭编（草案）〉的体系、内容及其完善》，载《武汉大学学报（哲学社会科学版）》2019年第6期。

[2] 参见申晨：《论婚姻无效的制度构建》，载《中外法学》2019年第2期。

婚龄男女差异没有现实的依据和合法性基础,不符合性别平等观,为了进一步贯彻男女平等原则,应当删除男女法定婚龄的差异规定。① 另一种认为应维持现有法定结婚年龄的规定。其理由是:第一,根据民政部2015年至2017年婚姻登记数据显示,男女青年办理结婚登记的年龄最高峰是25~29周岁,占到结婚人数的35%~39%。然而,有多少男青年在20~22周岁有结婚需求,缺乏数据支撑。第二,人们结婚以后要承担供养家庭的义务与责任,20~22周岁的男青年是否有供养家庭的经济能力,值得商榷。因此,降低法定婚龄没有实际意义,维持现状也不会产生实质影响。

◆【其他问题】

关于当事人未到法定结婚年龄的婚姻效力问题。根据《民法典》第1051条规定,无效婚姻的情形包括未到法定婚龄这一情形,即一方当事人或双方当事人未到法定结婚年龄的婚姻为无效婚姻。根据《婚姻登记条例》第6条规定,未达到法定结婚年龄的当事人去办理结婚登记,婚姻登记机关不予登记。人民法院审理宣告婚姻无效的案件,对婚姻效力的审理不适用调解,应当依法作出判决;该判决一经作出,即发生法律效力。如果被告结婚时未达法定结婚年龄,且在原告起诉时被告仍然未到法定结婚年龄,婚姻无效的情形是始终存在的,法院会支持原告的诉讼请求。如果原告起诉时被告已经达到法定结婚年龄,则因导致婚姻无效的情形已经消失,原告的诉讼请求得不到支持。

(撰稿人:龙翼飞 赫 欣)

---

① 参见龙翼飞:《编纂民法典婚姻家庭编的法理思考与立法建议》,载《法制与社会发展》2020年第2期。

> **第一千零四十八条　【禁止结婚的亲属关系】**
> 直系血亲或者三代以内的旁系血亲禁止结婚。

◆ **【法条由来】**

本条规定是对《婚姻法》第 7 条规定的修改完善。《婚姻法》第 7 条规定:"有下列情形之一的，禁止结婚:（一）直系血亲和三代以内的旁系血亲;（二）患有医学上认为不应当结婚的疾病。"本条主要是针对《婚姻法》第 7 条第 2 项进行了修改。患有医学上认为不应当结婚的疾病者禁止结婚，这一规定在实践中很难操作，且在对方知情的情况下，是否患有疾病并不必然会影响当事人的结婚意愿。与此同时，基于尊重当事人的婚姻自主权的考虑，本编删除了"患有医学上认为不应当结婚的疾病"的规定，将一方患有重大疾病改为可撤销婚姻的法定事由，在《民法典》第 1053 条第 1 款规定:"一方患有重大疾病的，应当在结婚登记前如实告知另一方；不如实告知的，另一方可以向人民法院请求撤销婚姻。"

◆ **【法条评注】**

本条是关于禁止结婚的亲属关系的规定。本条规定直接体现了《民法典》婚姻家庭编贯穿的人伦正义的核心法理思想和公序良俗的具体法理精神。[①] 本条规定的内容，可以概括为以下几个方面：

一、亲系

（一）亲系的含义

广义的亲系，指的是亲属间的联络系统，这种联络的载体是客观存在的血缘联系。[②] 血亲之间具有血缘联系，姻亲虽以婚姻为中介，但它是配偶一方与另一方的血亲之间的关系，配偶双方与各自的血亲之间同样也具有血缘联

[①] 参见龙翼飞:《编纂民法典婚姻家庭编的法理思考与立法建议》，载《法制与社会发展》2020 年第 2 期。
[②] 杨大文主编:《亲属法与继承法》，法律出版社 2013 年版，第 50 页。

系。狭义的亲系，仅指血亲的联络系统。而广义的亲系兼指姻亲的联络系统。除配偶本身外，一切亲属关系中总是有一定的亲系可循。各种亲系互相交织，形成了一个复杂的亲属网络。

（二）直系血亲和旁系血亲的区分

根据亲属间血缘关系亲疏远近的不同，可分为直系血亲和旁系血亲。

1. 直系血亲。直系血亲，指彼此之间具有直接的血缘联系的血亲，即己身所从出和从己身所出的血亲。直系血亲是被一系列的直线式的出生事实联结在一起的。① 生育自己的和自己生育的上下各代血亲，都属于直系血亲的范围，如父母与子女，祖父母与孙子女，外祖父母与外孙子女等。

2. 旁系血亲。旁系血亲，指彼此之间具有间接的血缘联系的血亲。在血缘上具有同源关系的，除直系血亲外均为旁系血亲。旁系血亲的范围很广，呈网络状向外延伸。② 譬如，兄弟姐妹因同源于父母而具有间接的血缘联系，己身与伯、叔、姑及其子女因同源于祖父母而具有间接的血缘联系，己身与舅、姨及其子女因同源于外祖父母而具有间接的血缘联系。

二、亲属关系远近计算法

衡量亲属关系远近的方法主要是采用亲等来计算。亲等是计算亲属关系远近的单位，即每经一代为一亲等。亲等数越少，亲属关系越近。从世界各国和地区范围来看，主要有以下两种亲等计算法：一是世界多数国家所采用的罗马法亲等计算法；二是部分国家所采用的寺院法亲等计算法。我国《民法典》未采用亲等计算法，而是沿用了世代计算法。采用简便的代数来表示血亲关系，一辈为一代，代数小的比代数大的亲属关系要亲近。具体而言：

1. 直系血亲代数的计算。直系血亲是从自己算起为一代，向上数至父母为二代；至祖父母、外祖父母为三代；至曾祖父母、曾外祖父母为四代；至高祖父母为五代。往下也是如此，自己至子女为二代；至孙子女、外孙子女为三代……依次类推。

2. 旁系血亲代数的计算。找出自己与所要计算的旁系血亲的共同血缘的同源处，以代数最高者为旁系血亲的代数。譬如，己身与姑表亲的共同血缘

---

① 杨大文主编：《亲属法与继承法》，法律出版社2013年版，第50页。
② 巫昌祯、夏吟兰主编：《婚姻家庭法学》，中国政法大学出版社2016年版，第51页。

处在己身的祖父母，己身与祖父母为三代，姑表亲与己身的祖父母也是三代，则己身与姑表亲为三代旁系血亲。又如，己身与姑表亲之女（即表侄女），共同血缘处在己身的祖父母，而己身的表侄女与己身的祖父母为四代直系血亲，则己身与表侄女为四代旁系血亲，不在禁止结婚的血亲范围之列。

三、禁止一定范围血亲结婚的考虑因素

禁止一定范围内的血亲结婚是优生的要求。人类两性关系的发展证明，血缘过近的亲属间通婚，容易把双方生理上的缺陷遗传给后代，影响家庭幸福，危害民族健康。在现代社会中，人伦正义是调整人们的家庭关系和社会关系的道德体系。人伦的原意是调整父母子女关系的行为准则，其后又逐渐扩展为调整基于父母子女关系而产生的直系血亲关系和旁系血亲关系的行为准则。由此可知，禁止一定范围内的血亲结婚也是人伦正义这一核心法理思想在《民法典》婚姻家庭编的重要体现。[①] 新中国成立后，根据1950年《婚姻法》第5条规定，除禁止直系血亲、同胞兄弟姊妹，同父异母或同母异父兄弟姊妹结婚外，对其他五代以内的旁系血亲间禁止结婚的问题，作了从习惯的规定。1980年《婚姻法》除保留禁止直系血亲结婚的规定外，又明确规定禁止三代以内的旁系血亲结婚。2001年修正的《婚姻法》和《民法典》婚姻家庭编对于禁止血亲结婚的范围没有改动。因此，《民法典》婚姻家庭编禁止结婚的血亲有两类：（1）直系血亲。包括父母子女，祖父母、外祖父母与孙子女、外孙子女。即父母不能与儿女结为配偶，祖父母、外祖父母不能与孙子女、外孙子女婚配。（2）三代以内的旁系血亲。包括：①同源于父母的兄弟姊妹（含同父异母、同母异父的兄弟姊妹），即同一父母的子女之间不能结婚。②不同辈的叔、伯、姑、舅、姨与侄子女、外甥子女不能结婚。

◆【其他问题】

关于当事人之间有禁止结婚的亲属关系的婚姻效力问题。根据《民法典》第1051条规定，有禁止结婚的亲属关系的婚姻无效。即直系血亲以及三代以内的旁系血亲禁止结婚，已经缔结的婚姻为无效婚姻，不产生婚姻的法律效

[①] 参见龙翼飞：《编纂民法典婚姻家庭编的法理思考与立法建议》，载《法制与社会发展》2020年第2期。

力，其婚姻自始无效，当事人不具有夫妻间的权利和义务。值得注意的是，我国《民法典》婚姻家庭编关于直系血亲或者三代以内的旁系血亲禁止结婚的规定属于强制性规范，不允许随意变通适用。[1] 当事人的结婚行为因违背禁止结婚的法定条件而当然归于无效。

（撰稿人：龙翼飞　赫　欣）

---

[1] 参见陈坤：《所指确定与法律解释——一种适用于一般法律词项的指称理论》，载《法学研究》2016第5期。

> **第一千零四十九条 【结婚登记】**
> 要求结婚的男女双方应当亲自到婚姻登记机关申请结婚登记。符合本法规定的，予以登记，发给结婚证。完成结婚登记，即确立婚姻关系。未办理结婚登记的，应当补办登记。

◆ 【法条由来】

本条规定是对《婚姻法》第8条规定的修改完善。《婚姻法》第8条规定："要求结婚的男女双方必须亲自到婚姻登记机关进行结婚登记。符合本法规定的，予以登记，发给结婚证。取得结婚证，即确立夫妻关系。未办理结婚登记的，应当补办登记。"本条略有改动之处是确立登记的标志由"取得结婚证"改为"完成结婚登记"。由此可知，完成结婚登记是结婚的必要条件，经合法结婚登记而形成婚姻关系，进而形成家庭关系。

◆ 【法条评注】

本条是关于结婚登记的规定。内容可以概括为以下几个方面：

一、结婚登记的目的和意义

根据《婚姻登记条例》第1条规定："为了规范婚姻登记工作，保障婚姻自由、一夫一妻、男女平等的婚姻制度的实施，保护婚姻当事人的合法权益，根据《中华人民共和国婚姻法》，制定本条例。"由此可知，结婚登记的目的是规范管理婚姻登记工作，保障我国婚姻制度的实施，保护婚姻当事人的合法权益。

结婚登记的意义，主要包括以下几个方面：第一，保障社会主义婚姻制度的施行。国家通过结婚登记，可以对公民婚姻的建立进行监督，有利于维护法律的严肃性，防止包办、买卖婚姻、早婚和重婚的发生，以国家的强制力确保社会主义婚姻家庭制度的稳固。第二，保护婚姻当事人的合法权益。国家实行结婚登记制度，可给予争取婚姻自主的男女双方及时的法律援助，保护基于爱情而有结婚意愿的男女双方的正当权利；还可以帮助、指导婚姻双方当事人避免因无知或者受欺骗而陷于不幸的婚姻之中。第三,及时防治和惩治违反法律、法规的行为。通过结婚登记,国家工作人员可以直接对婚姻当事人开展法治教育,及时发现违反法律、法规的行为,并采取相应的有效措施。①

二、办理结婚登记的婚姻登记机关

根据《婚姻登记条例》第4条规定:"内地居民结婚,男女双方应当共同到一方当事人常住户口所在地的婚姻登记机关办理结婚登记。""中国公民同外国人在中国内地结婚的,内地居民同香港居民、澳门居民、台湾居民、华侨在中国内地结婚的,男女双方应当共同到内地居民常住户口所在地的婚姻登记机关办理结婚登记。"

具体而言,办理结婚登记的婚姻登记机关包括:第一,内地居民办理婚姻登记的机关是县级人民政府民政部门或者乡(镇)人民政府,省、自治区、直辖市人民政府可以按照便民原则确定农村居民办理婚姻登记的具体机关。第二,中国公民同外国人,内地居民同香港特别行政区居民、澳门特别行政区居民、台湾地区居民、华侨办理婚姻登记的机关是省、自治区、直辖市人民政府民政部门或者省、自治区、直辖市人民政府民政部门确定的机关。第三,男女双方均居住于驻在国的中国公民的婚姻登记,可由中华人民共和国驻外使领馆办理。

三、结婚登记的程序

结婚登记的程序分为申请、审查和登记三个环节。

1. 申请。要求结婚的当事人,应当向婚姻登记机关提出结婚申请。申请时,应当出具规定的证件和证明材料。

具体而言:第一,办理结婚登记的内地居民应当出具下列证件和证明材料:(1)本人的户口簿、身份证;(2)本人无配偶以及与对方当事人没有直系血亲和三代以内旁系血亲关系的签字声明。第二,办理结婚登记的香港特别行政区居民、澳门特别行政区居民、台湾地区居民应当出具下列证件和证明材料:(1)本人的有效通行证、身份证;(2)经居住地公证机构公证的本

---

① 参见巫昌祯、夏吟兰主编:《婚姻家庭法学》,中国政法大学出版社2016年版,第52页。

人无配偶以及与对方当事人没有直系血亲和三代以内旁系血亲关系的声明。第三，办理结婚登记的华侨应当出具下列证件和证明材料：（1）本人的有效护照；（2）居住国公证机构或者有权机关出具的、经中华人民共和国驻该国使领馆认证的本人无配偶以及与对方当事人没有直系血亲和三代以内旁系血亲关系的证明，或者中华人民共和国驻该国使领馆出具的本人无配偶以及与对方当事人没有直系血亲和三代以内旁系血亲关系的证明。第四，办理结婚登记的外国人应当出具下列证件和证明材料：（1）本人的有效护照或者其他有效的国际旅行证件；（2）所在国公证机构或者有权机关出具的、经中华人民共和国驻该国使领馆认证或者该国驻华使领馆认证的本人无配偶的证明，或者所在国驻华使领馆出具的本人无配偶的证明。

2. 审查。根据《婚姻登记条例》第 7 条规定，婚姻登记机关应当对当事人的结婚申请进行审查，即婚姻登记机关应当对结婚登记当事人出具的证件、证明材料进行审查并询问相关情况。对结婚登记当事人不符合结婚条件不予登记的，应当向当事人说明理由。譬如，根据《婚姻登记条例》第 6 条规定，办理结婚登记的当事人有下列情形之一的，婚姻登记机关不予登记：（1）未到法定结婚年龄的；（2）非双方自愿的；（3）一方或者双方已有配偶的；（4）属于直系血亲或者三代以内旁系血亲的；（5）患有医学上认为不应当结婚的疾病的。针对该条第 5 种情形，《民法典》第 1048 条、第 1051 条较《婚姻法》已作删除。对结婚登记当事人不符合结婚条件不予登记的，婚姻登记机关应当向当事人说明理由。

3. 登记。根据《婚姻登记条例》第 7 条规定，婚姻登记机关对当事人出具的证件、证明材料进行审查后符合结婚条件的，应当当场予以登记，发给结婚证。

四、补办结婚登记

2001 年修正的《婚姻法》第 8 条在 1980 年《婚姻法》第 7 条规定的基础上增加了"未办理结婚登记的，应当补办登记。"其立法理由在于，我国《婚姻法》从积极的角度重申办理结婚登记的必要性，但对于不登记的仍可以补办结婚登记加以弥补，试图以补办结婚登记的办法来解决事实婚姻引发的问题。从现有的立法资料来看，2001 年《婚姻法》修正案的法学专家建议稿强调结婚登记的严肃性，在该法学专家建议稿第 24 条规定："未经办理结婚登记而以夫妻名义同居生活的，不发生婚姻的法律效力。"① 2001年《婚姻法修正案（草案）》第8条未确立补办登记制度。② 由此可知，2001年《婚姻法修正案（草案）》之前并未就未登记的情况做出妥协，而是重申和严肃结婚登记制度。但是，在第九届全国人大常委会第十九次会议上，全国人大法律委员会（现为全国人大宪法和法律委员会）向全国人民代表大会常务委员会汇报关于2001年《婚姻法》修正案时指出，考虑到农村中未办理登记举行结婚仪式的不在少数，且原因很复杂，因此，对没有登记的应区别情况分别处理。对符合结婚实质要件只是没有办理登记手续的，一律简单宣布为无效婚姻，对保护妇女的权益不利，应当通过加强法制宣传和完善登记等工作，采取补办登记等办法去解决。③ 由此可见，补办结婚登记更多是对客观存在的事实婚姻的倾向性妥协。

《民法典婚姻家庭编司法解释（一）》第6条、第7条规定进一步解释了补办结婚登记。以1994年2月1日《婚姻登记管理条例》为分界点，作出事实婚姻和同居的区分：对于该条例公布实施以前，男女双方符合结婚实质要件的，可认定其具有事实婚姻的效力，不必以补办结婚登记为条件；对于该条例公布实施后，男女双方符合结婚实质要件的，应当在告知其于案件受理前补办结婚登记之后，方可按离婚案件处理；对拒不补办结婚登记坚持"离婚"的，按解除同居关系处理。

对于1994年2月1日《婚姻登记管理条例》公布实施以后的同居关系，补办结婚登记是转化为婚姻的必要条件，其效力可追溯至男女双方均符合结婚的实质要件时。补办结婚登记有利于维护妇女的合法权益，只有补办结婚登记后才可以通过判决不准离婚、适用离婚损害赔偿制度和经济帮助制度等给妇女等弱势方带来利益，而在解除同居关系时对妇女利益的保护是极其有限的。因此，补办结婚登记手续具有溯及力，溯及到当事人双方符合结婚的实质要件时。由此可见，补办结婚登记制度不仅是对补办登记后的以夫妻名

---

① 参见夏吟兰、蒋月、薛宁兰主编：《21世纪婚姻家庭关系新规制：新婚姻法解说与研究》，中国检察出版社2001年版，第334页。

② 参见王胜明、孙礼海主编：《〈中华人民共和国婚姻法〉修改立法资料选》，法律出版社2001年版，第82页。

③ 参见姚红、王瑞娣、段京连、郝作成编著：《中华人民共和国婚姻法释解》，群众出版社2001年版，第48~49页。

义同居关系的认可，而且也是对补办结婚登记前符合结婚实质要件的以夫妻名义同居关系的认可，从当事人双方符合结婚的实质要件到补办结婚登记手续之间因补办而产生婚姻的效力，该效力期间的界定更被认为是我国2001年修正的《婚姻法》对未登记的情况予以立法上的妥协。①

◆ 【其他问题】

关于结婚登记瑕疵纠纷的法律适用问题。根据本条规定可知，结婚登记是男女双方缔结婚姻关系的法定必经程序，只有完成结婚登记，才能确立夫妻关系。然而，在现实生活中不乏因结婚登记瑕疵而产生的纠纷，如代理或冒名顶替他人进行结婚登记的、以虚假身份信息登记结婚的、一方欺诈结婚登记的、结婚登记手续不完善的等。

为维护婚姻登记制度的权威性，保障婚姻当事人的合法权益，遏制利用伪造、变造或者冒用他人身份证件、户口簿、无配偶证明等方式骗取结婚登记的行为，《民法典婚姻家庭编（草案）》（三次审议稿）将"以伪造、变造、冒用证件等方式骗取结婚登记"的行为纳入婚姻无效的法定事由。而在《民法典》婚姻家庭编的正式文本中并未保留这一新增条款。对于此种结婚登记瑕疵的情形，最早出现在单行法规层面上。1986年国务院民政部颁布的《婚姻登记办法》中第9条就规定"婚姻登记机关发现婚姻当事人有违反婚姻法的行为，或在登记时弄虚作假、骗取《结婚证》的，应宣布该项婚姻无效"，并在1994年的《婚姻登记管理条例》中得到确认和延续。然而，2001年修正的《婚姻法》并没有对当事人弄虚作假、骗取婚姻登记的行为作出规定。相较于1994年《婚姻登记管理条例》，2003年实施的《婚姻登记条例》取消了婚姻登记机关通过行政程序宣告申请婚姻登记的当事人弄虚作假、骗取婚姻登记的行为无效的权力。当事人必须提交的材料中取消了1994年《婚姻登记管理条例》中要求单位、村民委员会或者居民委员会出具婚姻状况证明的规定，减少了行政管理，突出意思自治的理念。

就现有结婚登记瑕疵纠纷，其裁判依据是《民法典婚姻家庭编司法解释（一）》第17条的规定。根据该条规定，当事人以《民法典》第1051条规定

---

① 参见何丽新：《论事实婚姻与非婚同居的二元化规制》，载《比较法研究》2009年第2期。

的三种无效婚姻以外的情形请求确认婚姻无效的，人民法院应当判决驳回当事人的诉讼请求。当事人以结婚登记程序存在瑕疵为由提起民事诉讼，主张撤销结婚登记的，告知其可以依法申请行政复议或者提起行政诉讼。然而，在司法实践中，从程序法角度来看，对于结婚登记瑕疵问题的处理，既可以采取行政诉讼程序，也可以采取民事诉讼程序。在处理结果上，既有认定婚姻有效的，也有认定婚姻无效的或撤销结婚登记的。笔者建议，对于结婚登记瑕疵的处理方式应由民事诉讼、行政诉讼"双轨制"改为民事诉讼"单轨制"处理，并根据具体案件的情形，审慎地作出司法裁判。

（撰稿人：龙翼飞　赫　欣）

第一千零五十条 【男女双方在结婚后组成家庭】

登记结婚后，按照男女双方约定，女方可以成为男方家庭的成员，男方可以成为女方家庭的成员。

◆ 【法条由来】

相较于《婚姻法》第9条规定，《民法典》对该条规定未作实质性修改。

◆ 【法条评注】

本条是关于男女双方在结婚后组成家庭的规定。本条规定，直接体现了《民法典》婚姻家庭编贯穿的人权平等、人格尊严、人性友善、人亲和谐等核心法理思想的要求。[1]

在旧中国的婚姻制度下，一般是男娶女嫁，女方到男方家同居生活。男方虽然也有到女方家的，称男方到女方家为"入赘"，在此种情形下男方往往会受到歧视。新中国成立后，1950年《婚姻法》确立男女平等原则，又在该法第11条明确规定："夫妻有各用自己姓名的权利。"以上规定均起到了保障男方到女方家不受到歧视的作用。1980年《婚姻法》第8条规定："登记结婚后，根据男女双方约定，女方可以成为男方家庭的成员，男方也可以成为女方家庭的成员。"这一规定体现了男女平等原则，是对旧的婚姻习俗的改革，其立法精神是提倡男方到女方家落户。该条规定的规范意旨是男女双方平等地互为彼此家庭成员。但是，"也"字有并列之意，同时还具有转折、让步之意，对于后面这两种意思，会表达出一种男方成为女方家庭成员是第二选择的意思，表达出了一种男女之间的不平等，这与原立法意旨是相悖的。[2] 2001年修正的《婚姻法》在此基础上，将"男方也可以成为女方家庭的成

---

[1] 参见龙翼飞：《编纂民法典婚姻家庭编的法理思考与立法建议》，载《法制与社会发展》2020年第2期。

[2] 参见刘睿、张继成：《法律修改中价值评价的原理与方法》，载《苏州大学学报（法学版）》2017年第2期。

员"中的"也"字删除,进一步体现男女平等这一基本原则。因此,一定要将男方成为女方家庭成员的婚姻与"入赘婚"加以区别,切实保护男方在女方家庭中依法享有的权益。

根据本条规定,为了实现婚姻家庭职能,保护婚姻当事人的婚姻家庭权益,结婚后,男女双方可以按照自己的意愿自由选择家庭生活处所,既可以在男方家庭生活成为男方家庭成员,也可以在女方家庭生活成为女方家庭成员,还可以独立组建小家庭独自生活。

◆【其他问题】

关于当事人结婚后的住所决定权的问题。婚姻住所是夫妻婚后共同居住、共同生活的场所。随着经济的发展,社会流动性的增强,人口流动的加大,以及观念的更新,越来越多的人在结婚时另行选择婚姻住所组成新的小家庭模式。婚姻住所决定权,是指夫妻对婚后共同居住、公共生活的场所予以选择、确定的权利。由于婚姻住所影响婚姻当事人的婚姻权利、义务,因此,如何选择婚姻住所是婚姻双方当事人的一项重要的夫妻身份权。[1]《民法典》第1050条规定也可以被理解为是对婚姻住所选择方式的规定。

(撰稿人:龙翼飞 赫 欣)

---

[1] 参见梁琳:《婚姻住所决定权研究》,载《苏州大学学报(法学版)》2018年第1期。

> **第一千零五十一条　【婚姻无效事由】**
> 有下列情形之一的，婚姻无效：
> （一）重婚；
> （二）有禁止结婚的亲属关系；
> （三）未到法定婚龄。

◆ 【法条由来】

本条属于对《婚姻法》第10条的修改，删掉了第10条规定的婚姻无效的第3种情况，即婚前患有医学上认为不应当结婚的疾病，婚后尚未治愈的情况。此处的修改与本法第1048条删除《婚姻法》第7条规定的禁止结婚的第2种情形相对应。

◆ 【法条评注】

本条是对婚姻无效事由的规定。本条所规定的婚姻无效事由有三：其一，重婚，即有配偶者又与第三人结婚的，后婚姻关系无效。第三人的婚姻状况以及善意与否并不影响重婚的认定。这是对《民法典》第1041条规定的一夫一妻婚姻制度的具体化。其二，有禁止结婚的亲属关系，即如果双方当事人是直系血亲或者三代以内的旁系血亲，根据本法第1048条的规定，属于禁止结婚的亲属关系。其三，未到法定婚龄的，根据本法第1047条的规定，即男未达到22周岁，女未达到20周岁。

关于重婚导致婚姻无效的情形，需要解释的问题包括以下两个：其一，重婚是否仅指存在两个或多个登记婚姻的情况，还是说也包括双重或多重事实婚姻的情况。为了配套《民法典》的施行，《民法典婚姻家庭编司法解释（一）》第7条完全吸收2001年12月25日公布的《婚姻法司法解释（一）》[①] 第5条的内容，规定要区别对待未按照规定办理结婚登记而以夫妻名义共同生活

---

① 该司法解释已经被2020年12月29日公布的《最高人民法院关于废止部分司法解释及相关规范性文件的决定》（法释〔2020〕16号）废止。

的男女，即 1994 年 2 月 1 日民政部《婚姻登记管理条例》公布实施以前，男女双方已经符合结婚实质要件的，按事实婚姻处理；1994 年 2 月 1 日民政部《婚姻登记管理条例》公布实施以后，男女双方符合结婚实质要件的，人民法院应当告知其补办结婚登记，未补办结婚登记的，按解除同居关系处理。实践中，容易基于《民法典》第 1049 条规定的"未办理结婚登记的，应当补办登记"，而将《民法典婚姻家庭编司法解释（一）》第 7 条错误理解为：所有未经登记的以夫妻名义共同生活的关系都必须补办登记才能成为法律承认的婚姻关系。正确理解应当为 1994 年 2 月 1 日以前的未经登记而以夫妻名义共同生活的关系，只要其符合结婚实质要件，则不需要补办登记，法律承认 1994 年 2 月 1 日以前的事实婚姻关系；需要补办登记的是 1994 年 2 月 1 日之后未办理结婚登记而以夫妻名义共同生活的男女。① 因此，实践中重婚的情形大体可以分为以下三种情况：1994 年 2 月 1 日前成立的两个事实婚姻可以构成重婚，1994 年 2 月 1 日前的一个事实婚姻和 1994 年 2 月 1 日后的登记婚姻可以构成重婚，1994 年 2 月 1 日后的两个登记婚姻可以构成重婚。

其二，在重婚的情形中，如果当事人在申请时，已经不存在重婚的情况，是否可以根据《民法典婚姻家庭编司法解释（一）》第 10 条的规定，不能再被法院确认为无效婚姻？实践中涉及的情况主要是，当事人与另一方当事人结婚时，另一方当事人已经处于婚姻关系中，即原本存在重婚的情形，但是之后另一方当事人的第一个婚姻或因为其第一个婚姻关系中的配偶死亡或因为双方离婚而解体，此时当事人是否还可以向法院请求确认婚姻无效。实践中法院裁判观点不一：有法院认为，若申请时重婚事由已经不存在，则当事人不能再请求确认婚姻无效；也有法院认为当事人请求确认婚姻无效时，即使前次婚姻关系合法解除，后一次婚姻关系仍为无效，不会产生从违法到合法的转化问题。② 理论界也同时呈现上述两种不同观点：一种观点认为重婚时一方当事人存在两个或多个婚姻关系，严重违反一夫一妻制原则，所以不存在阻却事由；另一种观点认为导致婚姻无效的事由都具有违法性，重婚的情

---

① 参见余延满：《亲属法原论》，法律出版社 2007 年版，第 181 页。
② 参见重庆市第一中级人民法院民事判决书，（2016）渝 01 民再 44 号。在该案中，重庆市渝北区人民法院审理认为重婚情形消失，当事人不能再申请宣告婚姻无效；重庆市第一中级人民法院审理认为后一次婚姻关系仍为无效，不产生从违法到合法的转化。在笔者进行的有限案例检索中，判决认为重婚不能进行合法转化的占大多数。

形并不特殊,只要申请时已不存在重婚情形,就不可以确认婚姻关系无效。并且,为了维护婚姻家庭关系的稳定和保护未成年子女的合法权益,也应当认为即使在重婚情形也可以适用《民法典婚姻家庭编司法解释(一)》第10条。① 笔者认为,根据《民法典婚姻家庭编司法解释(一)》第10条的文义,重婚情形并未被排除在外,在前一段婚姻关系被合法解除或者因非重婚一方死亡而解除时,就已不存在两个有效婚姻,后一段婚姻关系不能再被确认为无效婚姻。

关于有禁止结婚的亲属关系导致婚姻无效的情形,需要解释的问题是何种亲属关系是《民法典》规定的"禁止结婚的亲属关系"。此问题被规定在《民法典》第1048条,即直系血亲或者三代以内的旁系血亲禁止结婚。需要于此处再次强调的是,这里所指的血亲关系不仅包括自然血亲关系,也包括拟制血亲关系。② 收养的成立使得收养人和被收养人之间形成拟制直系血亲关系,因此在收养期间,收养人和被收养人的关系属于禁止结婚的亲属关系,收养人的直系自然血亲(如血缘意义上的父母或者子女)若与被收养人属于三代以内的拟制旁系血亲关系,同样是此处所指的禁止结婚的亲属关系。在收养人和被收养人的收养关系解除后,当事人之间是否仍然属于禁止结婚的亲属关系呢?本条没有直接规定。理论上有观点认为既然拟制血亲关系已经不再存在,自然不再构成禁止结婚的亲属关系。③ 笔者亦赞同此观点。与之相对的是,被收养人和与其具有血缘关系的父母之间的直系自然血亲关系并不因为法律上的父母子女关系的消灭而消失,被收养人和与其具有三代以内旁系血缘关系的亲属之间的旁系自然血亲关系也不因为收养的成立而自然消亡,因此他们之间仍然属于禁止结婚的亲属关系。④

值得疑问的是,事实上形成扶养关系的继父母与继子女之间是否可以成立拟制血亲关系,进而属于禁止结婚的亲属关系?我国通说认为继父母与受

---

① 余延满:《亲属法原论》,法律出版社2007年版,第192页。
② 参见黄薇主编:《中华人民共和国民法典婚姻家庭编解读》,中国法制出版社2020年版,第40页。
③ 参见余延满:《亲属法原论》,法律出版社2007年版,第169页。
④ 参见马忆南:《婚姻家庭继承法学》,北京大学出版社2019年版,第167页。

其抚养教育的继子女之间的关系是法律拟制的父母子女关系。① 这一观点也可以在《民法典》第 1127 条的规定中得到佐证，即有扶养关系的继子女是继承编所称子女，是第一顺序的法定继承人。而且，从《民法典婚姻家庭编司法解释（一）》第 54 条的规定可知，在生父与继母或者生母与继父离婚后，继父母可以决定是否继续抚养继子女，若抚养关系不再存在，那么拟制血亲关系解除，他们之间的关系也就不再属于禁止结婚的亲属关系；反之，若继父母继续抚养继子女，拟制血亲关系则并不解除，继父母与继子女之间的关系属于禁止结婚的亲属关系。与收养的情形相似，继父母的直系自然血亲（如血缘意义上的父母或者子女）与继子女是否可以构成禁止结婚的亲属关系呢？理论中鲜有探讨，但实践中并不鲜见。笔者认为在此应比照收养的情况来处理。

关于未到法定婚龄导致婚姻无效的情形，实践中争议不大。需要注意的两点是：其一，《民法典》规定的法定婚龄不同于自然人成为完全民事行为能力人的年龄，后者根据《民法典》第 17 条和第 18 条的规定，18 周岁以上的自然人为成年人、为完全民事行为能力人；而《民法典》第 1047 条规定，结婚年龄，男不得早于二十二周岁，女不得早于二十周岁。其二，根据《民法典婚姻家庭编司法解释（一）》第 10 条的规定，虽然一方或双方当事人在缔结婚姻关系时未达法定婚龄，但是在请求确认婚姻无效时，若双方当事人都已达法定婚龄，则该婚姻关系不能再被确认为无效婚姻。

除了本条规定的三种婚姻无效事由，根据《民法典婚姻家庭编司法解释（一）》第 17 条第 1 款的规定，当事人并不能以其他事由请求确认婚姻无效。除了有关婚姻无效事由的规定，为了配套《民法典》的施行，《民法典婚姻家庭编司法解释（一）》第 9 条规定了有权根据《民法典》向人民法院请求确认婚姻无效的主体，包括婚姻当事人以及利害关系人。在重婚的情形中婚姻当事人包括每个婚姻关系中的当事人，而利害关系人指的是当事人的近亲属以及基层组织，近亲属则是根据《民法典》第 1045 条第 2 款确定的配偶、父母、子女、兄弟姐妹、祖父母、外祖父母、孙子女以及外孙子女。在近亲结

---

① 参见黄薇主编：《中华人民共和国民法典婚姻家庭编解读》，中国法制出版社 2020 年版，第 40 页；马忆南：《婚姻家庭继承法学》，北京大学出版社 2019 年版，第 143 页；余延满：《亲属法原论》，法律出版社 2007 年版，第 380 页。

婚和未达法定婚龄的情形中，均为婚姻当事人以及当事人的近亲属。在利害关系人请求确认婚姻无效时，根据《民法典婚姻家庭编司法解释（一）》第15条第1款和第2款的规定，利害关系人为原告，婚姻关系当事人双方为被告，夫妻一方死亡的，则生存一方为被告。值得注意的是，2003年12月25日公布的《婚姻法司法解释（二）》① 第6条第3款规定的"夫妻双方均死亡的，不列被申请人"并没有被纳入到《民法典婚姻家庭编司法解释（一）》中，可能的原因是该款容易让人错误地认为夫妻双方死亡后就不能再申请婚姻无效，所以将其删除；② 但在今后的实践中，在夫妻双方均已死亡时，仍可参考2003年12月25日公布的《婚姻法司法解释（二）》③ 第6条第3款规定的精神加以处理。《民法典婚姻家庭编司法解释（一）》第12条和第13条还分别吸收了2003年12月25日公布的《婚姻法司法解释（二）》④ 第3条和第7条的规定，从而规范婚姻无效之诉与离婚之诉的关系。因为无效婚姻违反法定的公益要件，因此是否申请确认婚姻无效的权利并非仅由当事人享有，故人民法院审理离婚案件后，若发现存在婚姻无效事由，应依法作出婚姻无效判决；若法院就同一婚姻关系分别受理了离婚和请求确认婚姻无效之诉，也应当先判决婚姻是否无效，如果婚姻是无效的，也就不存在所谓离婚问题。⑤

◆【其他问题】

一、以伪造、变造、冒用证件等方式骗取结婚登记的情形

本法并未规定当事人以伪造、变造、冒用证件等方式骗取结婚登记时的婚姻效力，但在《民法典》编纂过程中，曾将此种情形作为可以导致婚姻无效的第四种情形，之后因为专家学者认为以伪造、变造、冒用证件等方式骗取结婚登记的情形较为复杂，而将该种情形删去。

《民法典婚姻家庭编司法解释（一）》第17条第2款规定，当事人以结

---

① 该司法解释已经被2020年12月29日公布的《最高人民法院关于废止部分司法解释及相关规范性文件的决定》（法释〔2020〕16号）废止。
② 参见余延满：《亲属法原论》，法律出版社2007年版，第190~191页。
③ 同前注①。
④ 同前注①。
⑤ 参见余延满：《亲属法原论》，法律出版社2007年版，第200页。

婚登记程序存在瑕疵为由提起民事诉讼，主张撤销结婚登记的，告知其可以依法申请行政复议或者提起行政诉讼。实践中，有法院将伪造、变造、冒用证件等方式骗取结婚登记的情形以及当事人并未亲自到场申请结婚①的情形都理解为结婚登记程序瑕疵，当事人只能提起行政复议或者行政诉讼来撤销结婚登记。但是，在行政诉讼中，根据《最高人民法院关于适用〈中华人民共和国行政诉讼法〉的解释》第64条第1款的规定，如果不知情的当事人在1年之后才发现结婚登记程序瑕疵，可能会导致超过法定起诉期间而不予立案的结果。在《民法典》和《民法典婚姻家庭编司法解释（一）》生效以前，也有判决并没有适用2011年8月9日公布的《婚姻法司法解释（三）》② 第1条第2款的规定，认为只有在受胁迫缔结婚姻的情况下，婚姻登记部门才可以撤销婚姻登记。③ 而在民事诉讼中，有判决认为登记信息错误的一方与另一方的婚姻关系并不因登记错误而无效或可撤销。

从理论上来说，笔者也认为本法不需要单独规定以伪造、变造、冒用证件等方式骗取结婚登记的情形，并且婚姻的效力如何应由法院判决而非由婚姻登记部门裁定。首先，若结婚的一方当事人冒用了他人证件办理了结婚登记，被冒用人并没有作出结婚的意思表示，被冒用人并非缔结婚姻的主体，单纯的登记形式并不能取代具有实质意义的意思表示，被冒用人与婚姻关系的另一方当事人之间并不存在婚姻关系，被冒用人可以请求婚姻登记机关更正登记；其次，实际上处于婚姻关系中的伪造、变造或冒用证件的人与婚姻关系中的另一方之间的婚姻关系，不因存在登记信息的错误（如姓名、出生日期等登记错误）而无效或可撤销，应该根据本法第1051条、第1052条和第1053条的规定，检验是否存在导致婚姻关系无效或可撤销的事由。④

二、已达法定婚龄但并不具有相应行为能力的当事人结婚的情形

本法仅规定不达法定婚龄的当事人缔结的婚姻无效，但并未规定已达法定婚龄但并不具有行为能力的当事人缔结的婚姻的效力。在《婚姻法》实施

---

① 参见重庆市第一中级人民法院刑事裁定书，（2015）渝一中法刑终字第00675号。
② 该司法解释已经被2020年12月29日公布的《最高人民法院关于废止部分司法解释及相关规范性文件的决定》（法释〔2020〕16号）废止。
③ 参见甘肃省高级人民法院行政裁定书，（2016）甘行终158号。
④ 李昊、王文娜：《婚姻缔结行为的效力瑕疵——兼评民法典婚姻家庭编草案的相关规定》，载《法学研究》2019年第4期。

期间，已达法定婚龄但不具备行为能力的当事人往往是患有医学上认为不应当结婚的疾病的人，因此在实践中法院通过适用《婚姻法》第 10 条规定的第 3 种情况来确认婚姻无效。若当事人并不患有医学上认为不应当结婚的疾病，是否仅仅可以依据不具备行为能力来认定婚姻无效呢？实践中法院持不同观点：一种观点认为不具备民事行为能力不属于确认婚姻无效的法定事由；另一种观点将不具备相应的民事行为能力作为一个重要的理由，认为若在婚姻登记时一方为限制民事行为能力人，则意味着对自己行为的性质及后果认识肤浅。

理论上，有学者认为已达法定婚龄但不具备相应行为能力的人订立的婚姻为可撤销婚姻，① 有学者认为该种情况应为无效婚姻。② 笔者认为，《民法典》颁布后，要遵循相关条文进行科学的解释和适用。本条是对于婚姻无效事由的全面列举，因此不适用总则编第 144 条的规定；并且不规定此种情形也并非法律漏洞，法律漏洞仅指"违反计划的不圆满"，③ 而此时立法者是有意仅仅规定第 1051 条的三种情形为婚姻无效事由。

三、通谋虚伪"假结婚"的情形

若缔结婚姻关系的双方当事人并不旨在建立婚姻家庭生活共同体，而仅仅是追求异质于婚姻的目的，此时该婚姻关系是否有效成立？本法同《婚姻法》一样都没有在法条中对此情形加以明确规定。在审判实践中，"假结婚"的情形并不少见，在《民法典》和《民法典婚姻家庭编司法解释（一）》生效以前，法院根据 2011 年 8 月 9 日公布的《婚姻法司法解释（三）》④ 第 1 条第 1 款的规定，"假结婚"并不被法院认定为无效婚姻，也未见法院将其认

---

① 田韶华：《民法典婚姻家庭编草案瑕疵婚姻制度的立法建议——以〈民法总则〉之瑕疵民事法律行为制度在婚姻家庭编草案中的适用为视角》，载《苏州大学学报（法学版）》2018 年第 1 期。
② 李昊、王文娜：《婚姻缔结行为的效力瑕疵——兼评民法典婚姻家庭编草案的相关规定》，载《法学研究》2019 年第 4 期。
③ 参见[德]卡尔·拉伦茨：《法学方法论》，陈爱娥译，商务印书馆 2003 年版，第 251 页。
④ 该司法解释已经被 2020 年 12 月 29 日公布的《最高人民法院关于废止部分司法解释及相关规范性文件的决定》（法释〔2020〕16 号）废止。

定为可撤销婚姻，而是判决以离婚的方式将婚姻关系解除。①

《民法典》仍然未规定通谋虚伪婚姻为无效婚姻，并且《民法典婚姻家庭编司法解释（一）》第17条第1款也完全吸收了2011年8月9日公布的《婚姻法司法解释（三）》②第1条第1款的规定。在将来的司法实践中，通谋虚伪结婚的当事人只能通过离婚的方式解除婚姻关系。

这并不妨碍我们了解学说立场，学者们认为"假结婚"会导致婚姻效力瑕疵，有观点认为通谋虚伪缔结的婚姻为可撤销婚姻，③也有观点认为其应导致婚姻无效。④笔者在此支持"假结婚"可导致婚姻无效的观点，因为通谋虚伪"假结婚"的当事人并不以建立婚姻生活共同体为目的，而是追求异质于婚姻的目的，构成对婚姻制度的挑战，涉及对社会公共利益的侵犯。

（撰稿人：李　昊　王文娜）

---

① 参见浙江省桐庐县人民法院民事判决书，（2010）杭桐民初字第628号；参见上海市黄浦区人民法院民事判决书，（2012）黄浦民一（民）初字第358号；参见山东省聊城市东昌府区人民法院民事判决书，（2013）聊东民初字第3190号；参见上海市奉贤区人民法院民事判决书，（2015）奉民一（民）初字第3259号。
② 该司法解释已经被2020年12月29日公布的《最高人民法院关于废止部分司法解释及相关规范性文件的决定》（法释〔2020〕16号）废止。
③ 金眉：《论通谋虚伪结婚的法律效力》，载《政法论坛》2015年第3期。
④ 冉克平：《论婚姻缔结中的意思表示瑕疵及其效力》，载《武汉大学学报（哲学社会科学版）》2016年第5期。

> **第一千零五十二条　【婚姻可撤销事由】**
>
> 因胁迫结婚的，受胁迫的一方可以向人民法院请求撤销婚姻。
>
> 请求撤销婚姻的，应当自胁迫行为终止之日起一年内提出。
>
> 被非法限制人身自由的当事人请求撤销婚姻的，应当自恢复人身自由之日起一年内提出。

◆ 【法条由来】

本条对应《婚姻法》第11条，规定了被胁迫缔结的婚姻构成婚姻可撤销的事由。但是，除斥期间由《婚姻法》规定的"自结婚登记之日起一年内"变更为"自胁迫行为终止之日起一年内"，起算时间点更加合理；并且，撤销婚姻的权力机关由原来的"婚姻登记机关或人民法院"变更为"人民法院"，回应了长时间以来理论上的争议；除此之外，从条款设置上来说，《婚姻法》第11条为一款三句，但本法此条分拆为三款，条款设置更加科学。

◆ 【法条评注】

本条是对婚姻可撤销事由的规定。本条所规定的内容包括：第一，在缔结婚姻时受胁迫是一方可以主张撤销婚姻的法定事由，根据《民法典婚姻家庭编司法解释（一）》第18条第1款的规定，胁迫是指行为人以给另一方当事人或者近亲属的生命、身体健康、名誉、财产等方面造成损害为要挟，迫使另一方当事人违背真实意愿结婚的情况。只有满足以下条件才可以构成胁迫缔结婚姻：（1）存在胁迫行为；（2）相对人因为胁迫行为而产生恐惧；（3）相对人基于胁迫行为而违反自己的真实意愿被迫与对方结婚；（4）胁迫行为人出于故意。[①] 本条并不区分该胁迫行为是否来自婚姻关系中的一方，即使是第三方实施的胁迫行为也是此处的胁迫行为。《民法典》第1042条明确

---

① 参见吴高盛主编：《〈中华人民共和国婚姻法〉释义及实用指南》，中国民主法制出版社2014年版，第49页。

规定，禁止干涉婚姻自由的行为；第 1046 条也明确规定，不仅禁止结婚的一方当事人对另一方加以强迫，也禁止任何组织或者个人加以干涉。第二，提出撤销婚姻申请的权利人为受胁迫方，婚姻关系中的另一方或者任何第三人没有申请撤销受胁迫婚姻的权利，此内容也体现在《民法典婚姻家庭编司法解释（一）》第 18 条第 2 款中。这是婚姻可撤销制度与婚姻无效制度的一个重要区别，后者中的权利人可以是夫妻双方当事人，还可以是利害关系人。请求撤销婚姻与否，仅由享有撤销权的本人决定，并且当事人可以改变其是否请求撤销婚姻的决定。① 此点也体现在《民法典婚姻家庭编司法解释（一）》第 12 条的规定中：人民法院若发现离婚案件中的婚姻是无效婚姻，应当做出确认婚姻无效的判决，此处并不包含婚姻可撤销情形，即使存在婚姻可撤销情形，若当事人并不主张撤销婚姻，法院应做出是否准许离婚的判决。第三，人民法院是可以撤销婚姻的权力机关，作为民政部门的婚姻登记机关不再具有撤销婚姻的权力。因为婚姻是否可撤销，涉及的是实体法上婚姻效力的认定问题，只有经过实质的调查和判断，才能做出正确决定，而婚姻登记机关并没有进行实质调查和实质判断的职能，因此仅人民法院可以撤销婚姻。② 第四，权利人申请撤销婚姻的除斥期间为自胁迫行为终止之日起一年，若权利人被限制人身自由，则自其恢复人身自由之日起计算。这改变了《婚姻法》第 11 条以"自结婚登记之日"为起点的规定。本条第 3 款单独规定了非法限制人身自由的情形，但值得商榷的是，是否恢复人身自由一定是除斥期间的起算点。笔者认为，当事人即使恢复人身自由，但可能仍然存在针对他/她的其他胁迫行为，此时起算点仍应根据本条第 2 款从所有胁迫行为终止之日开始起算。除此之外，《民法典婚姻家庭编司法解释（一）》第 19 条第 2 款明确规定，《民法典》第 152 条第 2 款并不适用于可撤销婚姻情形，即权利人在五年后仍然可以申请撤销婚姻，此时并不存在婚姻撤销权在五年之后便当然消灭的规定。这有助于保护权利人的婚姻自由，因为在某些情形下，尤其是在权利人被非法限制人身自由的情形，时间跨度完全可能超过五年。还需要讨论的是，若权利人在胁迫行为终止后明确表示放弃撤销权，比

---

① 参见马忆南：《婚姻家庭继承法学》，北京大学出版社 2019 年版，第 76 页。
② 王礼仁：《解决婚姻行政诉讼与民事诉讼"打架"之路径》，载《法律适用》2011 年第 2 期。

如胁迫行为已经终止后，受胁迫者向法院起诉要求离婚并在离婚诉讼中明确表示放弃撤销权（可能是基于经济利益），此时若仍然在一年期间以内，受胁迫方是否在离婚之后还可反悔并申请撤销婚姻？理论上有观点认为此时权利人的撤销权亦已消灭。[①] 而另一种可能的情形是，受胁迫者在起诉要求离婚时仍处于受胁迫状态中，若离婚后胁迫行为终止，受胁迫者是否仍享有撤销婚姻的权利？理论中有观点认为，因为我国《民法典》采无效效果溯及既往主义，撤销与离婚的效力不同，因此即使可撤销婚姻因离婚而解除，权利人仍然可以在法定的除斥期间内提起撤销之诉。[②]

（撰稿人：李　昊　王文娜）

[①] 参见余延满：《亲属法原论》，法律出版社2007年版，第208页。
[②] 同上注。

> **第一千零五十三条 【一方患有重大疾病未如实告知的可撤销婚姻】**
>
> 一方患有重大疾病的,应当在结婚登记前如实告知另一方;不如实告知的,另一方可以向人民法院请求撤销婚姻。
>
> 请求撤销婚姻的,应当自知道或者应当知道撤销事由之日起一年内提出。

◆【法条由来】

本条规定为《民法典》婚姻家庭编的创新性规定。

◆【法条评注】

本条是关于一方患有重大疾病未如实告知的可撤销婚姻的规定。本条规定直接体现了本编贯穿的人身自由、人际诚信和人本秩序的核心法理思想。[①]

确立一方患有重大疾病未如实告知的可撤销婚姻的立法理由在于:第一,一方患有重大疾病,在结婚登记前未如实告知另一方,此种行为的性质就是欺诈。换言之,此种行为违反了本编人际诚信的核心法理思想。对于此种违法行为,应当产生相应的撤销婚姻的法律后果。第二,一方患有重大疾病,在结婚登记前未如实告知另一方,如果另一方在婚后由此受到了对方患有重大疾病所带来的侵害,使得受到侵害的一方当事人的健康权受到损害,法律就要保护受害这一方当事人的正当权益,准许其向人民法院请求撤销该婚姻。这样的规定也是本编所贯穿的法律救济这一具体法理规则的体现。

2001年修正的《婚姻法》第7条规定了"患有医学上认为不应当结婚的疾病"为法定禁止结婚的要件之一。然而,在司法实践中,由于法律对哪些是"医学上认为不应当结婚的疾病"没有明确规定。所以,在实行强制婚检时,婚检作为相应的配套措施,由行政法规辅助其实施,凡患有医学上认为

[①] 参见龙翼飞:《编纂民法典婚姻家庭编的法理思考与立法建议》,载《法制与社会发展》2020年第2期。

不应当结婚的疾病，都由婚检机构直接下结论，所引发的纠纷一般都化解在了医疗机构或婚姻登记机关。提起诉讼的案件，人民法院可以医疗机构的婚检证明为判案依据，这不仅使此类案件的处理相对简单，而且对当事人而言也较为清晰明确。但取消强制婚检后，问题都集中到了法院，如何判断当事人是否患有医学上认为不应当结婚的疾病，哪一级的医疗机构可以鉴定等问题，都成为了困扰司法机关的难题。在没有可以参照的医学标准也没有明确的法律依据的情况下，审判实践中，人民法院大多采取回避的方式，对疾病婚的处理开始依据民法上的诚实信用原则，将问题移转到对患病的一方有无隐瞒病情以及欺诈的认定上。换言之，婚前是否隐瞒病情成为了判案的落脚点。如果患病的一方隐瞒病情、存在欺诈的，宣告该婚姻无效；如果告知过对方，按离婚处理。这种因主观状况不同，适用的规则和标准也不同的处理方式，最终演绎成将欺诈作为了影响婚姻效力的关键性因素，而当事人是否患有医学上认为不应当结婚的疾病，已变得不那么重要了。[①]

本条规定实际上可以被涵盖在《民法典》总则编的欺诈制度中。《民法典》总则编中的第148条的文字表述为"一方以欺诈手段"。欺诈行为不仅指一方故意告知错误事实，还包括一方在承担告知义务的前提下仍故意隐瞒真实情况。缔结婚姻的一方对患有重大疾病的情况负有主动告知义务，在其不如实告知的情况下，另一方享有请求撤销该婚姻的权利。因此，在缔结婚姻时，如果患病的一方并不知晓患病的事实，婚后另一方并不能以认识错误为由主张撤销婚姻，而仅在一方知情且故意隐瞒的前提条件下，另一方才能以欺诈为由主张撤销该婚姻。从可撤销制度的目的出发，本条规定并不是为了体现国家对于一方患有重大疾病的婚姻的管制，而是为了保护受欺诈的另一方的缔结婚姻的自由。[②] 请求撤销婚姻的当事人，应当自知道或者应当知道该撤销事由之日起一年内提出。法律应当追求公平合理、人伦正义和人际诚信，一方因实施了隐瞒重大疾病的行为而造成另一方身体健康遭受损害的，应当

---

① 参见孙若军：《疾病不应是缔结婚姻的法定障碍——废除〈婚姻法〉第7条第2款的建议》，载《法律适用》2009年第2期。
② 参见李昊、王文娜：《婚姻缔结行为的效力瑕疵——兼评民法典婚姻家庭编草案的相关规定》，载《法学研究》2019年第4期。

依照《民法典》侵权责任编规定，由侵权行为人承担损害赔偿责任。①

◆【其他问题】

  关于当事人自愿进行婚前健康检查的问题。由于《民法典》婚姻家庭编增设了一方患有重大疾病未如实告知作为可撤销婚姻的法定事由的规定，这意味着法律把该情形下是否认可婚姻效力的权利交给了未患重大疾病的一方当事人。虽然我国现行的《婚姻登记条例》取消了强制婚检制度，但是，基于对婚姻当事人双方健康权的维护和婚姻关系的长久维系，笔者认为，婚姻当事人双方在办理结婚登记前自行选择通过婚前健康检查方式来排查当事人是否患有不宜结婚的重大疾病，是较为妥当的。

（撰稿人：龙翼飞　赫　欣）

---

① 参见龙翼飞：《编纂民法典婚姻家庭编的法理思考与立法建议》，载《法制与社会发展》2020年第2期。

> **第一千零五十四条　【婚姻无效和婚姻被撤销的法律效果】**
> 　　无效的或者被撤销的婚姻自始没有法律约束力，当事人不具有夫妻的权利和义务。同居期间所得的财产，由当事人协议处理；协议不成的，由人民法院根据照顾无过错方的原则判决。对重婚导致的无效婚姻的财产处理，不得侵害合法婚姻当事人的财产权益。当事人所生的子女，适用本法关于父母子女的规定。
> 　　婚姻无效或者被撤销的，无过错方有权请求损害赔偿。

◆【法条由来】

本条第1款对应《婚姻法》第12条，内容上没有实质性变化，仍然规定原则上婚姻无效和婚姻被撤销以后，无效效果可以溯及既往地发生，并且对夫妻双方的财产关系和父母子女关系作出了规定。本条第2款则是新增条款，是在《民法典婚姻家庭编（草案）》（三次审议稿）才被加到《民法典》中的条款，规定了无过错方的损害赔偿请求权。这有利于保护无过错方的权利，具有积极意义。

◆【法条评注】

本条是对婚姻无效和婚姻被撤销的法律效果的规定。本条所规定的内容可概括如下：第一，婚姻被确认无效或被撤销后，无效效果可以溯及既往。第二，在财产问题上，当事人可以协商处理，若当事人不能达成协议，则由法院根据无过错原则判决；在由于重婚导致的婚姻无效情形下，不得损害合法婚姻当事人的权利。第三，父母子女关系仍然适用本法关于父母子女关系的规定。第四，婚姻被确认无效或被撤销后，无过错方当事人享有损害赔偿请求权。

一、无效效果的溯及既往

本条规定无效的或者被撤销的婚姻自始没有法律约束力，《民法典婚姻家庭编司法解释（一）》第 20 条进一步明确，自始无效是指无效或者可撤销婚姻在依法被确认无效或被撤销时，才确定婚姻自始不受法律保护。因此，这里的无效与《民法典》总则编规定的无效法律行为的当然无效是不同的；但是，在无效是否具有溯及力这一问题上，婚姻被确认无效或被撤销后导致的无效与《民法典》总则编规定的无效或可撤销法律行为的无效是相同的，即无效效果可以溯及既往地发生，而并非只是面向未来的无效。这使婚姻无效和婚姻可撤销的法律效果从根本上区别于离婚的法律效果，后者只是使得婚姻面向未来地解体。在实践中，婚姻被确认为无效或被撤销后，当事人的婚姻状况将是未婚，① 这与离婚后的离异法律状态有所不同。也正是基于此，即使是在婚姻关系中的一方当事人或者双方当事人死亡后，仍存在请求确认婚姻无效的必要性。因此《民法典婚姻家庭编司法解释（一）》第 14 条和第 15 条吸收了 2003 年 12 月 25 日公布的《婚姻法司法解释（二）》② 第 5 条和第 6 条的内容，规定夫妻一方或者双方死亡后，生存一方或者利害关系人仍可依据《民法典》请求确认婚姻无效。但《民法典婚姻家庭编司法解释（一）》第 14 条对 2003 年 12 月 25 日公布的《婚姻法司法解释（二）》③ 第 5 条的修改之处是，后者规定权利人必须在夫妻一方或者双方死亡后一年内请求确认婚姻无效，而前者并没有规定一年的除斥期间限制。理论上曾认为此一年的除斥期间是为了促使权利人在此情况下尽快行使权利，从而保护善意第三人的利益和交易安全；④《民法典婚姻家庭编司法解释（一）》删掉此款规定，乃意在保护权利人即未死亡的夫妻一方或者利害关系人的利益。

在理论中，无效效果到底是否应当溯及既往却是一个一直争论不休的问题。基于婚姻关系的特殊性，即婚姻家庭关系是一种客观事实上的社会存在，男女两性结合而产生的身份事实是不可能恢复原状的，以及为了保护善意配偶一方的利益，主要存在以下两种观点：第一种观点主张婚姻被宣告无效后，

---

① 理论上仍值得探讨，此时的婚姻状态被登记为"未婚"是否合理。婚姻被确认无效或被撤销并不意味着婚姻没有成立过，当事人之间确实成立过婚姻关系且进行过婚姻生活。
② 该司法解释已经被 2020 年 12 月 29 日公布的《最高人民法院关于废止部分司法解释及相关规范性文件的决定》（法释〔2020〕16 号）废止。
③ 同前注②。
④ 参见余延满：《亲属法原论》，法律出版社 2007 年版，第 190 页。

无效效果溯及既往，但婚姻被撤销而导致的无效只是面向未来的无效；① 第二种观点认为婚姻被宣告无效和被撤销导致的无效都应当是面向未来的无效。②

二、财产分割问题

本条第1款第2句和第3句具体规定了婚姻被宣告无效或被撤销之后的财产法效果，明确了当事人协议处理同居期间所得财产的优先性，若不能达成协议，则由法院判决，而法院遵循的原则是照顾无过错方的利益，并且在重婚的情况中，即使照顾无过错方也仍然不得侵害合法婚姻当事人的财产权益。

本条并没有明确何谓无过错方，理论上认为无过错方即对无效婚姻的形成及存续等无过失和错误的一方。③ 但是这个解释还是过于笼统，满足无过错的要件是否仅需要当事人不知晓导致婚姻无效或可撤销的事由，还是也需要当事人尽到了注意义务？实践中，有法院认为一方患病导致婚姻无效，而另一方未充分了解患病方就与其草率结婚，则另一方也是过错方。④ 由此可见，当事人应当知晓而不知晓婚姻无效或可撤销事由的，亦是过错方。

接下来的问题是，何谓照顾无过错方的利益？《民法典婚姻家庭编司法解释（一）》第22条规定，被确认无效或者被撤销的婚姻，当事人同居期间所得的财产，除有证据证明为当事人一方所有的除外，按共同共有处理。可以明确的是，即使婚姻被确认无效或被撤销，当事人之间不是合法的夫妻关系，但是当事人同居期间取得财产的处理原则，也没有按照按份共有的原则分割。⑤ 同居期间所得财产为共同共有财产，所谓照顾无过错方的利益即在分割共同财产时照顾无过错方。但是仍然不甚清晰的是，当事人一方如何证明某物为己方所有？理论中有两种不同观点：一种观点认为所谓有证据证明为当事人一方所有的财产，主要是指在同居期间一方的劳动收入以及因继承、遗赠、赠与等途径所得的合法收入；⑥ 另一种观点则认为此时共同财产和个人财

---

① 参见余延满：《亲属法原论》，法律出版社2007年版，第212页。
② 徐国栋：《无效与可撤销婚姻中诚信当事人的保护》，载《中国法学》2013年第5期。
③ 参见全国人大常委会法工委研究编：《〈中华人民共和国婚姻法〉条文释义及适用指南》，第46页。
④ 参见吉林省高级人民法院民事裁定书，(2014) 吉民申字第764号。
⑤ 参见胡康生主编：《中华人民共和国婚姻法释义》，法律出版社2001年版，第43页。
⑥ 同前注①，余延满书，第214页。

产的范围根据本法第1062条和第1063条来判断。① 在重婚情形中，即使要照顾无过错方的利益，也不得损害合法婚姻中的配偶一方的利益，要注意重婚一方的财产并不都是其个人财产，其合法婚姻当事人对于其财产也享有权利。② 为了保护合法婚姻当事人的利益，《民法典婚姻家庭编司法解释（一）》第16条规定，人民法院审理重婚导致的无效婚姻案件时，涉及财产处理的，应当准许合法婚姻当事人作为有独立请求权的第三人参加诉讼。

三、父母子女关系问题

根据本条规定，父母子女关系仍然适用本法关于父母子女关系的规定，在婚姻被确认无效或被撤销后，子女由谁直接抚养、抚养费如何负担、探望权等问题，都按照本法有关离婚后子女抚养等的规定来处理。③ 但是，该子女究竟是婚生子女还是非婚生子女呢？通过该条并不能得出答案。虽然本法第1071条规定，非婚生子女享有与婚生子女同等的权利，但前提是该子女要在法律上被确定为当事人的子女：若是婚生子女，由于存在婚生子女推定规则，若一方主张该子女并非自己的子女，则该方承担举证责任；但若是非婚生子女，另一方并不需要证明子女并非自己的子女，而是由主张是非婚生子女的一方承担举证责任。所以即使同等保护婚生子女和非婚生子女的利益，但仍有必要区分婚生子女和非婚生子女。在理论上，对于出生于无效婚姻或可撤销婚姻存续期间的子女究竟为婚生子女还是非婚生子女，学者们有不同观点：一种观点认为，既然我国法采取婚姻无效溯及既往原则，那么所生子女自然为非婚生子女；④ 也有学者认为为了保护子女利益，应将子女认定为婚生子女。⑤ 笔者赞同第二种观点，只要子女出生在婚姻关系成立之后，即使该婚姻嗣后被宣告无效或被撤销，子女也仍然应认定为婚生子女。

四、损害赔偿请求权

本法肯定了无过错方的损害赔偿请求权，第2款的无过错与第1款第2句

---

① 参见王丽萍：《婚姻家庭法律制度研究》，山东人民出版社2004年版，第88页。
② 参见吴高盛主编：《〈中华人民共和国婚姻法〉释义及实用指南》，中国民主法制出版社2014年版，第55页。
③ 参见余延满：《亲属法原论》，法律出版社2007年版，第213页。
④ 杨大文、龙翼飞主编：《婚姻家庭法》，中国人民大学出版社2018年版，第100页。
⑤ 同前注③，余延满书，第213页。

中的无过错含义相同，即一方在缔结婚姻时不知晓且不应当知晓导致婚姻无效或婚姻可撤销的事由，这构成了一方主张损害赔偿权的主观要件。客观方面的要件是，无过错方当事人因婚姻被宣告无效或被撤销而受损害，此种损害既可以是财产损害，也可以是非财产损害。① 实际上，在本法将无过错方的损害赔偿权纳入法典以前，实践中已有法院认为在无过错方精神上受到较大伤害的情形下，肯定了当事人要求损害赔偿抚慰金的主张。②

◆【其他问题】

本条没有直接规定的问题是在婚姻被确认无效或被撤销后，当事人在同居期间所负的债务应该如何承担。实践中，有法院认为若双方当事人一直共同生活，则同居期间形成的债务为共同债务，即使在婚姻被确认无效或被撤销后，仍由双方共同偿还;③ 也有法院认为当事人在同居期间为共同生活所负的债务应认定为共同债务，并且对于所负债务究竟是否用于共同生活，债权人不负举证义务;④ 还有法院适用了《关于人民法院审理未结婚登记而以夫妻名义同居生活案件的若干意见》第11条⑤的规定，认为同居期间共同生产、生活而形成的债务是共同债务，至于由谁来证明债务基于共同生产或生活，法院并没有明确。⑥ 笔者认为，发生于债务形成之后的婚姻无效宣告或撤销并不能影响债务的性质，共同债务的认定应根据本法第1064条的规定，即按照有效婚姻中共同债务的认定标准，只有基于双方共同的意思表示的债务、一方在婚姻关系存续期间以个人名义为家庭日常生活需要所负的债务以及夫妻一方在婚姻存续期间以个人名义超出家庭日常生活需要所负的债权人能够证明用于夫妻共同生活、共同生产经营的债务才是共同债务。还要注意的是，实践中法院会在判决中明确各当事人分别承担何种共同债务，但法院对于共同债务的分割仅在当事人之间有效，债权人仍有权就夫妻共同债务向男女双方主张权利。

(撰稿人：李　昊　王文娜)

---

① 参见余延满：《亲属法原论》，法律出版社2007年版，第218页。
② 参见江西省南昌市中级人民法院民事判决书，(2017)赣01民终1049号。
③ 参见吉林省高级人民法院民事裁定书，(2019)吉民申第3061号。
④ 参见浙江省台州市中级人民法院民事判决书，(2011)浙台商提字第1号。
⑤ 《民法典婚姻家庭编司法解释(一)》并没有吸纳该规定。
⑥ 参见江苏省高级人民法院民事判决书，(2012)苏民终字第0041号。

第三章 家庭关系

第一节 夫妻关系

> **第一千零五十五条 【夫妻家庭地位平等原则】**
> 夫妻在婚姻家庭中地位平等。

◆【法条由来】

本条是对2001年修正的《婚姻法》第13条规定的夫妻家庭地位平等原则的继续坚持。其与1950年、1980年、2001年《婚姻法》规定的不同在于：将"在家庭中地位平等"改为"在婚姻家庭中地位平等"。

◆【法条评注】

本条是关于夫妻家庭地位平等原则的规定。本条规定的制度基础在于：夫妻关系由"夫妻一体主义"发展到"夫妻别体主义"。夫妻在婚姻家庭关系中地位平等的内涵如下：

第一，夫妻双方在婚姻家庭关系中均具有独立平等的人格，双方应尊重另一方在家庭生活中的意思自治，不应强迫、命令另一方。处理家庭事务应共商共议，尤其对重大家庭事务的处理，应协商一致方可进行。

第二，双方在婚姻家庭关系中享有的权利相同、负担的义务相同。在夫妻关系中，配偶各方无论是在财产关系中还是在人身关系中，享有的权利相同，负担的义务相同，尤其是对夫妻共同财产，享有相同的处理权；就亲权关系而言，配偶各方对未成年子女享有相同的权利、负担相同的义务。

第三，法律平等地保护夫、妻各自的人身权与财产权。夫妻双方各自的人身权、财产权不应因结婚而受到限制，除非法律有特别规定。对于夫、妻权利的保护，除有特别规定外，适用相同的规则、程序。

◆【其他问题】

本条规定的是形式平等原则。平等包括形式平等与实质平等。由于妇女的弱势地位，应根据实质平等原则对其予以特殊保护。实质平等原则在《婚姻法》中一直有所规定。1950年《婚姻法》第1条规定："实行……男女权利平等、保护妇女和子女合法权益的新民主主义婚姻制度。"1980年和2001年《婚姻法》第2条第2款规定："保护妇女、儿童和老人的合法权益。"《民法典》婚姻家庭编中的第1041条第3款规定："保护妇女、未成年人、老年人、残疾人的合法权益。"根据弱势群体特殊保护的制度目的，实质平等及其贯彻规定优先于形式平等，因之，《民法典》婚姻家庭编对妻子在家庭中的权益保护有特殊规定的，应优先适用。

（撰稿人：肖新喜）

> **第一千零五十六条 【夫妻独立姓名权】**
> 夫妻双方都有各自使用自己姓名的权利。

◆【法条由来】

本条是对 2001 年修正的《婚姻法》第 14 条的沿用。1950 年《婚姻法》第 11 条规定:"夫妻有各用自己姓名的权利。"1980 年《婚姻法》第 10 条及 2001 年《婚姻法》第 14 条均规定:"夫妻双方都有各用自己姓名的权利。"本条将"双方都有各用"改为"双方都有各自使用"。修改后的措辞更为规范,凸显了立法的严谨性。

◆【法条评注】

本条是关于夫妻独立姓名权的规定。本条的意义在于强调夫、妻婚前享有的姓名权不因结婚而减损。姓名权是自然人享有的独立的具体人格权。对此,我国《民法典》第 110 条、第 1012 条均有规定。本条规定的意义在于宣示自然人尤其是女性的姓名权不因结婚而受到限制。因为婚姻实践中有限制女性与赘夫姓名权的习惯。

本条规定的具体含义:以体系化方式观之,既然《民法典》总则编、人格权编均规定自然人享有姓名权,只要婚姻家庭编没有明确规定自然人姓名权因结婚而有所限制,则夫妻双方自然依据上述规定享有姓名权。因此,关于夫妻姓名权尤其是在家事生活领域的姓名权,均应适用总则编与人格权编的规定。具体而言:第一,夫妻结婚后,任何一方依然有权依法决定、使用、变更或者许可他人使用自己的姓名。第二,在自己的姓名权因被干涉、盗用、假冒而遭受侵害时,夫妻任何一方均可依据人格权编、侵权责任编的规定独立行使救济的权利。第三,关于姓名权的行使,夫妻可以在不违反法律的强制性规定、不违背公序良俗的原则下进行约定。

◆【其他问题】

由于存在妻随夫姓、赘夫随妻姓的婚姻习俗,再考虑到 1950 年、1980 年两次制定《婚姻法》时,我国尚没有明确规定自然人姓名权,因此,在上述法律中明确规定夫妻各自独立享有姓名权,强调婚后男女的姓名权不因结婚而受到限制,颇有价值。在男女平权已经深入人心,自然人姓名权入法入典后,此种宣誓意义的法律规定价值有所削弱。根据意思自治原则,夫妻双方可以用约定的方式对一方或双方的姓名权予以适当限制。但姓名权是人格权,关涉自然人人格尊严与社会人伦道德,因此,较之于纯粹的财产权行为,此种约定应受到较大限制。现实中有极个别地方用村规民约限制夫妻姓名权,此种做法已被法院确认违法而无效。①

(撰稿人:肖新喜)

---

① 参见广东省韶关市中级人民法院民事判决书,(2017)粤02民终14号。

> **第一千零五十七条　【夫妻人身自由权】**
>
> 夫妻双方都有参加生产、工作、学习和社会活动的自由，一方不得对另一方加以限制或者干涉。

◆【法条由来】

本条是对《婚姻法》第 15 条的继续坚持，未作实质性修改。

◆【法条评注】

本条是关于夫妻人身自由权的规定。在"男主外、女主内"的社会生产生活模式下，妻子嫁入夫家后，基于主内的社会角色，原则上不对外进行民事活动，所以其参加生产、工作、学习和社会活动等自由之意义无法凸显。将此种社会生活模式在婚姻家庭法上予以制度化，则表现为一方尤其是女性的人身自由受到法律限制。在"男主外、女主内"的社会生活生产模式被根基于平权要求的男女均可主内主外的社会生产生活模式取代后，自然不宜以婚姻家庭法限制夫妻任何一方，尤其是妻子一方的人身自由权。因此，在婚姻家庭法中明确规定结婚后男女双方尤其是女方享有生产、工作、学习和社会活动等人身自由权已经成为国际立法通例。

本条规范的主要内容：第一，夫妻的一般人格权之人身自由不因结婚受到法律限制。我国《宪法》第 37 条规定："中华人民共和国公民的人身自由不受侵犯。"我国《民法典》第 109 条规定："自然人的人身自由、人格尊严受法律保护。"第 990 条第 2 款规定："除前款规定的人格权外，自然人享有基于人身自由、人格尊严产生的其他人格权益。"上述宪法、民法规定的人身自由、人格尊严等一般人格权，自然人结婚后依然完全享有。第二，基于人身自由的一般人格权，夫妻各方都有参加生产、工作、学习和社会活动等自由。其一，夫、妻从事生产、工作的权利。"所谓生产、工作是指一切社会劳动。"① 生产、工作是维持家庭生活、保障家庭发展的必需条件。因此，本条

---

① 胡康生主编：《中华人民共和国婚姻法释义》，法律出版社 2001 年版，第 55 页。

的意义不仅在于强调夫妻都有选择职业从事就业和劳动的权利,一方可以根据自己的兴趣、特长等选择合适的生产、工作,而且在于参加生产、工作是夫妻为了确保家庭稳定和谐应尽的责任。其二,夫、妻学习的权利。夫、妻为了个人发展、家庭幸福,都有学习的权利。本条规定的学习,"不仅包括正规的在校学习,也包括扫盲学习、职业培训以及其他各种形式的专业知识与专业技能的学习。"① 其三,夫、妻参加社会活动的权利。"所谓社会活动,指参政、议政活动,科学、技术、文学、艺术和其他文化活动,各种群众组织、社会团体的活动,以及各种形式的公益活动等。"② 夫妻在家庭生活、劳动工作之余,有权利根据兴趣选择参加不同形式的社会活动,以满足自己不同层面的需要。第三,对于夫妻任何一方从事生产、选择职业、学习与社会活动等人身自由权,另一方不能限制和干涉。基于家庭共同生活的要求,夫妻各方的自由应受到适度限缩,所以此处的限制与干涉应从严解释,指夫妻一方不能以采取《反家庭暴力法》第2条所规定的"家庭暴力"之方式限制另一方从事或不从事生产、工作、学习或社会活动的自由。

◆ 【其他问题】

本条虽然规定了男女结婚后均有参加生产、工作、学习与社会活动的人身自由权利,但从经验层面来看,夫妻从事上述活动均应因维持家庭团结和谐等共同生活需求而受到适度约束,其不可能像单身状态下,一人吃饱全家不饿时那样"随心所欲"。因此,夫妻双方不宜无视夫妻共同家庭生活利益,而片面强调一方的自由。③ 因之,本条所规定的参加生产、工作、学习与社会活动的权利需要与家庭共同生活利益进行妥当平衡。夫妻参加生产、工作、学习与社会活动等应以促进家庭和谐幸福为理想目标,至少应不以损害家庭共同生活为底线。就上述人身自由对家庭生活的功用而言,参加生产、工作一般是维持家庭生活所必需,因而受到的限制可以较小,参加学习对家庭生活的直接功用稍差,其受限制程度次之,而社会活动若不能够直接有利于维

---

① 胡康生主编:《中华人民共和国婚姻法释义》,法律出版社2001年版,第55页。
② 同上注。
③ 参见梁慧星:《中国民法典草案建议稿附理由·亲属编》,法律出版社2013年版,第88页。

持家庭生活，其应受的限制程度较大。一方为了家庭共同生活在一般人的社会生活经验能够接受的合理范围内对另一方参加生产、工作、学习或社会活动方面的劝阻、建议或意见等不应当被视为对另一方人身自由权的限制或干涉。

（撰稿人：肖新喜）

第一千零五十八条 【夫妻平等享有、共同行使亲权】

夫妻双方平等享有对未成年子女抚养、教育和保护的权利，共同承担对未成年子女抚养、教育和保护的义务。

◆ 【法条由来】

本条规定是《民法典》婚姻家庭编新增内容。从文义看，本条有两方面的含义：一是可以作为夫妻对未成年子女享有亲权权利、承担亲权义务的规范依据；二是强调夫妻平等享有亲权权利，共同承担亲权义务。之所以说本条是新增法条，理由在于：一是本条强调了抚养、教育和保护的权利属性。虽然1950年《婚姻法》第13条、1980年《婚姻法》第15条和2001年《婚姻法》第21条均对抚养、教育有所规定，但将其定性为义务。而本条规定强调了抚养、教育的权利属性。二是1950年、1980年和2001年《婚姻法》均强调亲权的内容主要为抚养和教育，本条新增加了一个内容，即保护。三是1950年、1980年和2001年《婚姻法》均将"抚养、教育"义务规定在"父母子女间的关系"中，而本条却规定在"夫妻关系"中，因而增加了《婚姻法》中调整夫妻关系的法律条文内容，着重强调夫妻享有亲权权利的平等性和履行亲权义务的共同性。关于本条，《民法典》在编纂过程中曾规定为："夫妻双方平等享有和承担对未成年子女抚养、教育和保护的权利和义务。"《民法典各分编（草案）》（征求意见稿）将其改为："夫妻双方平等享有对未成年子女抚养、教育和保护的权利，共同承担对未成年子女抚养、教育和保护的义务。"《民法典》最终采用了后一规定。

◆ 【法条评注】

本条是关于夫妻双方平等享有、共同行使亲权的规定。内容解读如下：

第一，抚养、教育和保护未成年子女既是夫妻享有的权利又是其负担的义务。就父母与未成年子女之关系而言，父母必须教育、抚养、保护未成年子女，这是夫妻的义务。就父母子女与他人之关系而言，父母对子女的教育、抚养与保护是权利,第三人侵害未成年人权益同时也构成对父母亲权的侵害。最后,就父母与国家的关系而言,父母妥当行使亲权既是对国家负担的义务,也是对国家享有的权利。夫妻有能力而不履行教育、抚养与保护等义务或不适当履行上述义务,国家与社会有权利予以干涉或介入。夫妻无能力履行对未成年子女的教育、抚养与保护等义务,有权利请求国家与社会予以支持。①

第二,配偶双方的亲权平等。其一,从形式平等的角度来看,夫妻双方对未成年子女享有完全相同的抚养、教育和保护的权利;从实质平等而言,法律基于未成年人保护、妇女保护对妻子的亲权有特殊规定的,从其规定。其二,由于夫妻享有平等的亲权,就对子女的抚养、教育和保护而言,任何一方均没有优先于另一方的权利。夫妻双方抚养、教育和保护未成年人是共同行为,对于抚养、教育和保护等事项,双方尽可能要在协商一致、达成共识的情况下予以处理。尤其是涉及孩子抚养、教育和保护等方面的重大事项,双方必须协商一致,不能单独由一方决定。

第三,夫妻共同承担对孩子的抚养、教育和保护,因此等事项所生的债务,原则上由夫妻双方承担连带责任;因未成年子女行为所生之债务,原则上也由夫妻双方承担连带责任。

◆【其他问题】

在当代社会,父母对未成年子女的抚养、教育和保护,既是权利也是义务,呈现出兼具权利义务的特殊性质。以此推论,民法上之人身权或多或少都兼有义务属性。我国早期的立法着重强调亲权的义务属性。单方面强调抚养、教育与保护的义务属性,使得在第三人损害未成年人人身权益时,父母人身权益由此遭受的损害救济存在理论上的障碍。因之,《民法典》第1068条与本条强调抚养、教育和保护的权利属性,意义甚大。当第三人侵害未成年子女的人身权益时,也侵犯了其父母的人身权。法律必须针对其特性作出特殊规范安排。

(撰稿人:肖新喜)

---

① 参见肖新喜:《亲权社会化及其民法典应对》,载《法商研究》2017年第2期。

> **第一千零五十九条　【夫妻相互扶养义务】**
>
> 夫妻有相互扶养的义务。
>
> 需要扶养的一方，在另一方不履行扶养义务时，有要求其给付扶养费的权利。

◆【法条由来】

本条是由《婚姻法》第20条稍作文字变动而来。该条规定："夫妻有互相扶养的义务。""一方不履行扶养义务时，需要扶养的一方，有要求对方付给扶养费的权利。"本条主要将前述第20条第2款改为"需要扶养的一方，在另一方不履行扶养义务时，有要求其给付扶养费的权利。"

◆【法条评注】

本条是关于夫妻相互扶养义务的规定。内容解读如下：

第一，夫妻互相为扶养的权利义务主体，丈夫有义务扶养妻子，妻子也有义务扶养丈夫。

第二，夫妻相互扶养的内容。夫妻相互扶养义务的履行方式是在共同生活中相互之间的物质供养、精神扶养等，主要分为六个方面。其一，物质供养。物质供养是指为对方提供经济和物质帮助，以满足家庭的物质生活需要。[1] 在夫妻共同财产制下，其实质是夫妻各方将自己的婚内收入变为家庭共同财产，以平等享有处理权的方式满足家庭生活需要。在约定财产制下，收入高的一方要为收入低或无收入的一方提供必要的生活费用，以使被扶养人与扶养人的生活水平大体一致。其二，生活扶助。生活上的扶助是指夫妻同居生活、家务的代理和分担、生活中的关心和体贴等。[2] 其三，精神扶养。精神扶养指在家庭生活中相互间在感情、心理等方面给予关心和帮助，使双方情感上得到慰藉、精神上得到安慰，相互关心、相互尊重、相互协力，保持

---

[1] 参见官玉琴：《解读夫妻扶养义务》，载《福建工程学院学报》2006年第5期。
[2] 同上注。

共同生活之幸福。① 其四，履行监护职责。夫妻之间的监护是特殊情形下扶养义务之特殊履行方式。配偶之间相互能作为第一顺位监护人履行监护职责，其根源就在于夫妻之间的相互扶养义务。其五，紧急救助。在配偶一方面临重大或紧迫的人身危险时，另一方负有采取妥当措施，使其脱离危境的义务。其六，夫妻之间相互忠实、尊重也是扶养义务的重要内容。重婚、有配偶者与他人同居、夫妻之间的家庭暴力、虐待以及遗弃均是对夫妻扶养义务的违反。

第三，扶养程度。以扶养程度为标准，可以把扶养划分为两种类型：生活扶助义务之扶养与生活保持义务之扶养。夫妻之间的扶养属于生活保持义务之扶养。此种扶养义务之核心要求在于"同一生活水平之维持"，夫妻各方都有义务使另一方的生活水平与自己保持相同。质言之即"同甘共苦"。就"共苦"而言，即使只有一口饭、一口水，夫妻都要共享分而食之，不能由一方独自吞食。就"同甘"而言，双方都负有幸福促进义务，使对方能够通过分享自己物质所得、精神所获而达至人生满足与幸福。

第四，扶养费给付请求权。根据夫妻之间扶养义务的"同一生活水平之维持"，一方不履行扶养义务包括完全不履行扶养义务或不适当履行扶养义务，或者是指扶养一方未能使需要扶养的一方维持与自己相同的生活水平。无论是完全不履行扶养义务还是不适当履行扶养义务，需要扶养的一方均有权请求另一方给付扶养费。

◆【其他问题】

扶养费给付请求权的属性探究。有学者统计，我国95%的家庭采取的是夫妻共同财产制。② 由此可知，国人的家庭生活模式依然有强烈的"同居共财"色彩。在此模式下，婚姻关系存续期间，夫妻的个人收入成为夫妻共同财产。这是家庭共同生活的物质基础。根据前述数据，我国95%的家庭是以共同财产制方式实现相互扶养义务的。我国《民法典》第1062条第2款规定："夫妻对共同财产，有平等的处理权。"据此，在"同居共财"的家庭生

---

① 参见官玉琴：《解读夫妻扶养义务》，载《福建工程学院学报》2006年第5期。
② 参见朱虎：《夫妻债务的具体类型和责任承担》，载《法学评论》2019年第5期。

活模式下，一方不履行对另一方的扶养义务，实际上是自己独自支配控制夫妻共同财产，侵害了另一方对共有财产的平等处理权。由此观之，需要扶养的一方对另一方的扶养请求权有物权请求权的属性。

（撰稿人：肖新喜）

> **第一千零六十条　【夫妻家事代理权】**
>
> 夫妻一方因家庭日常生活需要而实施的民事法律行为，对夫妻双方发生效力，但是夫妻一方与相对人另有约定的除外。
>
> 夫妻之间对一方可以实施的民事法律行为范围的限制，不得对抗善意相对人。

◆【法条由来】

本条是对 2001 年 12 月 25 日公布的《婚姻法司法解释（一）》[①] 第 17 条的承袭与修正。该条规定："婚姻法第十七条关于'夫或妻对夫妻共同所有的财产，有平等的处理权'的规定，应当理解为：（一）夫或妻在处理夫妻共同财产上的权利是平等的。因日常生活需要而处理夫妻共同财产的，任何一方均有权决定。（二）夫或妻非因日常生活需要对夫妻共同财产做重要处理决定，夫妻双方应当平等协商，取得一致意见。他人有理由相信其为夫妻双方共同意思表示的，另一方不得以不同意或不知道为由对抗善意第三人。"学界通说认为 2001 年 12 月 25 日公布的《婚姻法司法解释（一）》[②] 是我国对家事代理权制度的第一次明确立法。[③]

◆【法条评注】

本条是关于夫妻家事代理权的规定。其规范含义如下：

一、家事代理权的构成要件、法律效果

（一）家事代理权的构成要件

其一，家事代理权的主体是夫妻双方，即夫妻中的任何一方均有权单独

[①] 该司法解释已经被 2020 年 12 月 29 日公布的《最高人民法院关于废止部分司法解释及相关规范性文件的决定》（法释〔2020〕16 号）废止。

[②] 同前注①。

[③] 参见杨振宏：《〈民法典〉总则增加家事代理制度的立法建议》，载《苏州大学学报（哲学社会科学版）》2016 年第 6 期。

从事家庭日常生活所需的行为。此处的夫妻,可作广义与狭义两种理解。狭义的夫妻是仅指合法夫妻,不包括无效婚姻、事实婚姻中的所谓夫妻以及同居关系中的当事人。广义的夫妻不仅包括狭义的夫妻,还包括无效婚姻、事实婚姻中的所谓夫妻以及同居中的男女。从保持法律概念的体系一致性而言,采纳狭义概念较为合理,从有利于保护交易中第三人之权益以及交易安全而言,采纳广义的夫妻较为合适。

其二,家事代理权中的"民事法律行为"。此处规定的"民事法律行为"并未对其类型、形式作任何限定。据此,对其的解释应与《民法典》总则编规定的民事法律行为保持一致,因而应包括《民法典》第134条、第135条规定的任何类型、任何形式的法律行为:单方行为、双方行为以及共同行为,其均可依法采用书面形式、口头形式或者其他形式。

其三,家事代理权的适用范围之"家庭日常生活需要"的确定。家事代理权的适用范围仅限于"家庭日常生活需要",也即在"家庭日常生活需要"范围内,夫妻一方所为的法律行为才对双方发生法律效力,夫妻一方所为的超出"家庭日常生活需要"的法律行为,不对双方发生法律效力。"家庭日常生活需要"属于不确定法律概念,涉及配偶一方利益及其反映的家庭共同生活利益与债权人利益及其所代表的交易安全利益之间的平衡问题。因之,"家庭日常生活需要"范围的确定实为本条规范的适用难点。

关于家庭日常生活需要范围的确定标准,有严格说与宽松说两种观点。梁慧星老师采取较为严格的认定标准。他认为家庭日常生活需要的范围指夫妻共同生活及家庭共同生活中必须发生的各种事项。其包括一般家庭日常发生的事项,如购置食物、衣服、家具等生活用品、娱乐、保健、医疗,以及子女教育、雇工、对亲友的馈赠、订购报纸杂志等事项。某一事项是否属于日常家事,应当从夫妻共同生活的状态(如双方的职业、身份、资产、收入、兴趣、家庭人数等)和当地一般生活习惯予以认定。[1] 家庭日常生活的范围需严格限制,国家统计局将我国城镇居民家庭消费种类主要分为八大类,分别是食品、衣着、家庭设备用品及维修服务、医疗保健、交通通信、文娱教育及服务、居住、其他商品和服务。在上述家庭消费范畴内,参考当地经济

---

[1] 参见梁慧星:《中国民法典草案建议稿附理由·亲属编》,法律出版社2013年版,第92页。

状况以及配偶双方的收入水准、老人与未成年人的抚养和教育负担、家庭负债情况,以及交易相对人对家庭内部情况的了解程度、交易目的与资金流向等综合认定,立足点在于"必要"。① 有的地方司法实践采取了较为严格的认定标准,比如《浙江省高级人民法院关于审理民间借贷纠纷案件若干问题的指导意见》第19条规定:"日常生活需要是指夫妻双方及其共同生活的未成年子女在日常生活中的必要事项,包括日用品购买、医疗服务、子女教育、日常文化消费等。"

有学者采取较为宽松的认定标准,因而日常生活所需的范围较广,主要是将夫妻一方的小额投资、小额分期付款等归入日常生活需要。比如,王歌雅教授认为,家事代理的范围界定为日常生活需要。日常生活需要可根据不同的层次界定在以下方面:一是基本生活需要。即维持家庭生活正常运转的需要,如衣食住行、医疗、雇工等。二是精神生活需要。即维持家庭成员精神健康、人格充实的需要,具体包括娱乐、学习深造及亲情、友情馈赠等。三是家庭管理需要。即维持家庭建设的需要,如理财、储蓄、保险等。在上述日常生活需要的范围内,夫妻行使家事代理权。② 再如,有学者认为:数额较小的投资理财、紧急情况下处置不动产以及动产的分期付款行为也可以纳入日常生活需要的范围。③

严格说与宽松说各有道理,前者侧重于夫妻一方利益以及家庭利益之保护,后者侧重于交易相对人与交易安全之保护。相较而言,采取严格说似乎较为妥当。理由在于:一是,较之于交易安全利益,家庭生活利益更多涉及生存维持,应居于优先地位。二是,未参与交易的一方,一般在家庭中处于弱势地位,从有利于保护弱势群体利益出发,也应采取严格说。三是,严格说对交易相对人利益保护的不利影响甚微。虽然日常生活需要属于不确定法律概念,但是,从生活经验角度观察,交易相对人依然可以较为容易地大体确定日常生活需要的范围。现在资讯发达,对交易态度的知晓方便快捷。因而,将是否属于日常生活需要的注意义务负担加之于交易相对人并不会影响

---

① 参见程新文、刘敏、方芳、沈丹丹:《〈关于审理涉及夫妻债务纠纷案件适用法律有关问题的解释〉的理解与适用》,载《人民司法·应用》2018年第4期。
② 参见王歌雅:《家事代理权的属性与规制》,载《学术交流》2009年第9期。
③ 参见杨振宏:《〈民法典〉总则增加家事代理制度的立法建议》,载《苏州大学学报(哲学社会科学版)》2016年第6期。

交易效率，也不会过于增加其交易成本。四是，本条强调日常生活需要，主要在于保证家庭生存利益之维持。据此，应给日常生活需要按照马斯洛的需求理论排序。越能满足家庭生存需求的，越属于日常生活所需，越能满足高级需求的，越可能不属于日常生活所需。因之，须将有风险的投资行为、紧急情况下的不动产处分行为等排除在日常生活需要之外。五是，交易相对人通常而言是商人，精明强势，在弱者生存利益与强者营利利益冲突时，法律应保护弱者的生存利益。而严格说无疑有利于保护弱者生存利益。

（二）家事代理权的法律效果

夫妻一方行使家事代理权的法律效果是对夫妻双方发生效力。其一，家事代理权范围内的民事法律行为对未从事该行为的夫妻一方具有拘束力，无论其同意与否。其二，家事代理权的行使产生连带权利义务关系。也即其产生的权利，夫妻一方均可以单独或全部行使，义务人对夫妻任何一方的履行即导致其义务消灭；夫妻对外承担连带义务，也即夫妻任何一方应履行因家事代理权所产生的全部义务。其最为典型的就是因家事代理权产生的连带债权债务关系，夫妻对外享有连带债权，负担连带债务。其三，为确保此处贯彻夫妻"一体主义"的立场以及保护家庭共同生活利益，夫妻中从事行为的一方对交易相对人享有的抗辩权、撤销权、解除权、代位权等派生性权利，未从事交易的一方也当然享有。

二、家事代理权法律效果的排除

根据本条第 1 款规定，夫妻一方依法行使家事代理权所从事的民事法律行为，对夫妻双方发生效力。然而，本款规定为任意性规范，夫妻一方与相对人另有约定的除外。具体言之：第一，与相对人作出约定的并非仅局限于从事行为的一方，未从事行为的一方也可以与相对人作出此处的"另有约定"。因为本条的规定为"夫妻一方"，并未明确规定只有从事行为的夫妻一方才能与相对人"另有约定"。因此，无论从事行为的一方还是未从事行为的一方，均可以与相对人"另有约定"。第二，约定的效果为不对夫妻双方发生效力。这可以包括以下情形：由夫妻中实施民事法律行为的一方享有与承担家事代理权行使行为所产生的权利义务；由夫妻按份享有与承担家事代理权行使行为所产生的权利义务；由夫妻中未从事民事法律行为的一方独自全部享有与承担家事代理权行使行为所产生的权利义务。第三，夫妻一方与相对人"另有约定"不能加重未参与约定一方的义务与责任，如果有此约定，对未参与约定的一方不发生效力。

三、夫妻对家事代理权范围的限制及其法律效果

根据本条规定，夫妻双方均享有相同的家事代理权，这既是基于夫妻平等原则，又是确保家庭日常生活正常进行的必然要求。然而，基于意思自治原则，夫妻双方可以约定对一方或双方的家事代理权范围进行限制，也即约定一方或双方均不能从事的"家庭日常生活需要"型民事法律行为。夫妻对一方家事代理权范围限制的约定，发生如下效力：

其一，该约定对内而言，在夫妻双方之间发生效力，家事代理权受限制的一方不能从事因约定而受到限制或禁止的家事代理行为。如果从事了该行为，因其所产生的权利义务以及责任，由夫妻双方按照约定享有或承担。其二，就对外关系而言，夫妻双方的约定能否拘束第三人，视第三人是否善意而定。夫妻一方从事了约定所限制或禁止的"家事代理行为"，如果第三人知道或应当知道该限制，则法律行为不对夫妻双方发生效力，也即不能对夫妻双方产生连带的权利义务关系。如果第三人不知道或不应当知道该限制，则依然对夫妻双方发生效力，产生连带权利义务关系。如何认定第三人为"善意相对人"，应采取善意推定原则，即首先推定相对人善意，其不知道或不应当知道夫妻之间关于家事代理权范围的限制；由夫妻双方或一方举证相对人恶意。之所以采取善意推定，是因为夫妻双方对一方家事代理权范围的限制，属于其内部事务，在目前缺乏公示手段的情形下，第三人无从知悉此种限制或知悉此种限制的成本过高。我国《民法典婚姻家庭编司法解释（一）》第37条规定："民法典第一千零六十五条第三款所称'相对人知道该约定的'，夫妻一方对此有举证责任。"由此可知，该条也采用第三人善意推定原则，由夫妻一方对第三人的恶意负举证责任。善意推定原则与该条规定的立场高度一致。

◆【其他问题】

本条与《民法典》第1064条之间的关系考察。根据本条规定，夫妻一方在家事代理权范围内以自己名义所为法律行为产生的债务，因须"对夫妻双方发生效力"而属于夫妻共同债务。因此，《民法典》第1060条也可以调整

夫妻共同债务关系。根据《民法典》第1064条,夫妻一方"为家庭日常生活需要所负的债务,属于夫妻共同债务"。由此需要思考的问题是,就夫妻共同债务的法律适用而言,《民法典》第1060条、第1064条的关系为何。从适用范围看,第1060条的适用范围不仅仅局限于纯粹的举债行为,而第1064条是专门针对夫妻纯粹的举债行为的规定。据此,可以将第1064条的规定视为第1060条的特别规定。

(撰稿人:肖新喜)

第一千零六十一条 【夫妻相互继承权】

夫妻有相互继承遗产的权利。

◆ 【法条由来】

《婚姻法》第 24 条第 1 款规定："夫妻有相互继承遗产的权利。"本条继续沿用该规定。

◆ 【法条评注】

本条是关于夫妻相互继承权的规定。只要确定了夫妻关系，其相互间继承权的行使与实现依据《民法典》继承编的规定即可。因此，本条适用的关键在于确定夫妻关系。

第一，能够相互享有继承权的夫妻包括：其一，符合《民法典》第 1046 条、第 1047 条规定的结婚条件，且无可撤销或无效理由，按照《民法典》第 1049 条的规定，经登记而确立婚姻关系的夫妻。其二，经登记而结婚，存在《民法典》第 1052 条、第 1053 条规定的撤销事由，但尚未撤销或撤销权消灭后的夫妻。其三，符合《民法典》第 1046 条、第 1047 条规定的结婚条件，且无可撤销或无效理由，以夫妻名义共同生活时未办理登记手续，但后来补办登记手续的夫妻。其四，被《民法典婚姻家庭编司法解释（一）》承认的合法事实婚姻中的夫妻。即 1994 年 2 月 1 日民政部《婚姻登记管理条例》公布实施以前，男女双方已经符合结婚实质要件，而以夫妻名义共同生活但未办理结婚登记的。其五，离婚程序进行中但尚未解除婚姻关系的配偶。根据《民法典》第 1080 条，婚姻关系的解除始于完成离婚登记或离婚判决书、调解书生效。因之，离婚程序正在进行中的夫妻仍然相互享有继承权。其六，结婚时具有无效情形，但结婚后无效情形消失的，夫妻双方享有相互继承权。《民法典婚姻家庭编司法解释（一）》第 10 条规定："当事人依据民法典第一千零五十一条规定向人民法院请求确认婚姻无效，法定的无效婚姻情形在提起诉讼时已经消失的，人民法院不予支持。"据此可知，结婚时虽具有无效婚姻情形，但后来无效情形已经消失的，人民法院不应认定婚姻无效。因之，结婚时具有无效情形，婚后无效情形消失的，夫妻之间依然相互享有继承权。

第二，无效婚姻，即使未被宣告无效，其当事人之间相互不享有继承权。"双方的婚姻根据本法属于无效婚姻的，如重婚，一方死亡时，生存的另一方不享有继承权，不能以配偶的资格继承对方的财产。"① 此处的无效婚姻是指，具有《民法典》第1051条规定的无效情形，且其在继承开始时尚未消失。

第三，本条之规定旨在宣告夫妻双方相互享有继承权。至于该继承权如何行使与实现，按照《民法典》继承编的规定进行适用即可。另外，关于老年人配偶相互继承权的保障，我国《老年人权益保障法》还有特殊规定。其第22条第3款规定："老年人以遗嘱处分财产，应当依法为老年配偶保留必要的份额。"据此，即使老年人通过遗嘱处分财产，也必须为其老年配偶保留必要的份额。如果未能保留必要份额，则遗嘱所涉及财产的处分行为无效，按照法定继承办理。

◆【其他问题】

根据《民法典》继承编第1127条的规定，配偶是第一顺位的继承人。该条不仅明确了夫妻之间的相互继承权，而且还明确了继承顺位。由此可知，即使《民法典》婚姻家庭编不规定夫妻之间的相互继承权，配偶也可根据前述第1127条及《民法典》继承编的其他规定行使并实现继承权。之所以将夫妻之间的相互继承权规定在婚姻效力中，历史根源在于解决我国《继承法》生效实施前，配偶之间的相互继承问题。我国《继承法》的制定时间晚于《婚姻法》。在尚无《继承法》的情形下，要解决配偶之间的继承问题，必须在《婚姻法》中明确配偶之间的相互继承权。

（撰稿人：肖新喜）

---

① 胡康生主编：《中华人民共和国婚姻法释义》，法律出版社2001年版，第97页。

> **第一千零六十二条　【夫妻共同财产制】**
> 夫妻在婚姻关系存续期间所得的下列财产，为夫妻的共同财产，归夫妻共同所有：
> （一）工资、奖金、劳务报酬；
> （二）生产、经营、投资的收益；
> （三）知识产权的收益；
> （四）继承或者受赠的财产，但是本法第一千零六十三条第三项规定的除外；
> （五）其他应当归共同所有的财产。
> 夫妻对共同财产，有平等的处理权。

◆【法条由来】

本条是由《婚姻法》第17条稍作修正而来。主要作了以下修改：一是在该规定之"（一）工资、奖金"后面增加了"劳务报酬"；二是在该规定的"（二）生产、经营的收益"中增加"投资"，将其改为"生产、经营、投资的收益"；三是将该规定之"（四）继承或赠与所得的财产"修改为"继承或者受赠的财产"，即将"赠与所得"改为"受赠"。

◆【法条评注】

本条是关于夫妻共同财产制的规定。内容解读如下：

一、夫妻共同所有财产的确定

（一）夫妻共同财产的期间限定

只有在"夫妻关系存续期间"取得的财产才可以成为夫妻的共同财产。"婚姻关系存续期间，自合法婚姻缔结之日起，至夫妻一方死亡或离婚生效之日止。"[1]

---

[1] 胡康生主编：《中华人民共和国婚姻法释义》，法律出版社2001年版，第63页。

(二) 夫妻共同所有权的财产范围

1. 工资、奖金、劳务报酬。"这里的'工资、奖金'应作广义的理解，泛指工资性收入，目前我国职工的基本工资只是个人收入的一部分，在基本工资之外，还有各种形式的补贴、奖金、福利等，甚至还存在着一定范围的实物分配。这些共同构成了职工的个人收入。当然，在一些现代企业或外资企业中，也存在着一定比例的高工资、高收入，甚至年薪、股份期权等，这些收入都属于工资性收入，属于夫妻共同财产的范围。"① 关于奖金，学者还区分劳动型奖金与个人荣誉型奖金。各种劳动奖赏的"奖金"，并非《婚姻法》第17条"工资、奖金"中的"奖金"，而是包含在工资总额之内、属于工资的组成部分；只有因个人荣誉而获得的政府、团体组织的金钱奖励，才是第17条的"奖金"，并且应当归入夫妻共同财产范围。② 劳务报酬是指，除工资、奖金之外的基于劳动（劳务）关系的收入，比如咨询费、讲课费、退休金、住房补贴、住房公积金、养老保险金、破产安置补偿费等收入。③

2. 生产、经营、投资的收益。《婚姻法》明确规定生产经营收益归夫妻共有。立法者以及学者对生产经营收益作广义解释，包括投资收益。"这里的'生产、经营收益'，既包括农民的生产劳动收入，也包括工业、服务业、信息业等行业的生产、经营收益。随着市场经济的发展，有越来越多的人买卖股票与债券，投资于公司、企业经营，还有不少人依靠自己的资本或筹资兴办公司、企业，这些人成为大量资本的拥有者，经营收益丰厚。这些经营收益也属于夫妻共同财产。"④ 所谓的生产经营收入，应包括一切以资金、专利、商标、品牌、技术投资从事工业、农业、商业、租赁和服务业的收入，以及投资股票、债券、基金期货的收益。⑤

3. 知识产权的收益。所谓知识产权的收益是指专利技术、非专利技术、商标的转让费、使用费收入和著作权的稿费、版费收入。⑥ "由知识产权取得

---

① 胡康生主编：《中华人民共和国婚姻法释义》，法律出版社2001年版，第65页。
② 参见蔡福华：《夫妻财产纠纷解析》，人民法院出版社2013年版，第36页。
③ 参见梁慧星：《中国民法典草案建议稿附理由·亲属编》，法律出版社2013年版，第113页。
④ 同前注①，胡康生书，第65页。
⑤ 同前注③，梁慧星书，第113页。
⑥ 同前注③，梁慧星书，第113页。

的经济利益,则属于夫妻共同财产,如因发表作品取得的稿费、因转让专利获得的转让费等,归夫妻共同所有。"①《民法典婚姻家庭编司法解释(一)》第24条规定:"民法典第一千零六十二条第一款第三项规定的'知识产权的收益',是指婚姻关系存续期间,实际取得或者已经明确可以取得的财产性收益。"所以,实际取得的收益就是上述各种专利技术、非专利技术以及商标的转让费、使用费以及著作权的稿费、版费以及其他知识产权转让、使用费等已经实际向夫妻中的知识产权人支付的部分。"已经明确可以取得"是指已经签订有效的知识产权转让或使用合同,权利主体对上述各种转让费、使用费、稿费、版费享有支付请求权。对此,最高人民法院在其主持编著的《最高人民法院婚姻法司法解释(二)的理解与适用》中曾经举例说明,在婚姻关系的存续期间,作品的实际创作人已经和出版社签订了著作权使用合同或者转让合同,且稿费、转让的费用等均是清楚和明确的,只是尚未拿到这笔费用的,属于"已经可以明确取得"的情形。②

　　关于属于夫妻共有财产的知识产权收益,尚有以下两个问题需要解决:其一,夫妻关系存续期间取得的知识产权,在离婚后获得之收益,是否属于夫妻共同财产;其二,婚前属于一方个人财产的知识产权,在夫妻关系存续期间所获得之收益,是否属于夫妻共同财产。就第一个问题而言,该问题需要用共有理论以及孳息理论解决,婚姻关系存续期间获得之知识产权属于共有财产,离婚后如果未分割,以其获得之收益属于共有财产的孳息,因而应属于共有财产。就第二个问题而言,从文义解释的角度观之,似乎不成问题。因为该处的"知识产权的收益"中的知识产权,立法并未区分婚前还是婚后。因而,凡是夫妻关系存续期间所获得之知识产权收益,均属于共同财产,不因该知识产权是婚前个人财产或婚后取得共同财产而有所区别。

　　4.继承或者受赠的财产。通过继承取得财产的方式包括法定继承与遗嘱继承。因此,在婚姻关系存续期间,无论通过法定继承还是通过遗嘱继承取得之财产,都属于夫妻共同财产。《婚姻法》规定"赠与"所得的财产归夫妻共有,本条将原来的"赠与"改为"受赠",似乎有明确扩张夫妻共有财

---

① 胡康生主编:《中华人民共和国婚姻法释义》,法律出版社2001年版,第66页。
② 参见最高人民法院民事审判第一庭编著:《最高人民法院婚姻法司法解释(二)的理解与适用》,人民法院出版社2004年版,第125页。

产范围之意。因为，我国《合同法》明确规定有赠与合同，从同一概念在法律中的界定应保持一致而言，《婚姻法》规定的"赠与"理解为赠与合同比较妥当。而遗赠、遗赠扶养协议均不属于赠与合同。因而，通过遗赠、遗赠扶养协议取得之财产，能否归入夫妻共同财产，尚有疑问。而受赠指接受赠与，无论是以遗赠还是遗赠扶养协议获得之财产，均可解释为受赠的财产。

原则上，夫妻一方继承或受赠的财产是夫妻共同财产。但为充分尊重立遗嘱人或赠与人的意思自治，根据《民法典》第1063条第3项的规定，"遗嘱或者赠与合同中确定只归一方的财产"不属于夫妻共同财产。应注意的是，此处的条文用语为"赠与合同中确定只归一方的财产"，那么，遗赠、遗赠扶养协议中确定只归一方的财产，是属于夫妻共有还是受赠人个人所有？夫妻各自继承或受赠的财产是否作为夫妻共同财产，应以尊重被继承人或赠与人的意志为原则，①据此，遗赠或遗赠扶养协议中确定只归一方的财产，不属于夫妻共有财产。然而，遗赠扶养协议如果是用夫妻共有财产履行的，强调尊重受扶养人的意思，将根据遗赠扶养协议获得之财产，归属于夫妻一方，对另一方似有不公。《民法典婚姻家庭编司法解释（一）》第29条第2款规定："当事人结婚后，父母为双方购置房屋出资的，依照约定处理；没有约定或者约定不明确的，按照民法典第一千零六十二条第一款第四项规定的原则处理。"据此，父母为夫妻双方购置房屋的出资款，原则上属于夫妻共有，除非父母明确表示只赠与一方。

5. 其他应当归共同所有的财产。其他应当归夫妻共同所有的财产，分别散见于我国的婚姻法司法解释中。其一，根据《民法典婚姻家庭编司法解释（一）》第25条的规定，婚姻关系存续期间，"其他应当归共同所有的财产"包括：（一）一方以个人财产投资取得的收益；（二）男女双方实际取得或者应当取得的住房补贴、住房公积金；（三）男女双方实际取得或者应当取得的基本养老金、破产安置补偿费。其二，依法确定的军人复员费、自主择业费。《民法典婚姻家庭编司法解释（一）》第71条规定："人民法院审理离婚案件，涉及分割发放到军人名下的复员费、自主择业费等一次性费用的，以夫妻婚姻关系存续年限乘以年平均值，所得数额为夫妻共同财产。前款所称年

---

① 参见巫昌祯、夏吟兰：《离婚新探》，载《中国法学》1989年第2期。

平均值，是指将发放到军人名下的上述费用总额按具体年限均分得出的数额。其具体年限为人均寿命七十岁与军人入伍时实际年龄的差额。"其三，夫妻一方个人财产在婚后所得之不属于孳息与自然增值的收益。《民法典婚姻家庭编司法解释（一）》第26条规定："夫妻一方个人财产在婚后产生的收益，除孳息和自然增值外，应认定为夫妻共同财产。"由此可知，夫妻一方个人财产在婚后的非孳息与非自然增值收益，属于夫妻共同财产。理解此条的关键在于厘清孳息与自然增值收益的含义，然后按照排除法，将不在孳息与自然增值含义范围内的婚后夫妻个人财产收益均归入共有财产。该条规定遵循了孳息所有权由原物所有人取得之一般民法原理。然而，如果严格遵循该条规定，不但前述之"生产、经营、投资"收益中的相当部分将无法归属于夫妻共同财产，而且《民法典婚姻家庭编司法解释（一）》规定的"一方以个人财产投资取得的收益"也无法归入夫妻共有财产。因此，这会导致法律体系冲突以及适用矛盾。所以，《民法典婚姻家庭编司法解释（一）》第26条的"孳息"一词应作限缩解释，专指非投资性、非经营性的收益。① 依照最高人民法院的解释，自然增值是指夫妻个人婚前财产在不改变状态的情况下实现的增值。② 夫妻一方个人财产在婚姻关系存续期间的自然增值，是指该增值的发生因通货膨胀或市场行情的变化而致，与夫妻一方或双方的协作劳动、努力或管理等并无关联。③ 其四，夫妻用共同财产购买的一方婚前承租的房屋，属于其共同财产。《民法典婚姻家庭编司法解释（一）》第27条规定："由一方婚前承租、婚后用共同财产购买的房屋，登记在一方名下的，应当认定为夫妻共同财产。"

二、"夫妻对共同财产，有平等的处理权"释义

（一）夫妻有权对共有财产平等地占有、使用、收益、处分与管理

夫妻对共同财产享有的是所有权，所有权是对所有物占有、使用、收益与处分的权利。平等的处理权是指夫妻任何一方都有权占有、使用、收益和

---

① 参见吴晓芳：《〈婚姻法〉司法解释（三）适用中的疑难问题探析》，载《法律适用》2014年第1期。
② 参见杨立新：《最高人民法院〈婚姻法司法解释（三）〉理解与运用》，中国法制出版社2011年版，第163页。
③ 同前注①。

处分共同财产。在共有财产遭受第三人侵害或可能遭受侵害时，任何一方均可以行使物权请求权或要求侵权人承担侵权责任。另外，根据《民法典》第300条的规定，在就如何管理共同财产没有约定或约定不明确的情况下，夫妻任何一方均有管理共同财产的权利。

（二）日常生活需要范围内对共有财产的单独处理权

平等的处理权着重强调夫妻任何一方都有权占有、使用、收益、处分以及管理共同财产，但并不意味着夫妻任何一方均可以单独处理共有财产。2001年12月25日公布的《婚姻法司法解释（一）》① 对可以单独处理共有财产与不能单独处理共有财产的情形予以明确规定。根据该解释第17条，在"日常生活需要"范围内，夫妻任何一方均有权独自决定处理共同财产。照此解释，本条蕴含着夫妻家事代理权的内容。在日常家庭事务范围内，夫妻互为代理人。为家庭生活需要的目的，夫妻任何一方均有权对共同财产进行管理、使用和处分，而无须征得对方同意。② 由此可知，在家事代理权范围内，夫妻一方处分共有财产属于有权处分，无须另一方同意。

（三）对共有财产的非日常生活需要之协商处理权

就夫妻对共有财产平等处理权的内涵而言，不仅包括日常生活需要范围内的家事代理权，而且还包括日常生活需要范围外的协商处理权。协商处理权规定在2001年12月25日公布的《婚姻法司法解释（一）》③ 第17条，其内容为："夫或妻非因日常生活需要对夫妻共同财产做重要处理决定，夫妻双方应当平等协商，取得一致意见。"此处的非日常生活需要的重要处理决定，主要指"不动产买卖、大额借贷以及共同财产的投资、赠与、抵押"等。④ 在非日常生活需要范围内，夫妻一方对共同财产擅自做重要处理决定涉及第三人时，可以成立表见代理。"夫或妻非因日常生活需要对夫妻共同财产做重要处理决定，夫妻双方应平等协商，取得一致意见。否则，夫妻一方与他人实施的民事法律行为无效。但他人有理由相信其为夫妻双方共同意思表

---

① 该司法解释已经被2020年12月29日公布的《最高人民法院关于废止部分司法解释及相关规范性文件的决定》（法释〔2020〕16号）废止。
② 参见梁慧星：《中国民法典草案建议稿附理由·亲属编》，法律出版社2013年版，第119页。
③ 同前注①。
④ 同前注②，梁慧星书，第119页。

示的,即构成表见代理,另一方不得以不同意或不知道为由对抗善意第三人。"① 另外,夫妻一方因非日常生活需要擅自处分夫妻共有财产的,属于无权处分,在符合《民法典》第311条规定的善意取得条件时,受让人可以取得被处分物的所有权。

◆【其他问题】

本条第2款与《民法典》第301条的关系。根据《民法典》第301条规定,在共同共有人没有特别约定的情形下,处分共有的不动产或者动产以及对共有的不动产或者动产作重大修缮、变更性质或者用途的,应当经全体共同共有人同意。据此,夫妻处分共同财产中的不动产或动产、对共有的不动产或者动产作重大修缮、变更性质或者用途的,不属于家事代理权的范围,应当平等协商,取得一致意见。然而,就动产而言,如果对所有家庭动产的处分或重大修缮、变更性质或者用途必须由双方协商一致,则范围过宽,不利于家庭日常生活的开展。因此,就动产而言,家事代理权的范围应广于物权编的规定,即并非所有家庭动产之处分或重大修缮、变更性质或者用途均需夫妻双方协商一致。

本条第2款与《民法典》第1060条第1款的适用关系。根据2001年12月25日公布的《婚姻法司法解释(一)》② 第17条第2款,在家事代理权(家庭日常生活)范围内,夫妻任何一方都有权处理共同财产,无需另一方同意授权。《民法典》第1060条规定,夫妻一方因家庭日常生活需要而实施的民事法律行为,对夫妻双方发生法律效力。据此,如果夫妻一方以民事法律行为的方式在家庭日常生活范围内处理家庭共同财产,既可以适用《民法典》第1062条第2款,又可以适用《民法典》第1060条第1款。因之,在上述情形下,两者构成竞合关系。

(撰稿人:肖新喜)

---

① 余延满:《亲属法原论》,法律出版社2007年版,第282页。
② 该司法解释已经被2020年12月29日公布的《最高人民法院关于废止部分司法解释及相关规范性文件的决定》(法释〔2020〕16号)废止。

> **第一千零六十三条　【夫妻个人财产的范围】**
> 下列财产为夫妻一方的个人财产：
> （一）一方的婚前财产；
> （二）一方因受到人身损害获得的赔偿或者补偿；
> （三）遗嘱或者赠与合同中确定只归一方的财产；
> （四）一方专用的生活用品；
> （五）其他应当归一方的财产。

◆【法条由来】

本条是对《婚姻法》第18条的稍微修正。主要将《婚姻法》第18条第2项"（二）一方因身体受到伤害获得的医疗费、残疾人生活补助费等费用"改为："（二）一方因受到人身损害获得的赔偿或者补偿。"由此可知，本条明确扩张了《婚姻法》第18条第2项的涵盖范围。其一，《婚姻法》对属于个人财产的损害赔偿限定于"身体受到伤害"。就"身体"在私法中的意义而言，是指身体权的客体。从法律意义上讲，身体包括肉体的整个构造以及附属于身体的所有部分，比如，假肢、假牙、假发、义眼、心脏起搏器等。[1] 因此，如果严格按照文义解释，《婚姻法》所规定之属于夫妻个人财产的医疗费、残疾人生活补助费只是身体权受到伤害所获得之补偿，其他人格权、身份权所获得之补偿并不一定能归入夫妻一方个人财产。而本条的用语为"受到人身损害"所得之赔偿或者补偿。私法中的"人身"是指人身权的客体。人身权是以人身内容作为直接目的的民事权利……它的客体是人身。[2] 由此可知，人身受到伤害的赔偿范围远比身体受到伤害的赔偿范围广，因而，本条将因人身受到伤害获得之赔偿与补偿均归入夫妻个人财产，明确扩大了《婚姻法》第18条第2项的涵盖范围。其二，尽管《婚姻法》第18条第2项有

---

[1] 参见刘春梅：《论身体权的保护》，载《暨南学报（哲学社会科学版）》2011年第2期。
[2] 参见刘正浩：《论人身权与人格权、名誉权的异同——由屈臣氏精神损害赔偿案引出的法律思考》，载《法学》1999年第11期。

"等"字兜底,但是,法律中的"等"字有等内与等外两种含义。如果是等内,则属于夫妻个人财产的人身损害赔偿就只能包括"因身体受到伤害获得的医疗费、残疾人生活补助费";即使是等外,不同的法官对于等字的范围边界会有不同的认识,因而可能造成同案不同判。因此,本条中"因受到人身损害获得的赔偿或者补偿"的涵盖之范围要大于"因身体受到伤害获得的医疗费、残疾人生活补助费等费用"。其三,《婚姻法》第18条第2项的规定不包括因人身受到伤害所获得之补偿。而本条明确将因人身受到伤害所获得之补偿也归入夫妻一方个人财产。

◆【法条评注】

本条是关于夫妻个人财产范围的规定。本条规定属于法定特有财产制度。根据个人特有财产确定的不同方式,可以将其分为约定特有财产与法定特有财产。"法定的特有财产,是指依照法律规定所确认的夫妻双方各自保留的个人财产。"① 根据本条规定,下列财产属于个人特有财产:

1. 一方的婚前财产。婚前的界定:我国合法有效的婚姻关系不仅要符合结婚条件而且必须登记。婚前是指结婚登记完成前,以结婚登记为界限。结婚登记完成前一方的财产属于个人特有财产。

2. 一方因受到人身损害获得的赔偿或者补偿。根据条文文义,凡是因受到人身损害获得的赔偿、补偿,均属于夫妻一方的个人财产,不仅包括人格权受到损害所获得之赔偿,身份权受到损害所获得之赔偿也应包括在内。具体言之:

(1) 根据《民法典》第1179的规定,一方因人身损害获得的损害赔偿包括:医疗费、护理费、交通费、营养费、住院伙食补助等为治疗和康复支出的合理费用,以及因误工减少的收入。造成残疾的,还应当赔偿辅助器具费和残疾赔偿金。这些损害赔偿费均属于夫妻一方特有财产。

(2)《民法典》第1183条第1款规定,侵害自然人人身权益造成严重精神损害的,被侵权人有权请求精神损害赔偿。因之,夫或妻一方获得之精神损害赔偿金也属于个人财产。

---

① 胡康生主编:《中华人民共和国婚姻法释义》,法律出版社2001年版,第69页。

（3）因工伤所获得之工伤保险赔偿金也属于因人身损害获得的损害赔偿，应归入夫妻的个人财产。根据《民法典婚姻家庭编司法解释（一）》第30条的规定，军人的伤亡保险金、伤残补助金、医药生活补助费属于个人财产。

（4）配偶一方由于身份关系，因他人生命权或人格权遭受损害时获得的损害赔偿，也归入夫妻一方个人财产。此种情形下，实际上是其身份权遭受侵害，根据文义解释方法，也在本条文义的射程之内。属于该种情形的，一是配偶因符合《民法典》第994条的规定获得之损害赔偿；二是夫妻一方因其他受害人死亡所获得之丧葬费、被扶养人生活费、死亡补偿费以及办理丧葬事宜支出的交通费、住宿费和误工损失等。

（5）根据《民法典》其他部分的相关规定，本条规范中一方因人身损害获得的补偿包括：夫妻一方因无因管理遭受人身损害，由本人对此所偿还的必要费用；在紧急险情由自然原因引起的情况下，由紧急避险人对因紧急避险所遭受人身伤害的夫妻一方给予的适当补偿；在见义勇为中，受益人对作为见义勇为当事人的夫妻一方因见义勇为所遭受人身伤害的适当补偿；根据《最高人民法院关于审理人身损害赔偿案件适用法律若干问题的解释》的规定，以下财产属于夫妻一方的个人特有财产：其一，无偿帮工中，帮工人"根据帮工人和被帮工人各自的过错承担相应的责任"所获得的赔偿，以及被帮工人明确拒绝帮工时，帮工人在被帮工人受益范围内所获得之适当补偿，均属于因人身伤害所得，属于夫妻一方个人特有财产。其二，帮工人在帮工活动中因第三人的行为遭受人身损害时，因"第三人承担赔偿责任"或被帮工人予以的适当补偿，也属于因人身伤害所得，属于夫妻一方个人特有财产。

3. 遗嘱或者赠与合同中确定只归一方的财产。此处的赠与合同应作广义解释，不仅包括合同编规定的赠与合同，还应包括遗赠。"确定"的含义是指：遗嘱、赠与合同或遗赠以明示的意思表示确定无误地表明其所处分的财产只能归夫或妻一方，不能以默示或沉默等形式推断出其所处分的财产只能归夫或妻一方。《民法典婚姻家庭编司法解释（一）》第29条规定："当事人结婚前，父母为双方购置房屋出资的，该出资应当认定为对自己子女个人的赠与，但父母明确表示赠与双方的除外。当事人结婚后，父母为双方购置房屋出资的，依照约定处理；没有约定或者约定不明确的，按照民法典第一千零六十二条第一款第四项规定的原则处理。"

4. 一方专用的生活用品。"一方专用的生活用品具有专属于个人使用的特点，如个人的衣服、鞋帽等，应当属于夫妻特有财产。"① 所谓专用，是指根据物品的性质与用途，结合男女性别的生活特点或职业特点，只能由一方使用而另一方无法使用的生活用品。根据物品性质和用途，能够由双方共享或与子女、父母共享，但由一方专门使用的生活用品不能作为个人特有财产。理论中有观点认为：价值较大的一方专用的生活用品应属于夫妻共有财产。"夫妻一方佩戴的金银等首饰并非此处所言的个人专用生活用品，因为这类饰品价值较大，专用性不强。"② 从法条的文义看，本处的专用生活用品并未如学者区分价值较大还是价值不大。另外，根据立法者的解释，本条并未采纳该观点。"价值较大的生活用品，因其具有个人专用性，仍应当归个人所有，这也符合夫妻双方购买该物时的意愿。"③ 因此，无论价值大小，只要属于一方专用的生活用品，均属于个人财产。

5. 其他应当归一方的财产。此规定是兜底条款。根据相关规定以及学者理论观点，主要包括：第一，夫妻一方死亡且其遗产已经继承完毕，健在一方用自己积蓄购买的公有住房。第二，夫妻因职业或工作所必需的专用品。因职业或工作所必需的专用品不属于"专用的生活用品"，然而，由于其专用性又必须归属于夫妻个人财产。因此，也宜归入此处的"其他应当归一方的财产"。第三，夫妻一方参加各类比赛所获得的奖杯或有纪念意义的奖品等。④ 将其归为夫妻个人财产的理由在于，这种物品是获奖者荣誉的体现，其精神鼓励意义远大于其对家庭生活的实用价值，将其归为个人财产较为适宜。

（撰稿人：肖新喜）

---

① 胡康生主编：《中华人民共和国婚姻法释义》，法律出版社2001年版，第72页。
② 余延满：《亲属法原论》，法律出版社2007年版，第278页。
③ 同前注①，胡康生书，第73页。
④ 参见张伟：《家事法学》，法律出版社2016年版，第102页。

> **第一千零六十四条　【夫妻共同债务的认定】**
>
> 夫妻双方共同签名或者夫妻一方事后追认等共同意思表示所负的债务，以及夫妻一方在婚姻关系存续期间以个人名义为家庭日常生活需要所负的债务，属于夫妻共同债务。
>
> 夫妻一方在婚姻关系存续期间以个人名义超出家庭日常生活需要所负的债务，不属于夫妻共同债务；但是，债权人能够证明该债务用于夫妻共同生活、共同生产经营或者基于夫妻双方共同意思表示的除外。

◆【法条由来】

本条来自 2018 年 1 月 16 日公布的《最高人民法院关于审理涉及夫妻债务纠纷案件适用法律有关问题的解释》①（法释〔2018〕2 号）第 1 条、第 2 条及第 3 条，基本内容没有变动。其中，第 1 条和第 2 条合并为本条第 1 款，第 3 条转为本条第 2 款。

◆【法条评注】

本条是关于夫妻共同债务认定的规定。本条所规定的内容可概括如下：第一，夫妻双方合意所生之债为夫妻共同债务；第二，日常家事代理之单方举债为夫妻共同债务；第三，用于夫妻共同生活、共同生产经营的大额单方负债亦为夫妻共同债务。

一、夫妻双方合意所生之债为夫妻共同债务（"共签共债"）

依据本条第 1 款第 1 句之规定，夫妻双方共同签名或者夫妻一方事后追认等共同意思表示所负的债务，属于夫妻共同债务。不论是夫妻双方共同签名还是夫妻一方事后追认，都是夫妻双方合意的表达形式。基于契约必守的

---

① 该司法解释已经被 2020 年 12 月 29 日公布的《最高人民法院关于废止部分司法解释及相关规范性文件的决定》（法释〔2020〕16 号）废止。

合同法基本原则，夫妻双方对于经过自己同意的合同约定应当遵守和履行，亦即应对双方合意发生的合同之债承担共同清偿的义务。

"夫妻双方共同签名"指的是夫妻双方在债务发生的相关文书（合同或承诺书）上共同签名，表示对文书内容的认可，这是一种事先的书面同意。夫妻双方共同签名所生债务仅指意定之债，不包括法定之债，因为诸如侵权之债在内的法定之债是无法事先通过签字来决定其发生并予以承担的。

"夫妻一方事后追认"，指的是非债务人一方配偶对于债务人一方配偶单方负担的债务，表达"事后同意"。追认可以是书面追认，也可以是口头追认，或通过其他形式表示。"夫妻一方事后追认"，从文义上看，不仅适用于意定之债，也适用于法定之债，例如丈夫开车将第三人撞伤，妻子事后对伤者承诺，该债务她也认可并会共同清偿。然而，由于在"夫妻双方共同签字或者夫妻一方事后追认等共同意思表示所负的债务"中，还有"共同意思表示所负的债务"等关键词段，故本句仅限于对意定之债的规定，因为侵权之债不可能因"意思表示"而发生。

值得注意的是，本条第1句虽然仅规定"共同签名"或者"夫妻一方事后追认"这两种典型的情形，但考虑到本条的立法目的，其他情形下的夫妻共同举债合意亦应包含在内。例如，夫妻双方事先口头一致同意，或者夫妻一方签名而另一方事先表示同意，这两种情形虽不属于共同签名或事后一方追认，但也都属于夫妻举债合意，因而，相关债务也应为夫妻共同债务。

二、日常家事代理之单方举债为夫妻共同债务

本条第1款第2句是对日常家事代理所生债务的规定。此种债务虽以"夫妻一方个人名义"所负担，但仍应认定为夫妻共同债务。

1. 日常家事代理。日常家事代理是指夫妻一方因日常事务而与第三人交往时，所为法律行为应当视为夫妻共同的意思表示，并由另一方承担连带责任的制度。日常家事代理是家庭法上一种特殊的法定代理，基于法律规定而产生。日常家事代理制度的关键点在于，夫妻一方所从事的交易是否属于满足夫妻日常生活需要的合理范围。

2. 家庭日常生活需要。首先，"家庭日常生活"与"家庭生活"不同。前者范围较小，且具有发生频率高、金额小的特点，而后者范围则要广泛得多，只要事关家庭成员共同利益，都可以称得上"家庭生活"。其次，"家庭日常生活"主要涉及家庭成员日常的吃穿住行以及基本的文体卫活动，如购买食品、衣服，支付房屋租金，购买车票，支付未成年子女的学费，支付家庭成员的医疗费等。需注意，"住"仅限于租房和按揭还款，不应包括购房、换房等大额交易。上述列举的其他项目也一律不应包括奢侈性消费或过度消费，例如子女教育就不宜包括送子女去海外留学的费用支出。最后，家庭财产状况不同决定了"满足家庭日常生活需要"的标准不同，但就一般原则而言，对"满足家庭日常生活需要"应作严格解释，以保障非举债方的财产安全。家事代理权这种法定代理制度其适用范围必须进行严格限定，至于超出其外的、有夫妻合意举债表象的则可适用表见代理制度。①

3. 债务性质与范围。首先，既然是基于代理所发生的债务，那么，该债务必然是基于法律行为所生之债，亦即意定之债，不包括法定之债。其次，日常家事代理之债不应包括借贷和担保。从比较法角度看，无论是法国，②还是德国，③满足家庭日常生活所需的家事代理权之适用范围，均将借贷排除在外。究其原因，主要是借贷与其他交易类型不同，后者是通过向第三者支付换取生活资料，直接满足家庭日常生活，这些标的物是否适合用于家庭日常生活，以及实际上是否用于了家庭日常生活，较易辨别；而借贷是举债人从第三者处取得货币，并非直接用于满足家庭日常生活。同时，货币作为一般等价物和流通物，其流转的便捷性无与伦比，举债人是否将借来的货币用于家庭日常生活，较难辨别，举债人配偶也很难去证明。至于担保，其纯属负担，并无利益可言，因此，也应排除在日常家事代理之外。最后，单纯的数额标准不可取。在2018年1月16日公布《最高人民法院关于审理涉及夫妻债务纠纷案件适用法律有关问题的解释》④后，有个别省出台指导意见，规定20万元以下的债务可以考虑作为"满足家庭日常生活"所负的债务。诚然，数额标准具有直观、可操作性强的特点，故将20万元作为家事代理所生债

---

① 参见冉克平：《论因"家庭日常生活需要"引起的夫妻共同债务》，载《江汉论坛》2018年第7期。
② V. JurisClasseur Civil Code>Art. 1409 à 1420, Fasc. unique：COMMUNAUTÉ LÉGALE, 15 Avril 2016, no 42-54.
③ Vgl., Münchener Kommentar zum BGB, 6. Aufl. 2013, Roth, §1357, Rn 1, 24, 27.
④ 该司法解释已经被2020年12月29日公布的《最高人民法院关于废止部分司法解释及相关规范性文件的决定》（法释〔2020〕16号）废止。

务的上限，的确有指导价值，不过，切不可机械地根据债务数额来判定债务性质。

三、用于夫妻共同生活、共同生产经营的大额单方负债亦为夫妻共同债务

本条第2款规定了夫妻共同债务的第三种情形，主要涉及客观的"共同受益标准"，从而与前述主观合意标准有所区别。从本款中的"个人名义"可知，本款同样仅限于意定之债，不包括法定之债。以下对本款要点逐项阐述。

1. "个债推定"。本条第2款创设了一个夫妻个人债务推定（个债推定），即：夫妻一方以个人名义发生的债务，且数额超出日常家庭生活需要的，推定为该方个人债务。当然，此项推定是可推翻的。

2. 债权人的证明责任。债权人若欲推翻上述"个债推定"，则须证明以下法律事实：该债务用于夫妻共同生活，或者用于夫妻共同生产经营，或者其发生系基于夫妻合意。基于夫妻合意所生债务为夫妻共同债务，此点在本条第1款已有规定，此处再次强调，意将单方名义举债也包含进去，其实并无必要。

当然，或有人认为，此处亦可作如下理解：本条第1款中的"共债共签"仅包含夫妻共同签名或事后追认这两种典型情形，立法者并无意包含一方事先口头许可等情形，而是有意要将除本条第1款中规定之外的情形纳入此处来规制，如果这样来理解，则不存在重复规定。然而，本条第2款明显着眼于客观上夫妻共同受益，而本条第1款针对的是主观合意，从主客观分别规定的角度来说，显然应将"基于夫妻双方共同意思表示"并入本条第1款，而不是第2款。

3. 用于夫妻共同生活。何谓夫妻共同生活？前文叙及，凡事关夫妻共同利益者皆为夫妻共同生活，当然，以不违背另一方可推知意愿为限。详言之，一方面，不论是客观上的确增加了夫妻共同财产，还是主观上举债方有为此目标，相关交易都可以称之为"用于夫妻共同生活"。因为并非所有的夫妻一方所为交易在结果上都是盈利的，相反，可能完全是亏损的。因此，不能完全根据客观结果上的盈利与否、夫妻共同财产增加与否来判断交易是否为了夫妻共同生活。当然，对于"主观动机"要作严格解释，它并非完全取决于举债人的个人说辞，而是要遵循一般理性标准，只有客观理性的第三人处于交易方配偶的位置，认为发生相关交易的确是为了夫妻双方共同利益，才能

将该交易解释为用于夫妻共同生活。另一方面，即使客观上的确有利于夫妻共同财产的增加，也未必都属于"用于夫妻共同生活"，例如丈夫参加赌博活动，或者从事盗窃犯罪活动，虽然财产可能一时"增加"，但相关活动不能认定为"为了夫妻共同生活"，相关债务不应认定为夫妻共同债务。不过，对于夫妻一方从事不法行为给夫妻共同财产带来的增益部分，受害人（债权人）可要求返还。

4. 用于夫妻共同生产经营。何谓夫妻共同生产经营？两个关键词，"生产经营"和"共同"，前者指向一切工商业活动，与家庭偶发的民事交易区别开来，后者指向双方亲自参与，与"一方从事工商业活动而另一方分享盈利"区别开来。相对而言，生产经营更容易界定，本款难点在"共同生产经营"的判定上。当我们说某人从事生产经营时，通常指的是他或她投入资本（货币出资或其他财产出资），有时候还会投入智力和劳力（技术或劳动出资），也就是说，以货币出资或其他财产出资为主要标准，以技术或劳动出资为次要标准。据此，夫妻共同生产经营可以采取类型化的思维方式：（1）夫妻为同一公司或合伙企业的大股东或合伙人；（2）夫妻一方为公司大股东或合伙企业合伙人，另一方为同一公司或合伙企业的董事、监事或高级管理人员；（3）夫妻一方为个人独资企业的股东，而另一方长期实际参与企业的生产经营和管理；（4）夫妻一方负责特定项目的生产经营（例如承包某建设工程的特定项目段），另一方参与该特定项目的实际管理等等。

需要强调的是，当夫妻一方从事生产经营（例如与第三人合伙做生意），所获部分利润用于家庭购买房屋、车辆等，客观上增加了夫妻共同财产时，该方在生产经营活动中的相关债务（尤其是借贷之债），不宜径自认定为"用于夫妻共同生产经营"，而应当根据个案具体情况，认定相关债务是否属于"用于夫妻共同生活"。因为在这种情形下，并不存在"夫妻共同生产经营"的法律事实。也就是说，不能将"夫妻共同生产经营"与"夫妻一方生产经营+共同受益"简单地画等号。

◆【其他问题】

由上可知，本条关于夫妻共同债务的识别全都是关于意定之债的，对于夫妻一方因侵权等法律事实而产生的法定之债，并未涉及，这无疑形成了一个法律漏洞。夫妻一方因侵权行为（例如驾车将第三人撞伤）而发生债务的情形在实践中也较为常见，此种债务是否应定性为夫妻共同债务？在大多数场合下，这个问题本质上是在两个无辜的人之间进行利益权衡。关于此，有如下要点需要强调：

其一，在实行夫妻共同财产制的婚姻中，夫妻一方若因侵权而负债，则就外部关系而言，该债务原则上应认定为夫妻共同债务。此项规则系比较法上的共识，其法理基础包括：侵权法上受害人保护至上原则、夫妻财产团体利益与风险的一致性、共有财产致害共同负责原则，以及为他人行为负责理论等。

其二，作为平衡机制，应将非侵权方配偶的清偿责任限于夫妻共同财产范围内；同时，赋予其在财产制终结时对侵权方配偶的追偿权，但侵权方为执行夫妻共同事务时基于无过错责任而负债的除外。

其三，就解释论而言，应对"债务用于夫妻共同生活或共同生产经营"作目的性扩张，只要债权人（受害人）能够证明侵权行为令夫妻共同受益，或侵权行为所寄生的基础性活动与夫妻共同事务相关，相关债务就可以认定为夫妻共同债务，但非侵权方配偶能够证明侵害行为发生时夫妻双方已分居，或处于离婚诉讼过程的除外。就立法论而言，对于夫妻一方侵权之债的清偿，应建立"共债认定+有限责任+追偿权"的规则体系，同时，作为配套制度，应建立我国的非常夫妻法定财产制。

（撰稿人：叶名怡）

> **第一千零六十五条　【夫妻财产约定】**
> 男女双方可以约定婚姻关系存续期间所得的财产以及婚前财产归各自所有、共同所有或者部分各自所有、部分共同所有。约定应当采用书面形式。没有约定或者约定不明确的，适用本法第一千零六十二条、第一千零六十三条的规定。
> 夫妻对婚姻关系存续期间所得的财产以及婚前财产的约定，对双方具有法律约束力。
> 夫妻对婚姻关系存续期间所得的财产约定归各自所有，夫或者妻一方对外所负的债务，相对人知道该约定的，以夫或者妻一方的个人财产清偿。

◆【法条由来】

本条来自《婚姻法》第19条，基本内容没有实质性变动，对条文中所涉相关指引性法条的序号依《民法典》作相应技术性变更。

◆【法条评注】

本条是关于夫妻财产约定的规定。本条所规定的内容可概括如下：第一，夫妻约定财产制与夫妻财产制契约；第二，对既有财产权属予以变更的夫妻财产约定；第三，夫妻财产约定的形式以及约定不明的法律效果；第四，夫妻财产约定的内部效力；第五，夫妻财产约定的外部效力（对第三人的效力）。

一、夫妻约定财产制与夫妻财产制契约

依据本条第1款第1句之规定，夫妻双方可以通过合同形式实行约定财产制。所谓约定财产制，就是夫妻通过约定在双方之间实行一种有别于夫妻法定财产制内容的其他类型夫妻财产制度。夫妻财产制契约是双方关于财产制的约定，① 是夫妻或即将成为夫妻之人，就夫妻之间的财产关系采用何种夫妻财产制所订立的契约。② 夫妻财产制契约有如下特点：

第一，夫妻财产制契约的功能和目的是在总体上安排夫妻财产关系。"夫妻财产制契约有排除夫之专制及除去法定财产制之不合理之机能，因此被称为婚姻法上之大宪章。"③

第二，夫妻财产制契约通常采取类型强制。例如，《德国民法典》除了规定夫妻法定财产制（增益共同制）外，还规定了约定分别财产制、约定共同财产制以及选择性财产增益共同制。在法国，除了法定的共同财产制之外，还有三种约定财产制：约定共同财产制、约定分别财产制及婚后所得共享制。④ 这意味着，尽管夫妻财产制契约的具体内容具有多样性，但就类型而言，只能在这些给定的财产制中选择一种。

第三，夫妻财产制契约是面向将来发生效力的，是对缔约后婚姻存续期间一方或双方新增财产的归属和管理方面所作的规划。从这个意义上说，夫妻财产制契约旨在确立一套关于将来物的归属确权的规则，而不是对既有财产权属的约定。

第四，夫妻财产制契约针对的是概括财产或集合财产（部分财产或全部财产），而非特定财产。

第五，夫妻财产制契约属于继续性合同，其规则适用具有一般性和可重复性。"在存在夫妻财产制契约的场合，双方的一次约定就可对婚姻关系存续期间双方持续获得的财产产生持续的拘束力，是双方对将来客体、权利归属的安排，具有长期、概括调整的特点。"⑤ "夫妻财产制契约是夫妻双方从法律规定的财产制形态中进行选择的约定，因此它并非针对某个或某些特定的财产归属作出的约定，而是一般性地建构夫妻之间的财产法状态，对契约成

---

① 参见梁慧星主编：《中国民法典草案建议稿附理由·亲属编》，法律出版社2006年版，第77页。
② 参见余延满：《亲属法原论》，法律出版社2007年版，第287~288页。
③ ［日］栗生武夫：《婚姻法の近代化》，第146页，转引自林秀雄：《夫妻财产制之研究》，中国政法大学出版社2001年版，第193页。
④ 法国法上的婚后所得共享制，大体上相当于德国法上的增益共同制，即法律上属于分别所有制，但财产制解除时夫妻双方共享婚后所得财产利益。
⑤ 参见倪淑颖、李显冬：《夫妻合意下的不动产物权变动》，载夏吟兰、龙翼飞主编：《家事法实务》（2017年卷），法律出版社2018年版，第129页。

立之后夫妻的财产关系将产生一般性的、普遍性的拘束力。"①

综上，本条第 1 款第 1 句内涵十分丰富，它包含了夫妻约定财产制和夫妻财产制契约的内容，但绝非仅限于此，切勿将其与夫妻约定财产制画等号。

二、既有财产权属变更的夫妻财产约定

本条第 1 款第 1 句除了规定约定财产制和财产制契约之外，还规定了狭义的夫妻财产契约，前者面向将来且多针对不特定的财产，后者面向过去且多针对特定财产，即对夫妻一方或双方既有财产权属变更的约定。

夫妻财产制契约与夫妻财产契约（权属变更约定）最重要的区别在于，当事人基于前者可以直接依据法律规定取得物权；而后者性质为债权协议，并不能直接产生物权变动的法律效果，物权变动仍需依循物权法规定的物权变动一般规则（不动产登记与动产交付）来实现。广义上的财产契约包括如下情形，以下分而论之。

（一）婚姻存续期间所得财产归各自所有的约定

我国实行法定夫妻财产共同制，原则上夫妻一方婚后所得财产均为夫妻共同财产。不过，男女双方可以在婚前约定，婚后任何一方所得财产均为该方个人所有。夫妻双方也可以在婚姻存续期间的某一个时间点约定，自该时间点之后任何一方所得财产均为该方个人所有。这两种情形均为"夫妻财产制契约"。

夫妻双方也可以在婚姻存续期间的某一个时间点，在不离婚的前提下，对既有财产的权属进行约定。例如可以约定"自结婚后至现在为止，夫妻各方取得的财产归各自所有"。这种情形属于"婚内财产分割协议"。

（二）婚姻存续期间所得财产归夫妻共同所有的约定

这种情形极其罕见，因为我国夫妻法定财产制就是"婚后所得共同财产制"，因此，夫妻双方没有必要再作重复约定。但考虑到婚后所得共同财产制之下，仍有少数财产归个人所有，例如来自父母的指定赠与、私人用品等，在极端情形下，夫妻双方也可以约定，婚姻存续期间夫妻各自取得的一切财产均为夫妻共同所有。与上一类相同，若夫妻财产约定面向将来的财产则为

---

① 参见程啸：《婚内财产分割协议、夫妻财产制契约的效力与不动产物权变动——"唐某诉李某某、唐某乙法定继承纠纷案"评释》，载《暨南学报（哲学社会科学版）》2015 年第 3 期。

财产制契约，若面向既有财产则为狭义的夫妻财产契约（确权协议）。

（三）婚姻存续期间所得财产部分共有的约定

夫妻双方可以在婚前或婚姻存续期间的某一时间点约定，婚姻存续期间所得财产，某几类（如一切动产）为共同共有，某几类（如各自取得的房产）归各自所有。此种内容的约定，同样要注意夫妻财产制契约与夫妻婚内财产确权（分割）协议的区别。

（四）一方婚前财产归夫妻共同所有的约定

夫妻双方约定，夫妻双方各自的婚前财产一律转化为夫妻共同所有的财产。此种约定由于是面向既有财产，因此，在性质上被定性为夫妻财产契约（确权协议）更合适。该权属变更约定并不能直接产生物权变动的法律效果。

（五）一方婚前财产部分归夫妻共同所有的约定

此类约定本质上与上一类相同。值得注意的是，当夫妻双方约定一方所有的特定财产（如特定房产）转归双方共同时，这种约定在审判实务中很多时候会被认定为一种"赠与合同"，并适用合同法赠与合同的相关规定。[1] 但这种处理方式较为粗糙和绝对。正确的做法是，将这种无偿给予房产份额的协议认定为一种"基于婚姻的特殊赠与"。

（六）一方特定个人财产转归另一方单独所有的约定

实务中还存在一种夫妻财产约定，即"一方特定个人财产归另一方单独所有的约定"，即夫妻双方可以约定，一方特定的个人财产（可以是婚前财产也可以是婚后取得的财产）转归另一方单独所有。需注意，此种约定并不为本条所涵盖。"我国婚姻法规定了三种夫妻财产约定的模式，即分别所有、共同共有和部分共同共有，并不包括一方将所有的财产约定为另一方所有的情形"。[2] 不过，这一类约定与上述第五类约定相比，二者本质相同，法律定性也应相同，即属于"基于婚姻的特殊赠与"。

当然，基于私法自治的基本原则，夫妻之间也可以通过夫妻财产约定的形式成立普通赠与合同，此时完全适用债法上赠与合同的法律规定。

---

[1] 《民法典婚姻家庭编司法解释（一）》第32条："婚前或者婚姻关系存续期间，当事人约定将一方所有的房产赠与另一方或者共有，赠与方在赠与房产变更登记之前撤销赠与，另一方请求判令继续履行的，人民法院可以按照民法典第六百五十八条的规定处理。"

[2] 参见最高人民法院民事审判第一庭编著：《最高人民法院婚姻法司法解释（三）理解与适用》，人民法院出版社2015年版，第13页。

三、夫妻财产约定的形式以及约定不明的法律效果

本条第 1 款第 2 句和第 3 句分别规定夫妻财产约定的形式以及约定不明的法律效果。

（一）作为要式行为的夫妻财产约定

本条第 1 款第 2 句规定，"约定应当采用书面形式"。这意味着夫妻财产约定是一种法定要式行为。① 对于要式行为，当事人若未采取规定的形式，有可能导致行为不成立。《民法典》第 490 条第 2 款规定，"法律、行政法规规定或者当事人约定合同应当采用书面形式订立，当事人未采用书面形式但是一方已经履行主要义务，对方接受时，该合同成立。"对其进行反对解释可知，要式行为若不符合本条例外情形之要件，则合同不成立。夫妻财产约定虽然并非纯粹的财产性合同，而是涉及一定的人身性，但在违反要式行为的法律后果上仍可适用或类推适用该款规定。

（二）无约定或约定不明的法律效果

夫妻财产约定要么是对法定财产制的更改，要么是对既有财产权属状况的更改。民法以意思自治为基本原则，当有夫妻财产约定时，无论是财产制的选择还是财产权属状况的变更，均应以该约定为准。若无约定，则自然适用法定夫妻财产制（婚后所得共同财产制），或依据财产既有权属状况来确权。若夫妻双方虽有财产约定，但约定不明，则视为无约定，即其法律效果等同于无约定的情形。

本条第 1 款第 3 句对无约定或约定不明的法律效果进行了确认，即"适用本法第一千零六十二条、第一千零六十三条的规定"，意指适用法定夫妻共同财产制，以及依据该法定夫妻共同财产制来对相关财产进行确权。

《民法典》第 1062 条规定的是夫妻共同财产的范围，以及夫妻双方对共同财产的平等管理权与处分权。② 《民法典》第 1063 条规定的则是夫妻个人

---

① 《民法典》第 135 条规定："民事法律行为可以采用书面形式、口头形式或者其他形式；法律、行政法规规定或者当事人约定采用特定形式的，应当采用特定形式。"

② 《民法典》第 1062 条规定："夫妻在婚姻关系存续期间所得的下列财产，为夫妻的共同财产，归夫妻共同所有：（一）工资、奖金、劳务报酬；（二）生产、经营、投资的收益；（三）知识产权的收益；（四）继承或者受赠的财产，但是本法第一千零六十三条第三项规定的除外；（五）其他应当归共同所有的财产。 夫妻对共同财产，有平等的处理权。"

财产的范围，它既包括一方婚前财产，也包括婚后取得的特殊财产。① 这两个条文从表面上看是对夫妻共同财产和个人财产的划分和列举，但它们结合起来，从正反两个方面阐明了我国夫妻法定财产制（婚后所得共同财产制）的基本内容。

四、夫妻财产约定的内部效力

如前所述，广义的夫妻财产约定/夫妻财产契约可分为两大类，一类是夫妻财产制契约，另一类是狭义的夫妻财产契约，后者又可分为三种：夫妻财产确权契约（婚内财产分割协议）、基于婚姻之特殊赠与以及普通赠与。以下分别阐述其内部效力。

（一）夫妻财产制契约

夫妻财产制契约面向将来，对该契约生效之后夫妻任何一方新增财产的权属进行事先约定。若夫妻财产制契约约定，夫妻双方在婚姻存续期间实行分别财产制，则该契约生效后各方所得财产均归双方各自所有。若夫妻财产制契约约定，夫妻双方在婚姻存续期间实行部分分别财产制，凡是一方新增不动产归该方单独所有，其他财产仍实行共同财产制，则之后各方新增财产的所有权依该契约规定自动分配。也就是说，夫妻财产制契约结合法律关于分别财产制的规定，可以直接产生物权变动的效力，而且此种情形并不属于依法律行为引发的物权变动，构成不动产物权登记生效、动产物权交付生效的例外情形。

（二）夫妻婚内财产确权（分割）协议

夫妻双方可以通过协议对既有的个人财产或夫妻共同财产进行分割或确权。因为是针对既有财产所作的权属约定，这种约定显而易见针对过去和现在的状况，一般不包括将来的或有财产。此种协议是债权性的，生效时对双方产生债权效力，但并不能即刻产生物权归属或变动效力。夫妻双方如欲使其发生物权效力，应当办理相应的不动产登记手续或动产交付手续。

（三）基于婚姻之特殊赠与协议

夫妻双方可以通过协议将一方个人财产变更为夫妻双方共有，或变更为

---

① 《民法典》第1063条规定："下列财产为夫妻一方的个人财产：（一）一方的婚前财产；（二）一方因受到人身损害获得的赔偿或者补偿；（三）遗嘱或者赠与合同中确定只归一方的财产；（四）一方专用的生活用品；（五）其他应当归一方的财产。"

另一方个人所有。当协议所涉财产具有显著的重大价值时，应当将这种无偿给予认定为基于婚姻之特殊赠与，也就是说，这种无偿给予是与婚姻关系的维系联系在一起的，以婚姻关系的继续存在为基础。这种协议的内部效力主要体现在以下四个方面：其一，协议一旦签订即发生法律效力，无偿给予方不享有任意撤销权；其二，该协议生效意味着产生债权效力，并不能直接产生物权效力，双方如欲发生物权效力，应当办理相应的手续，如动产交付或不动产登记，或是特殊权利变动的其他特殊程序；其三，在给付后，若受给予方存在重大婚姻过错导致短期内离婚的，则给予方可援引赠与的法定撤销权，撤销该给予；其四，若双方均无婚姻过错但短期内受给予方提出离婚的，则给予方可援引情事变更规则请求酌情予以返还标的财产。

（四）普通赠与协议

夫妻双方还可以通过协议的形式，将一方个人所有的财产明确地"赠与"给另一方，或变更为双方共有。如前所述，当涉及显著重大价值的财产在夫妻间无偿让与时，应当认定为"基于婚姻之特殊赠与"。但是，当涉及的财产价值较小时，可以认为是基于情感之日常表达的普通赠与。另外，对于价值重大的财产，夫妻双方也可以在协议中明确表明"赠与"的意思，在这种情形下，夫妻之间成立普通的债法上赠与，此时应适用赠与合同的相关规定。

五、夫妻财产约定的外部效力（对第三人的效力）

依据本条第3款，夫妻间的财产约定效力能否及于第三人，关键在于其是否对该约定知情。由于目前夫妻财产约定缺乏法定公示手段，因而，原则上不具有对抗善意第三人的效力。以下分而论之。

（一）婚姻关系存续期间所得的财产约定归各自所有

值得注意的是，本条第1款规定了形形色色的夫妻财产约定，笔者认为，至少有四种性质不同的夫妻财产协议，但是，本条第3款仅仅针对"夫妻对婚姻关系存续期间所得的财产约定归各自所有"这种情形。

尽管从文义解释出发，"婚姻关系存续期间所得的财产约定归各自所有"可能包含两种协议，第一是关于夫妻实行分别财产制的夫妻财产制契约，第二是对既有财产确权的婚内财产分割协议。但结合本款后段可知，本款主要规定的是夫妻约定分别财产制之下单方负债的债务清偿规则，因而，以下仅仅针对夫妻分别财产制契约而言。

因为我国缺乏夫妻财产制契约的法定公示方法,夫妻财产制契约通常具有隐蔽性,因而不能对抗善意第三人。结合本条后文可知,这里的不能对抗善意第三人主要涉及夫妻债务的清偿,而不涉及其他。但正如前文所述,关于物权归属或变动的内部约定也不具有对抗外部善意第三人的效力。

(二)夫或妻一方对外所负的债务

"夫或妻一方对外所负的债务"指的是夫妻一方以个人名义而发生的债务。理论上,个人名义所负债务既可能是举债方个人债务,也可能是夫妻共同债务。但在本款中,只有针对那些原本应属于夫妻共同债务的单方举债,本款规定才有意义。因为如果夫妻一方所负债务原本就应该定性为举债方个人债务,那么,不论第三人是否知道夫妻财产约定,债权人都只能就举债方个人财产(包括夫妻共同财产中的个人份额)来清偿;只有当夫妻一方以个人名义举债,但该债务原本应被认定为夫妻共同债务时,第三人是否知道夫妻财产约定才具有重要意义,知道该夫妻财产约定的,这种原本应当由夫妻共同财产来清偿的债务,变成了只能由举债方个人财产来清偿;如果第三人不知道该夫妻财产约定的,则仍应由夫妻共同财产来清偿。

(三)第三人知道该约定的

"第三人知道该约定的",其中的"第三人"指的是"债权人"。另外,从字面上看,该句仅仅指"明知",而不包括"应知"或"有理由知道"。但是,法官在审理案件时,可以基于相关证据对"知道"进行事实推定。

(四)夫或妻一方所有的财产

"夫或妻一方所有的财产",既包括夫妻一方独立存在的个人财产,也包括该方在夫妻共同财产中的份额。也就是说,债权人可以优先选择以夫妻共同财产中的债务人份额来求偿,夫妻一方以其全部个人财产对其个人债务承担无限责任。

相反,对本款进行反对解释可知,在第三人不知道债务人夫妻实行分别财产制的情况下,当夫妻一方对外负债时,假设该债务按照其用途原本应该被定性为夫妻共同债务,则尽管夫妻有实行分别财产制的约定,该债务仍应以夫妻共同财产以及夫妻双方个人财产来清偿。

(撰稿人:叶名怡)

第一千零六十六条 【婚内共同财产分割请求权】

婚姻关系存续期间，有下列情形之一的，夫妻一方可以向人民法院请求分割共同财产：

（一）一方有隐藏、转移、变卖、毁损、挥霍夫妻共同财产或者伪造夫妻共同债务等严重损害夫妻共同财产利益的行为；

（二）一方负有法定扶养义务的人患重大疾病需要医治，另一方不同意支付相关医疗费用。

◆【法条由来】

本条是对2011年8月9日公布的《婚姻法司法解释（三）》① 第4条的稍微修正。该条规定："婚姻关系存续期间，夫妻一方请求分割共同财产的，人民法院不予支持，但有下列重大理由且不损害债权人利益的除外：（一）一方有隐藏、转移、变卖、毁损、挥霍夫妻共同财产或者伪造夫妻共同债务等严重损害夫妻共同财产利益行为的；（二）一方负有法定扶养义务的人患重大疾病需要医治，另一方不同意支付相关医疗费用的。"该规定除将《物权法》第99条规定的"有重大理由需要分割"予以具体化外，还增加了一项限制条件，也即婚姻关系存续期间夫妻共有财产的分割"不损害债权人利益"。简言之，如果分割损害债权人利益，即使满足前述第4条规定的其他条件，夫妻婚内共有财产的分割也为法律所不许。

本条基本上采用2011年8月9日公布的《婚姻法司法解释（三）》② 第4条的规定，但取消了"不损害债权人利益"这一限制条件，回归《物权法》的立场。

---

① 该司法解释已经被2020年12月29日公布的《最高人民法院关于废止部分司法解释及相关规范性文件的决定》（法释〔2020〕16号）废止。
② 同上注。

◆【法条评注】

本条是关于婚内夫妻共同财产分割请求权的规定。本条是《民法典》物权编共同共有财产分割之"有重大理由需要分割"在婚内夫妻共有财产分割的具体化。

一、隐藏、转移、变卖、毁损、挥霍夫妻共同财产或者伪造夫妻共同债务等行为的构成要件

（一）隐藏、转移、变卖、毁损、挥霍夫妻共同财产或者伪造夫妻共同债务等行为的表现形态

"隐藏是指夫或妻一方用欺骗手段隐瞒对方，然后隐匿夫妻共同财产的行为。转移是指夫或妻一方在另一方不知情的情况下，将夫妻共同财产转归他人所有或转存到其他地方。这里的转移包括夫或妻一方与第三人恶意串通，将夫妻共同财产的所有权转移给第三人，也包括将实物转移到他处。变卖是指夫或妻一方在未经对方同意的情况下，出卖夫妻共同财产，并且把出卖共同财产的所得收归个人所有。毁损是指夫或妻一方故意损坏共同财产，从而降低共同财产的价值。挥霍是指夫或妻未经对方同意，随心所欲无限度地花费共同财产而不考虑家庭经济情况。例如，随意赠送名车、房屋、有价证券等财物给第三者。伪造共同债务是指夫或妻一方与第三人恶意串通，虚构根本不存在的债务或肆意夸大债务数额，从而用夫妻共同财产来清偿伪造的债务，以便欺诈一方可以侵占夫妻共同财产。"[1]

（二）隐藏、转移、变卖、毁损、挥霍夫妻共同财产或者伪造夫妻共同债务等行为的主观心态

就行为人的过错类型而言，其从事上述行为只能是出于故意。从行为目的而言，夫或妻从事本条规定诸种行为的目的在于将本属于夫妻共有的财产据为自己单独所有。上述违法行为，在主观上只能是故意，不包括过失行为。另外，必须以侵占另一方财产为目的。一方实施上述行为，就是要将本应属于夫妻共同财产的这部分财产据为己有。[2] 夫或妻是出于故意而实施严重侵害

---

[1] 参见陈爱武主编：《最高人民法院婚姻法司法解释精释精解》，中国法制出版社2016年版，第223页。
[2] 参见胡康生主编：《中华人民共和国婚姻法释义》，法律出版社2001年版，第184页。

夫妻共同财产的行为，如果是因为夫或妻一方过失而使共同财产流失或者价值减少的，那么另一方不得诉请分割共同财产。夫或妻一方是基于将共同财产据为己有的目的实施上述行为。① 故意的判断应该客观化，即客观上存在夫妻一方严重损害共同财产利益的行为即可推断行为人故意，但允许行为人举证推翻此种故意的推定。以故意作为行为要件之目的在于防止婚内夫妻共有财产分割不当泛化。夫妻作为共同生活体，任何一方均适度负有"凑合过"的义务，不能稍不如意就分割夫妻共同财产，损伤其共同生活的根基。

就非行为人的主观心态而言，其必须对一方从事的隐藏、转移、变卖、毁损、挥霍夫妻共同财产或者伪造夫妻共同债务等行为不知情，或者在从事行为一方的欺骗下作出了同意的意思表示。如果非行为方对另一方从事的隐藏、转移、变卖、毁损、挥霍夫妻共同财产或者伪造夫妻共同债务等行为知情或者表示同意，则无权利提出在婚内分割共同财产的请求。

（三）隐藏、转移、变卖、毁损、挥霍夫妻共同财产或者伪造夫妻共同债务等行为的客观后果

隐藏、转移、变卖、毁损、挥霍夫妻共同财产或者伪造夫妻共同债务等行为必须造成损害后果。必须"严重损害夫妻共同财产利益"，未从事行为一方才享有分割夫妻共同财产的权利。"损害夫妻共同财产利益的行为要达到'严重的程度'，如果只是一般意义上的生活消费、经营支出就不能要求分割夫妻共同财产。"②

二、"一方负有法定扶养义务的人患重大疾病需要医治，另一方不同意支付相关医疗费用"解析

理解本条文之关键在于"一方负有法定扶养义务的人"的范围与"患有重大疾病"的认定。

（一）"一方负有法定扶养义务的人"之确定

根据我国《民法典》婚姻家庭编，相互负有法定扶养关系的人包括两类：一是无条件的扶养关系：夫妻之间；父母与未成年子女之间；父母与成年子女之间（包括非婚生父母子女之间，养父母与养子女之间，有抚养、教育关

---

① 参见陈爱武主编：《最高人民法院婚姻法司法解释精释精解》，中国法制出版社2016年版，第223页。
② 同前注①，陈爱武书，第223页。

系的继父母与继子女之间）；二是有条件的扶养关系：祖父母、外祖父母与孙子女、外孙子女之间；兄弟姐妹之间；解除收养关系后符合法定条件的养父母与养子女之间。

根据以上分类，关于本条"一方负有法定扶养义务的人"之范围，可分为以下几种情况予以分别探讨：

其一，对于无条件的法定扶养义务人，当然归属于本条的适用范围。也即夫妻一方的父母患有严重疾病时，另一方不同意支付医疗费用的，其有权请求分割夫妻共同财产。

其二，对于夫妻一方的兄姐、祖父母、外祖父母以及解除收养关系的养父母，必须符合《民法典》婚姻家庭编第1074条、1075条、1118条规定的法定扶养条件，在他们患有重大疾病时，另一方不同意支付医疗费的，负有扶养义务的一方有权请求分割夫妻共同财产。

其三，夫妻一方患有重大疾病能否适用本条。也即夫妻是否属于"一方负有法定扶养义务的人"之涵盖范围。有法院认为夫妻一方属于本条之"一方负有法定扶养义务的人"。① 有法院认为虽然夫妻并非严格属于本条之"一方负有法定扶养义务的人"的范围，但通过民法解释学的应用，认为夫妻一方患有严重疾病的，也可以适用本条规定。② 以上两种司法见解均有一定道理。夫妻相互负有法定扶养义务，因此，一方患有严重疾病时，对方必须扶养，无需其同意。一方不支付医疗等费用时，需要扶养的一方可以诉请法院判令其支付。在夫妻共同财产制下，夫妻一方患病，其有权利支配家庭财产支付医疗费，也无需对方同意。基于上述理由，本条规定的"一方负有法定扶养义务的人"不应涵盖夫妻。但需要思考的是，当夫妻一方患有严重疾病，另一方不支付医疗费时，患病者能否请求分割夫妻共同财产？此种情况下按照"举重以明轻"的原理，应认可患病者有请求分割的权利。另外，从对夫妻共同生活的影响看，请求婚内分割夫妻共同财产的后果不比请求对方支付扶养费的后果严重。在不影响他人利益与公共利益的情形下，法律应给予主体更多的选择。基于以上理由，夫妻一方患有严重疾病而另一方不支付医疗费时，患病者也有权请求分割夫妻共同财产。

---

① 参见山东省聊城市中级人民法院民事判决书，（2019）鲁15民终3937号。
② 参见上海市第二中级人民法院民事判决书，（2019）沪02民终9765号。

其四，未成年子女或不能独立生活的成年子女患有重大疾病，夫妻一方不同意支付医疗费的，另一方能否适用本条请求分割夫妻共同财产。从文义分析，也不能适用本条，因为夫妻对未成年子女共同负有法定扶养义务。双方之一方用共同财产为未成年子女支付医疗费，无需任何另一方"同意"。一方拒绝支付时，根据《民法典》婚姻家庭编第1067条的规定，子女可请求或另一方可以代理他们请求支付。因之，夫妻一方不履行第1067条规定的对子女之扶养义务，法律尚有其他渠道救济，无需分割夫妻共同财产。然而，参照前述分析夫妻一方可以作为本条法定扶养之人范围的法理，一方不履行第1067条规定的义务时，履行义务的一方有权请求分割夫妻共同财产。

（二）重大疾病的范围与相关医疗费用的确定

"最高人民法院认为，在认定是否属于重大疾病这一问题上，可以参照医学上的做法，借鉴保险行业中对重大疾病划定的范围。通常认为，需要长期治疗，医疗费用开支比较大或者对生命健康构成威胁的疾病，例如心脏病、肿瘤等，属于重大疾病。"[①] 为弘扬家庭成员互相扶持的传统美德，此处的重大疾病，应采取较为宽泛的理解，除医学上认定的重大疾病外，如果所需医疗费超出患病者本人或其家庭承受能力，均可以界定为重大疾病。尤其是应考虑患病者（父母、祖父母、外祖父母以及兄姐）的承受能力，如果他们患重大疾病，但医疗费依然在其家庭或个人的经济承受能力之内，此种医疗费用首先应由其自己承担，其不能将自身能够应对的风险转移至他人。"相关医疗费用是指治疗疾病所必需的必要合理费用，不包括营养费、护理费等。"[②]

◆【其他问题】

本条与《民法典》物权编第303条的关系。关于共同共有的财产分割，我国《民法典》物权编第303条有所规定。根据该条，对共有财产的分割，共同共有人有约定的从其约定，没有约定或约定不明确的，"共同共有人在共有的基础丧失或者有重大理由需要分割时可以请求分割"。即共有财产的分割

[①] 参见陈爱武主编：《最高人民法院婚姻法司法解释精释精解》，中国法制出版社2016年版，第223页。
[②] 参见最高人民法院民事审判第一庭编著：《最高人民法院婚姻法司法解释（三）理解与适用》，人民法院出版社2011年版，第86页。

理由是"共有的基础丧失"或者"有重大理由需要分割"。由于夫妻共有是共同共有之一种,因此,《民法典》第303条的规定作为共同共有财产分割的一般规范,能够适用于夫妻共有财产的分割。根据第303条的规定,离婚属于"共有的基础丧失",因而可以适用该条分割夫妻共有财产。然而,《民法典》规定的"有重大理由需要分割"属于不确定法律概念,在夫妻关系存续期间,一方能够基于何种重大理由请求分割夫妻共有财产,还需要进一步明确。本条即是对我国《民法典》第303条规定的"有重大理由需要分割"在婚内夫妻共有财产分割领域适用的具体化。就此而言,本条规定是第303条的特别规定。除本条规定的夫妻婚内财产分割的理由外,如夫妻一方有重婚、有配偶而与他人同居或分居等情形,另一方能否根据第303条的规定"有重大理由需要分割",请求婚内分割夫妻共有财产?笔者认为,夫妻是基于高度人身信任关系而成立的生活共同体。因此,在人身信任丧失的情形下,应承认无过错的一方有请求婚内分割夫妻共同财产的权利,他或她可以依据第303条规定的"有重大理由需要分割",请求婚内分割夫妻共同财产。

(撰稿人:肖新喜)

第二节　父母子女关系和其他近亲属关系

> **第一千零六十七条**　【不履行抚养义务、赡养义务的后果】
> 父母不履行抚养义务的，未成年子女或者不能独立生活的成年子女，有要求父母给付抚养费的权利。
> 成年子女不履行赡养义务的，缺乏劳动能力或者生活困难的父母，有要求成年子女给付赡养费的权利。

◆【法条由来】

本条来自《婚姻法》第 21 条。为了和《民法典》总则编相关规定相协调，删减了部分条文内容，因为总则编第 26 条规定了"抚养义务"和"赡养义务"，所以本条只规定了不履行抚养义务、赡养义务的后果。除此之外，删去了《婚姻法》第 21 条第 4 款规定的"禁止溺婴、弃婴和其他残害婴儿的行为"，因为相关内容已经为《未成年人保护法》第 10 条所规定，《民法典》无需作出重复规定。本条更加精简、准确。

◆【法条评注】

本条是关于父母子女之间不履行抚养义务、赡养义务而产生的抚养费请求权、赡养费请求权的规定。本条从义务的角度表达，对应的是父母子女间的扶养权法律关系。所谓扶养权法律关系，是指按照法律规定，一定亲属之间一方接受生活上、经济上的供养，另一方应当对其提供生活上、经济上供养的权利义务关系，包括长辈对晚辈的抚养、晚辈对长辈的赡养、平辈之间的扶养等具体内容。通常抚养义务和赡养义务是基于父母子女关系产生的父母和子女之间的法定义务，是无条件的义务，且不能通过约定或其他方式而免除，由于此类义务履行内容的复杂性，且具有身份属性，因此，不能直接强制实际履行，而在负有义务一方不履行抚养或者赡养义务的情况下，产生的是权利主体依法主张抚养费、赡养费的请求权。

一、主张抚养费请求权的条件

本条第1款规定的是主张抚养费请求权的条件，明确其条件需要先确定法律上抚养的内容。一般认为抚养是指父母对未成年子女或不能独立生活的成年子女提供成长和生活的必要物质条件，包括哺育、喂养、抚育、提供生活和教育及活动费用等。因此，履行抚养义务的主要方式就表现为抚养费用的支付，但也包括其他方式的供养。主张抚养费请求权的条件包括：

（一）父母不履行抚养义务

父母不履行抚养义务是主张抚养费请求权的前提条件，但基于《民法典》第26条的规定，子女也可以直接要求父母履行抚养义务。《民法典婚姻家庭编司法解释（一）》第43条规定："婚姻关系存续期间，父母双方或者一方拒不履行抚养子女义务，未成年子女或者不能独立生活的子女请求支付抚养费的，人民法院应予支持。"抚养义务以具有父母子女关系为前提，其范围既包括亲生父母子女关系，也包括基于收养关系而形成的法律拟制的父母子女关系。概而言之，抚养义务的产生一般基于两种原因：一是双方存在法定的身份关系，如亲生父母子女之间，亲生父母应承担对子女的抚养义务，而当中自然包括非婚生子女；二是事实上形成了抚养关系，即由于发生了一定的抚养事实而形成了抚养关系。比如因父母再婚而形成的继父母子女之间也能够产生抚养义务，对未成年继子女来说，继父母与生父母既可约定继父母承担抚养义务，也可约定解除抚养义务。但不能约定免除生父母的法定抚养义务。继父母与生父母离婚后，生父母拒绝抚养而继父母请求或同意继续抚养继子女的，人民法院可予准许。生父母离婚后，子女与生父母间的自然血亲关系并不因其离婚而解除。抚养子女的一方与他人再婚形成继父母子女关系时，当抚养子女一方死亡后，继父母拒绝继续抚养子女的，仍应由不抚养子女的生父母继续抚养其子女，这是因为继父母子女关系仅因生父母的再婚产生，实际上为姻亲关系，因此，继父母不存在抚养继子女的法定抚养义务。实践中，在婚姻关系存续期间，继父母可能基于对继子女生父母的感情，自愿承担对继子女的抚养义务。所以，继父母对继子女的抚养义务只能以继父母的自愿为基础，不宜让继父母直接承担法定抚养义务。另外，从相关法律规定来看，对继父母抚养义务的确认都是以已经形成事实抚养关系为前提，并非因婚姻关系而直接承担抚养义务。

（二）权利人是未成年子女或不能独立生活的成年子女

未成年子女的范围应和《民法典》第18条作一致的解释，即虽然未满18周岁属于未成年人，但基于第18条第2款的规定，16周岁以上能够以自己的劳动收入为主要生活来源的未成年人，也不能再基于本条主张抚养费请求权。而对于不能独立生活的成年子女的范围应作限缩的解释，不单纯以生活条件为标准来考虑，要结合行为能力状况和其所处的教育阶段综合考虑，用复合标准判定成年子女是否有独立生活能力，避免仅以年龄或学历作为单一标准所带来的弊端，造成司法实践中认定的僵化。即应先以年龄作为区分基础，再以受教育或就业状况加以判定：若成年且就业，则父母无须继续扶养；若子女仍在接受高等教育或与高中类似教育，则推定其尚不能独立生活，父母仍需履行扶养义务，至其有独立生活能力为止。例如成年在读的大学生，是否可以主张抚养费应该具体考虑，法律支持的限度应该仅限于教育费和生活费，且该费用以必要为限。①《民法典婚姻家庭编司法解释（一）》第41条规定了不能独立生活的成年子女的认定标准，可资参考。②

（三）抚养费的范围

按照《民法典婚姻家庭编司法解释（一）》第42条的规定，"抚养费"，包括子女生活费、教育费、医疗费等费用。该条以列举非穷尽的方式规定了抚养费的范围，因此，抚养费包括但不限于以上三种。抚养费应以基本生活需要为限，以保证子女的健康成长为必要，基本生活费、教育费、医疗费等费用都指向未成年子女和不能独立生活的成年子女的基本生活需要，而子女个人因生活奢侈或与人攀比而产生的额外需要并不是请求抚养费的范围。

二、主张赡养费请求权的条件

本条第2款规定的是主张赡养费请求权的条件，明确其条件需要先明确赡养的内容。一般认为，赡养是指子女为父母提供生活所必需的物质条件。与抚养义务的履行类似，赡养义务的履行也主要表现为支付赡养费，但随着

---

① 参见王利明、杨立新、王轶、程啸：《民法学》，法律出版社2014年版，第664页。
② 《民法典婚姻家庭编司法解释（一）》第41条规定："尚在校接受高中及以下学历教育，或者丧失、部分丧失劳动能力等非因主观原因而无法维持正常生活的成年子女，可以认定为民法典第一千零六十七条规定的'不能独立生活的成年子女'。"

《老年人权益保障法》的修订，也有一些学者主张物质赡养和精神赡养双重义务说，①但从本条的规定看，《民法典》并没有明确承认赡养义务包括精神赡养的内容。子女作为赡养人，应当履行对老年人经济上供养、生活上照料和精神上慰藉的义务，并有义务照顾老年人的特殊需要。儿子和女儿都有义务赡养父母，已婚妇女也有赡养其父母的义务和权利。根据《老年人权益保障法》第14条第3款的规定，赡养人的配偶应当协助赡养人履行赡养义务。主张赡养费请求权的条件包括：

（一）子女不履行赡养义务

子女作为赡养义务人，应当履行对老年人经济上供养、生活上照料和精神上慰藉的义务，照顾老年人的特殊需要。有经济负担能力的成年子女，不分男女、已婚未婚，在父母需要赡养时，都应依法尽力履行这一义务直至父母死亡。赡养义务也是具有身份属性的义务，是绝对的义务，赡养义务人不得以放弃继承权或者其他理由，拒绝履行赡养义务，赡养义务人之间也不能以协议的形式来免除自己的法定义务。赡养人的义务具体表现为以下三个方面：其一，应当妥善安排老年人的居住条件。不得强迫老年人迁居条件低劣的房屋，老年人自有的或者承租的住房，子女或者其他亲属不得侵占，不得擅自改变房屋所有权关系或者租赁关系，老年人的自有住房，赡养人有维修的义务。其二，赡养义务人不得强迫老年人进行劳动。赡养人有义务耕种老年人承包的田地，照管老年人的林木和牲畜等，其收益归老年人所有。其三，赡养义务人不得以放弃继承权或者其他理由，拒绝履行赡养义务。赡养人不履行赡养义务，老年人有要求赡养人付给赡养费的权利。

子女对父母的赡养义务，不仅发生在婚生子女与父母间，而且也发生在非婚生子女与生父母间，养子女与养父母间和继子女与履行了抚养教育义务的继父母之间。一切有经济能力的子女，对丧失劳动能力，无法维持生活的父母，都应予以赡养。在子女不履行赡养义务的情况下，父母可以要求子女履行义务，或者直接主张赡养费请求权。

---

① 参见蒋悟真：《精神赡养权法治保障的困境及其出路》，载《现代法学》2014年第4期；王家国：《"精神赡养"与中国法制的亲情伦理回归》，载《法学》2015年第1期。

(二) 无劳动能力或者生活困难的父母可以主张赡养费请求权

对不在一起生活的父母,应根据父母的实际生活需要和子女的负担能力,给付一定的赡养费用。赡养费用一般不低于子女本人或当地的普通生活水平,有两个以上子女的,可依据不同的经济条件,共同负担赡养费用,经济条件较好的子女应当自觉、主动地承担较大的责任。赡养人之间也可以就履行赡养义务签订协议,并征得老年人的同意,居民委员会、村民委员会或者赡养人所在单位监督协议的履行。未婚或离异的成年子女无经济收入、丧失劳动力或不能独立生活的可以免除赡养义务,已婚的成年子女本身无经济收入,其家庭的收入不足以维持当地基本生活水平的也可以免除赡养义务,子女有严重犯罪行为的也可以免除对父母的赡养义务。实践中,人民法院认定赡养费用的一般标准包括:当地的经济水平、被赡养人的实际需求、赡养人的经济能力。赡养费的给付内容分为六个方面:(1) 老年人基本赡养费;(2) 老年人的生病治疗费用;(3) 生活不能自理老人的护理费用;(4) 老年人的住房费用;(5) 必要的精神消费支出;(6) 必要的保险金费用。

◆【其他问题】

一、抚养费数额的确定和给付方式

根据《民法典婚姻家庭编司法解释(一)》第49条的规定,抚养费的数额,可以根据子女的实际需要、父母双方的负担能力和当地的实际生活水平确定。有固定收入的,抚养费一般可以按其月总收入的20%至30%的比例给付。负担两个以上子女抚养费的,比例可以适当提高,但一般不得超过月总收入的50%。无固定收入的,抚养费的数额可以依据当年总收入或者同行业平均收入,参照上述比例确定。有特殊情况的,可以适当提高或者降低上述比例。抚养费的数额并不是一经确定就不能变更,需要根据客观情况的变化而变化,例如,原定抚养费数额不足以维持当地实际生活水平,因子女患病、上学,实际需要已超过原定数额等情况下,子女均可要求有负担能力的父或者母增加抚养费。根据《民法典婚姻家庭编司法解释(一)》第55条的规定,离婚后,父母一方要求变更子女抚养关系的,或者子女要求增加抚养费的,应当另行提起诉讼。抚养费的给付期限,一般至子女18周岁为止。但依据《民法典》第18条的规定,16周岁以上不满18周岁,以其劳动收入为主要生活来源，并能维持当地一般生活水平的，父母可以停止给付抚养费。

抚养费的支付原则上应当定期给付，有条件的可以一次性给付。对于父母一方无经济收入或者下落不明的，可以用其财物折抵抚养费。根据《民法典婚姻家庭编司法解释（一）》第52条规定，父母双方可以协议由一方直接抚养子女并由直接抚养方负担子女全部抚养费。但是，直接抚养方的抚养能力明显不能保障子女所需费用，影响子女健康成长的，则双方不能协议由该方直接抚养。

二、继父母和继子女之间的抚养和赡养问题

继父母和继子女之间抚养和赡养的问题需要首先确认继父母和继子女之间形成了事实抚养关系，这可从以下五方面考察：其一，继子女属未成年人；其二，继父母负担了继子女的全部或部分抚养费用，或与继子女共同生活，对继子女给予生活上的照料、教育和保护；其三，继父母对继子女的抚养达到一定的期限；其四，继父母有抚养继子女的意思表示；其五，继子女有愿意受抚养的意思表示。继父母抚养继子女应符合未成年人利益最大化原则。由于继父母与继子女之间缺乏血缘关系，对于继父母抚养继子女，容易产生是否会对未成年人进行侵害、歧视等隐忧。因此，在一般情形下，生父母在离婚后通常应优先抚养未成年子女，但完全排除继父母抚养的可能性也将产生不利的社会影响。在生父母拒绝或者放弃抚养的情形下，生父母对于未成年子女的抚养持消极乃至坚决反对态度，由其抚养可能产生不履行法院裁判义务、遗弃未成年人等危险，不利于未成年人健康成长。继父母主张抚养权的，如果否定其抚养愿望，而生父母又拒绝抚养，如何确定抚养人将成为难题。在继父母与继子女经过长期共同生活已经形成深厚的父母子女感情，且在共同生活过程中对于未成年子女并无侵害行为的情况下，可以根据未成年人利益保护最大化的原则裁量由继父母抚养，以符合人伦亲情关系。

继父母和继子女形成了事实抚养关系，则在继父母需要赡养的时候，继子女也有赡养义务，此赡养义务和亲生子女的赡养义务相同，有别于没有形成事实抚养关系的继子女和继父母之间的姻亲关系，姻亲关系的继子女是没有赡养义务的。

三、被赡养人子女配偶的赡养义务

赡养人的配偶的赡养义务没有被《民法典》所规定，仅仅在《老年人权益

保障法》第 14 条第 3 款规定："赡养人的配偶应当协助赡养人履行赡养义务。"因此，赡养人配偶的赡养义务是一种协助义务，而且，赡养人配偶的协助义务是法律所规定的强制性义务，无法通过约定予以排除，这也是基于特定的人身关系而形成的，具有专属性，因此，不得转移给他人负担，这种协助义务还是从属于赡养义务的义务。因此，被赡养人子女配偶不履行赡养义务分为两种情况，第一，赡养人配偶自己不履行协助义务。此种情况下如果不影响赡养人赡养义务的履行，这只属于道德调整的范围，但如果赡养人配偶不履行协助义务损害了被赡养人的权利的，此时，被赡养人依旧只能向赡养义务人提出履行赡养义务的请求，而无权向赡养人配偶提出请求。第二，赡养人配偶教唆、帮助赡养人不履行赡养义务，并且赡养义务人听从教唆不履行赡养义务。

（撰稿人：李国强）

> **第一千零六十八条　【父母教育、保护未成年子女的权利和义务】**
>
> 　　父母有教育、保护未成年子女的权利和义务。未成年子女造成他人损害的，父母应当依法承担民事责任。

◆【法条由来】

本条来自《婚姻法》第 23 条，本质上属于传统民法亲权以及监护人责任的规定。1980 年《婚姻法》即规定了监护人责任，其后 1987 年施行的《民法通则》、2010 年施行的《侵权责任法》等有关法律进一步完善了父母对未成年子女的监护以及监护人责任的规定，《民法典》第 1188 条也对此作出了较为具体的规定，所以本条只作宣示性规定。《民法典》此条规定相比《婚姻法》规定的内容略有变动，主要将第 23 条中的"国家、集体或他人"修改为"他人"，因为在民事法律关系中"他人"可以指向所有的民事主体类型，也包括国家、集体等非典型民事主体。

◆【法条评注】

本条是关于父母教育、保护未成年子女的权利和义务的规定。本条所规定的内容主要有：第一，父母对未成年人子女的监护权内容，包括父母对于子女教育、保护的权利和义务。第二，父母的监护人责任，包括当子女造成他人损害时，父母应基于监护人的身份依法承担民事责任。

一、教育、保护的权利和义务的内容

父母对子女的教育、保护在传统民法上属于亲权关系指向的内容。从《民法典》总则编第 26 条的规定看，教育和保护的权利义务属于监护的内容，因而，可以认为在我国民法上存在相当于传统民法亲权的监护权。同时未成年人的父母是未成年人的监护人，对未成年子女的保护和教育是父母作为监护人的重要职责。我国民法虽然没有明文规定亲权，但适当扩大了监护制度的内容，形成了监护权的概念。父母对其未成年子女的保护和教育既是权利又是义务，

基于监护的权利而产生。由于未成年人不管在生理上还是心理上，都尚未完全发育成熟，没有正确的判断能力，容易受到外界的引诱作出一些不良行为，甚至可能会作出触犯刑法的行为。同时，未成年人自我保护能力较差，也很容易受到各种伤害，因此，需要受到来自父母的教育和保护。而本条所规定的监护权内容就包括父母对子女的教育、保护的权利和义务。

（一）父母对子女教育的权利和义务

本条的"教育"侧重于管教的意思，是指父母要按照法律和道德要求，采取正确的方法，对其未成年子女在思想上进行正确的教导，在行为上进行必要的约束，其目的是保障未成年子女的身心健康。对此，《未成年人保护法》也规定父母应当以良好的思想道德品质和适当方法教育未成年人，引导未成年人进行有益身心健康的活动，预防和制止未成年人从事不良行为。因此，父母教育未成年子女的权利和义务的基本内容不只包含正面的思想教育、价值观的引导、心理教育、法制教育等内容，还包括训诫、斥责等必要的约束和管教。而我国台湾地区"民法"中规定了父母对子女可以进行必要的惩戒，史尚宽教授认为，父母惩戒权是基于保护教养权产生的权利，尤其是基于家庭教育权衍生的权利。[1] 因此，为了矫正未成年子女的不良行为，父母有在管教子女过程中的惩戒权。但父母在管教的过程中需要采取正当的手段，不能超过必要限度，因为管教的主要目的是纠正未成年人不良行为，使其悔过，而如果管教超过了必要限度，那么会对未成年人子女的身心造成损害，违反了管教的最初目的。

父母对未成年人子女的教育是一种权利。从亲权角度研究，父母教育子女权利，属于亲权的组成部分，对子女教育的决定权和支配权，是一种自然权利，也是一项民事法律关系上的私权。[2] 因此，父母行使教育孩子的权利具有优先性和排他性，父母有权自主选择教育孩子的时间和方式。只有在父母不当行使教育权利时，国家、社会才会介入和干涉，因此，父母对未成年子女的教育权受国家和社会的监督。

父母对于未成年子女的教育也是一种义务。由于子女的出生，父母必须

---

[1] 参见史尚宽：《亲属法论》，中国政法大学出版社2000年版，第667页。
[2] 参见郑新蓉：《试析父母教育权的起源、演变和特征》，载《教育研究与实验》2000年第5期。

履行教育子女的义务,这也符合我国《宪法》第 49 条①的规定。若父母不履行或者不当履行这项义务,将会对未成年子女的成长造成重大影响,甚至会引发未成年人犯罪,造成恶劣的社会影响。此时,国家或社会应介入干预,督促父母履行教育义务,必要时通过相应的制裁手段保护未成年子女的利益。

(二)父母对子女保护的权利和义务

"保护",即预防及排除危害,以谋子女身心成长之安全,监督保护之方法。② 因此,父母应当保护其未成年子女的人身安全和合法权益,预防和排除来自外界的危害,使其未成年子女的身心处于安全状态。父母对未成年人的安全保护义务源于亲权,它既是权利又是义务,父母必须严格履行应尽的法律义务,不得抛弃和转让。③ 父母对其未成年子女的保护主要包括人身保护和财产保护。对未成年子女的人身保护主要包括:照顾未成年子女的生活,保护其身体健康,当未成年子女被绑架时有要求交还的请求权;保护未成年子女的人身不受侵害;为未成年子女提供住所等。对未成年子女的财产保护主要指为未成年子女的利益管理和保护其财产权益,除为未成年子女的利益外,不得处理属于该未成年子女的财产。如果父母未履行监护职责或者侵害未成年子女合法权益,造成未成年子女损失的,应当赔偿损失。父母对未成年子女的保护还体现在,父母代理其未成年子女进行民事活动。根据《民法典》总则编的相关规定,无行为能力的未成年人由其法定代理人代理实施民事法律行为,限制行为能力的未成年子女实施民事法律行为由作为其法定代理人的父母代理或者经其法定代理人同意、追认才能够发生效力,但是,可以独立实施纯获利益的民事法律行为或者与其年龄、智力相适应的民事法律行为。当未成年子女的权益受到侵害时,其父母有权以法定代理人的身份提起诉讼,维护未成年子女的合法权益。

(三)父母对未成年子女保护和教育的社会意义

父母对未成年人的保护和教育也是法律规定的家庭义务。因为保障未成

---

① 《宪法》第 49 条规定:"婚姻、家庭、母亲和儿童受国家的保护。 夫妻双方有实行计划生育的义务。 父母有抚养教育未成年子女的义务,成年子女有赡养扶助父母的义务。 禁止破坏婚姻自由,禁止虐待老人、妇女和儿童。"
② 史尚宽:《亲属法论》,中国政法大学出版社 2000 年版,第 664 页。
③ 何俊萍:《父母对未成年子女的人身安全保护义务研究》,载《暨南学报(哲学社会科学版)》2016 年第 12 期。

年人的身心健康，培养未成年人的良好品行，也是维护社会安定，发展社会主义法制，培养社会主义建设人才，保证社会主义建设顺利进行的前提。在对未成年人培养中，家庭的环境和父母的品行，对未成年人的成长有着极其重要的影响。家庭是社会的细胞和窗口，是未成年人出生后的第一所启蒙学校，父母是未成年子女的第一任启蒙老师，未成年子女生活的主要环境就是家庭，所受到的最初教育就是父母的教育，父母的言传身教，对未成年人的心理、个性、道德品质、理想、情操的形成，都起着非常重要的作用。而且父母一般是和其未成年子女生活在一起，并照料他们的衣食住行，而未成年子女对其父母有着很大的依赖性，使父母便于了解他们的行为情况，掌握他们的心理和要求，有利于及时有针对性地进行教育。

二、未成年子女的范围

未成年人是指在法律上尚未达到法定年龄的人。未成年的区分标准可以依据总则编行为能力的规定来确定，《民法典》第17条规定："十八周岁以上的自然人为成年人。不满十八周岁的自然人为未成年人。"需要注意的是，《民法典》第18条第2款规定："十六周岁以上的未成年人，以自己的劳动收入为主要生活来源的，视为完全民事行为能力人。"因此，符合这一条件的未成年人已经是完全民事行为能力人，父母是否还有保护、教育的权利义务？结合本条后段关于父母承担责任的规定，此种已被视为完全民事行为能力人的未成年人已经能对自己的行为负责，虽然父母的教育、保护的权利义务仍然有必要继续存在，但依据《民法典》第1188条的规定，只有无民事行为能力和限制民事行为能力的未成年人才需要父母承担监护人责任，也可以得出父母的教育、保护的义务在实质上也减少了，否则两个法律条文在体系解释上就存在矛盾。

三、父母的监护人责任

在未成年子女对国家、集体或他人造成损害时，父母有承担民事责任的义务。根据《民法典》第1188条的规定，未成年人造成他人损害的，由监护人承担侵权责任。父母尽了监护责任的，可以适当减轻他的民事责任。该条第2款还规定，如果未成年子女有自己的财产，造成他人损害时，从其本人财产中支付赔偿费用。不足部分，由其父母赔偿。父母应当承担民事责任的主要方式是赔偿经济损失，除此之外，根据《民法典》第179条的规定，还有其他承担民事责任的方式，可以单独适用，也可以合并适用。比如，当未成年人子女在玩耍时不慎打伤他人，父母既赔偿损失，也应进行赔礼道歉。

◆【其他问题】

一、监护权的丧失

本条第1句实质上是对监护权的规定，父母对于未成年人子女的监护权是建立在血缘关系之上的，主要是为了保障未成年人子女的身心健康发展。因此，当父母存在一些事由时，也可能导致本条所规定的监护权的丧失，比如：（1）被认定为无民事行为能力人或限制民事行为能力人的；（2）被判处有期徒刑以上的刑罚、不能行使监护权的；（3）因违背监护人的职责，由人民法院宣告丧失监护权的等。① 总之，此时父母已经没有照顾、教育子女的能力或者不能按正确方式来照顾、教育子女，监护权丧失。但丧失原因消失后，仍然能够恢复监护权。

二、父母对未成年子女进行教育、保护的方式

未成年子女是指未满18周岁的人，他们不论在生理上还是在心理上，都没有完全成熟，他们的人生观、世界观也尚未完全形成，辨别是非的能力和控制自己行为的能力都相对薄弱。在这个时期，他们极易受到来自外界的不良影响，形成不良嗜好，实施不良行为。因此，父母应当加强对其未成年子女的教育，提高他们的心理素质，培养他们的良好品行，增强他们辨别是非的能力，保证他们的心理健康。对未成年子女的管教，应当贯穿未成年人成长的全部时期。但对未成年子女的管教应当尊重其人格尊严，根据未成年人身心发展的特点，通过多种形式进行。虽然在管教过程中，父母可以对未成年子女使用适当的惩戒手段，但不得对其使用暴力或以其他形式进行虐待。

三、关于父母对未成年子女管教和保护的职责的其他法律规定

基于上述原因，《民法典》总则编也对父母未能履行监护职责的责任作了相应规定。第34条第3款规定："监护人不履行监护职责或者侵害被监护人合法权益的，应当承担法律责任。"再如《未成年人保护法》第118条规定：

---

① 参见王利明主编：《中国民法典学者建议稿及立法理由·人格权编·婚姻家庭编·继承编》，法律出版社2005年版，第320页。

"未成年人的父母或者其他监护人不依法履行监护职责或者侵犯未成年人合法权益的,由其居住地的居民委员会、村民委员会予以劝诫、制止;情节严重的,居民委员会、村民委员会应当及时向公安机关报告。"如未成年人的父母或者其他监护人不依法履行监护职责或者严重侵犯被监护的未成年人合法权益的,人民法院可以根据有关人员或者单位的申请,依法作出人身安全保护令或者撤销监护人资格。又如《预防未成年人犯罪法》第61条规定:"公安机关、人民检察院、人民法院在办理案件过程中发现实施严重不良行为的未成年人的父母或者其他监护人不依法履行监护职责的,应当予以训诫,并可以责令其接受家庭教育指导。"

父和母都有权利和义务保护和教育其未成年子女,根据本条的规定,对未成年子女的保护和教育的权利和义务由父母双方行使,这也是男女平等和夫妻家庭法律地位平等的体现。我国在新中国成立后实现了男女平等,在家庭关系上实行夫妻地位平等,父母都有管教和保护其未成年子女的权利和义务。《妇女权益保障法》第49条第1款也明确规定,父母双方对未成年子女享有平等的监护权。

(撰稿人:李国强)

> **第一千零六十九条 【子女尊重父母的婚姻权利】**
> 子女应当尊重父母的婚姻权利，不得干涉父母离婚、再婚以及婚后的生活。子女对父母的赡养义务，不因父母的婚姻关系变化而终止。

◆【法条由来】

本条来自《婚姻法》第30条，内容略有变动，在《婚姻法》第30条的基础上规定"不得干涉父母离婚、再婚以及婚后的生活"，增加了"离婚"的情况，将尊重父母婚姻的内容补全，从而更加全面。

◆【法条评注】

本条是关于子女尊重父母婚姻权利的规定。本条的主要内容可以概括为：第一，父母的婚姻自由受法律保护，子女有尊重父母婚姻权利的义务。第二，子女对父母的赡养义务，不因父母的婚姻关系变化而终止。本条规范的目的在于保护老年人婚姻自由的权利，这也是我国婚姻法的婚姻自由原则在父母子女关系上的体现。婚姻自由的内容包括结婚自由和离婚自由，父母当然享有离婚后再婚的权利，但是，在现实生活中，父母的离婚自由更多的是受到子女的干涉，子女甚至以终止赡养义务为要挟逼迫父母放弃再婚，因此，法律就这种情况进一步进行了强调，以回应当下的社会现实。同时，子女对父母的赡养义务属于法律明确规定的强制性义务，不能通过当事人的协议自行解除，更不能以此为条件进行威胁。① 本条对解决我国当下老龄化的社会现实所面临的问题起到了积极作用。

一、父母的婚姻自由受法律保护

婚姻自由原则是婚姻法中的首要基本原则，婚姻自由是法律规定的基本权利，是指自然人有权在法律规定的范围内，自主自愿地决定自己的婚姻问

---

① 参见王利明主编：《中国民法典学者建议稿及立法理由·人格权编·婚姻家庭编·继承编》，法律出版社2005年版，第307页。

题，不受任何人强制和非法干涉，这既是指年轻人的结婚自由，也包括老年人的再婚自由。父母的婚姻自由自然应受到法律保护，子女应当尊重父母的婚姻权利，这主要是指离婚自由、再婚自由，子女不能因为个人的观念或者来自社会上的偏见阻止父母再婚，而应该尊重父母对于离婚与否、结婚与否、结婚对象的选择，更不能以拒绝履行赡养义务为要挟来阻止父母再婚或离婚。父母再婚后，子女不得干涉父母婚后的生活，比如子女不得干涉父母选择居所的权利或者依法处分个人财产的权利。

二、尊重父母婚姻自由是子女的义务

尊重父母婚姻自由也是法律规定的子女应尽的义务，这主要是指尊重老年人的婚姻自由。现实生活中影响老年人婚姻自由的因素有很多，概括起来主要包括两个方面：其一，在思想层面，受中国传统思想观念影响。比如，中国社会传统一直有"从一而终"的观念，尤其对于女性而言。虽然当今社会观念越来越开放，人们对再婚的接受度越来越高，但仍然有相当多的人认为，老年人再婚是"老不正经""有伤风化"的行为。由于这些世俗观念的存在，老年人往往会觉得自己离婚或者再婚会低人一等，还有的老人受"终身守节""一女不二嫁"等封建残余观念的影响，虽然有离婚或者再婚的想法，但怕受到他人的非议和道德上的谴责而放弃了再婚的念头。其二，在现实层面，受子女干涉。一方面是一些年轻人受中国传统观念的影响，认为父母离婚或再婚"有辱门风"，自己脸上无光，害怕受到来自他人的非议；另一方面是子女担心父母积攒的财产在再婚后会流落外人手里。由于老人再婚后其部分财产就成为夫妻共同财产，继父母也有继承权，子女从保护父母和自己将来利益的角度考虑干涉父母婚姻。另外，子女担心父母再婚会增加自己伺候继父或继母的负担。因此，子女甚至有可能采取暴力、威胁阻碍老人继承前夫或者前妻遗产，或者其他方法干涉父母再婚特别是丧偶母亲再婚，这也是干涉父母婚姻自由的普遍形式。在老年人婚姻自由问题上，除了消除世俗偏见，打消老年人自身不正确的固有观念这些无形的枷锁外，更重要的是防止子女对父母婚姻自由的阻挠和干涉，因为子女对于父母婚姻的阻挠是父母再婚最大的障碍。而且，阻止老人再婚，可能会加剧老人因为上段婚姻产生的心理创伤，不利于老年人的身心健康。因此，有必要以法律规定的方式从父母子女关系的角度确定尊重父母婚姻自由是一种法定义务，而且这个法定义务是每个子女必须履行的。

三、子女对父母的赡养义务不因父母婚姻关系的变化而终止

《民法典》第1067条规定，子女对父母有赡养扶助的义务。子女对父母的赡养义务源于父母子女之间的血缘关系，只因一方死亡或子女被他人收养而消除，其他任何情况都不能免除。《老年人权益保障法》也规定，赡养人应当履行对老年人经济上供养、生活上照料和精神上慰藉的义务，并照顾老年人的特殊需要。比如在金钱上提供生活费或在实物、体力上给予帮助以及精神上予以尊敬、关怀等，对患病的老年人还应当提供医疗费用并对其进行护理和照顾。子女对父母的赡养义务是无期限的，只要父母需要赡养，子女就应当履行这一义务，这不仅是法律要求，也是一种道德上的要求。父母婚姻关系的变化不导致子女赡养义务的解除，子女不能因父母再婚而不履行对父母的赡养义务，比如对父母不闻不问，敷衍了事。在有赡养能力的子女不履行赡养义务时，没有劳动能力或生活困难的父母，有要求子女给付生活费的权利。子女不依法履行义务，父母既可直接向子女要求，也可以请求有关组织如子女所在单位、居民委员会、村民委员会等劝阻、调解，还可以向人民法院提起诉讼。子女遗弃父母的则应当承担遗弃父母的法律责任，情节恶劣构成犯罪的，应当受到刑事追究。但父母在再婚以后，由于生父母与继父母之间形成了扶养关系，因此，在生父母丧失劳动能力时，其配偶应首先承担扶养义务。

四、规定尊重父母婚姻自由这一义务是保护老年人权益的要求

《民法典》第1041条规定的"婚姻自由"是我国婚姻制度中的首要内容，同时该条第3款还特别强调了保护老年人权益，本条即为婚姻自由原则和保护老年人权益原则的具体规范。婚姻自由既包含了年轻人的结婚自由、离婚自由等内容，也包括老年人的离婚自由、再婚自由等内容，这一内涵本来是不言而喻的。然而，现实生活中反映出的突出问题是老年人再婚难。丧偶或者离异的老人不在少数，而老年人再婚往往受到来自子女和社会观念的阻挠。本条将老年人婚姻自由上升为权利，对应的是子女所负担的法定义务。我国素有"尊老爱幼"的优良传统，老年人群体作为弱势群体，更应对其进行一定的保护，因此，本条的规定也是保护老年人权益的要求。

五、子女的范围

本条所指的子女，是指与老人在法律上具有父母子女关系的子女，而不仅指老人的亲生子女。法律上的父母子女关系有两种：一种是自然血亲的父母子女关系，一种是法律拟制的父母子女关系。因此，不管是亲生子女还是养子女、继子女，无论基于哪种关系，都没有干涉父母离婚、再婚以及婚后生活的权利，这是作为子女应尽的义务。

◆【其他问题】

一、其他法律对于保障老年人婚姻自由的规定

我国《宪法》第49条规定："婚姻、家庭、母亲和儿童受国家的保护。""夫妻双方有实行计划生育的义务。""父母有抚养教育未成年子女的义务，成年子女有赡养扶助父母的义务。""禁止破坏婚姻自由，禁止虐待老人、妇女和儿童。"其他法律的规定也与之相符合。其他法律对违反尊重老年人婚姻自由义务的后果也有规定，如刑法规定的暴力干涉老年人婚姻和拒绝赡养老人的刑事责任。《老年人权益保障法》第76条规定："干涉老年人婚姻自由，对老年人负有赡养义务、扶养义务而拒绝赡养、扶养，虐待老年人或对老年人实施家庭暴力的，由有关单位给予批评教育；构成违反治安管理行为的，依法给予治安管理处罚；构成犯罪的，依法追究刑事责任。"由于暴力干涉婚姻自由有极大的危害性，因此我国《刑法》第257条第1款和第2款规定："以暴力干涉他人婚姻自由的，处二年以下有期徒刑或者拘役。""犯前款罪，致使被害人死亡的，处二年以上七年以下有期徒刑。"拒绝赡养老人也可能会成为触犯刑法的行为，如《刑法》第261条规定："对于年老、年幼、患病或者其他没有独立生活能力的人，负有扶养义务而拒绝扶养，情节恶劣的，处五年以下有期徒刑、拘役或者管制。"可见，《宪法》《民法典》《老年人权益保障法》和《刑法》的规定给老年人的婚姻自由和婚后生活都提供了法律保障。因此，当子女干涉父母婚姻自由或者拒绝赡养父母时，可能会承担民事责任甚至是刑事责任。

二、子女对父母再婚的配偶是否有赡养义务

子女对继父母负有赡养义务的前提是建立了抚养教育关系。如果父母亲

再婚时，继子女已经成年并且拥有独立生活的能力，或者未成年子女没有受继父母抚养教育，那么继父母与继子女之间没有建立起抚养教育关系，子女自然也不需要对继父母进行赡养。但是，如果继父母再婚后，子女未成年或者未独立生活，继父或者继母对其尽到了抚养教育义务，比如承担子女的生活费、教育费或者继父母通过一定的法律程序收养了未成年的继子女，此时可以认为子女与继父母之间建立起了抚养教育关系，那么子女对于父母再婚的配偶就存在法律上的赡养义务。虽然成年子女对于没有建立抚养教育关系的继父母没有赡养义务，但从公序良俗和家庭伦理的角度而言，子女可以适当地给予老人一定的关爱与认同，并在继父母需要照顾时给予一定的帮助，这也是中华民族所提倡的美德。

（撰稿人：李国强）

> **第一千零七十条　【父母和子女相互继承遗产权】**
> 父母和子女有相互继承遗产的权利。

◆【法条由来】

本条来自《婚姻法》第24条，由于《民法典》第1061条规定了夫妻相互继承遗产的权利，为了避免条文的重复，本条只保留了父母和子女有相互继承遗产的权利相关内容。而关于父母子女间继承权更详细的内容，由《民法典》继承编规定。本条进一步强调基于父母子女特定的身份关系而享有的继承遗产权。

◆【法条评注】

本条是关于父母和子女相互继承遗产权的规定。本条规范的目的在于保护父母子女之间相互继承遗产的权利。父母子女间存在最密切的关系，互为继承人。根据本条的规定，子女享有继承父母遗产的平等权利，父母也享有继承子女遗产的平等权利。这与《民法典》继承编关于法定继承的规定是一致的，根据第1127条的规定，父母和子女都是第一顺序的法定继承人，而且同一继承顺序中，不论是儿子还是女儿，也不论是父亲还是母亲，均有同等的继承权，不因性别、年龄、社会地位的差异而有所区别。

一、继承权与父母子女的身份关系有关

《民法典》总则编第124条第1款规定："自然人依法享有继承权。"所谓继承权，就是继承人根据法律规定取得遗产的权利。继承权的主体是自然人，不能是法人或者其他组织，也不能为国家；继承权的客体是被继承人生前所遗留的遗产。根据本条的规定，子女拥有继承父母遗产的权利，父母也可以继承其子女的遗产，即父母与子女之间相互有继承权。这种权利是以双方之间的身份为依据的。父母、子女都是相互之间关系最近的直系血亲，父母与子女之间产生极为密切的人身关系和财产关系，这种身份关系不只由于自然事实如子女的出生而产生，也可以通过法律拟制而产生，这也是将父母和子

女互相规定为对方第一顺位继承人的合理性依据。因此，父母子女间继承权的发生与父母子女的身份关系有关。

二、父母间、子女间的继承权平等

根据本条规定，子女、父母的继承权是平等的，这也是继承法平等原则的体现，子女间的继承权不因性别、年龄等不同而有所不同。但是，特殊情况下，同一顺序的继承人继承的份额也不是绝对均等的。如对生活有特殊困难又缺乏劳动能力的继承人，分配遗产时，应当适当对其进行照顾。对被继承人尽了主要扶养义务或者与被继承人共同生活的继承人，分配遗产时，可以多分。有扶养能力和有扶养条件的继承人，不尽扶养义务的，分配遗产时，应当不分或者少分，这体现了我国继承法养老育幼、互助互济原则，也体现了我国劳动人民的传统美德。

三、享有继承权的父母的范围

父母是被继承人最近的直系尊亲属，法律规定享有继承权的父母的范围包括生父母、养父母和有扶养关系的继父母。被继承人的父和母，继承其死亡子女的财产的权利是平等的。亲生父母与子女之间的关系，是自然血亲关系，因此，亲生父母有对其子女的继承权。即使父母亲之间离异，也不影响亲生父母与子女之间的父母子女关系，因此，父母也可以继承其亲生子女的财产。但如果父母有抚养能力和抚养条件，但未尽抚养子女的义务，在分配子女的遗产时，应当不分或者少分。

养父母是指收养他人子女为自己子女的人。养子女虽不是养父母己身所出的血亲，但养父母基于收养关系的确立并对子女尽了抚养义务，是拟制血亲，与亲生父母处于同等的继承地位。养父母对养子女而言，只要他们之间的收养关系没有终断，权利义务就自始至终存在。养父母离婚的，双方仍然对养子女进行抚养的，仍可以继承其养子女的财产。如果养父母离婚，养子女归一方抚养，未尽抚养义务的另一方则不能继承养子女的财产。继父母如果尽了抚养义务，与继子女之间产生一种特殊的拟制血亲。尽了抚养义务的继父母在继承上与亲生父母处于相同的法律地位。如果继父与生母离婚，继子女随生母生活，继父与继子女之间的抚养关系终断，继父与继子女之间的血亲关系消灭，继父不享有继子女的财产继承权。反之，继母与生父离婚，继子女随生父生活，继母与继子女之间的抚养关系终断，继母与继子女之间的血亲关系消灭，继母不享有继子女的财产继承权。

四、享有继承权子女的范围

子女是被继承人最近的直系近亲属，享有继承权的子女，包括婚生子女、非婚生子女、养子女和有扶养关系的继子女。

其中，婚生子女是指具有合法的婚姻关系夫妻之间所生育的子女，因此，婚生子女当然享有法定的继承权。非婚生子女是指没有合法的婚姻关系的男女之间所生育子女，非婚生子女与婚生子女的继承权平等，其享有生母的遗产继承权，而且不论其是否与生父相认，都有权获得其生父的遗产。成年子女有赡养能力和赡养条件，但未尽赡养义务，在分配父母遗产时，应当不分或者少分。

养子女是指由于存在收养关系而被收养人所收养的子女。收养他人子女为自己子女的人为养父母。收养关系一经确立，养子女取得与亲生子女同等的法律地位，养父母和养子女之间形成法律拟制的直系血亲关系，同时养子女与生父母之间的权利义务关系消除，因此，养子女是养父母的法定继承人，可以继承养父母的遗产，但无权继承其生父母的财产，即使养子女对其生父母进行了扶养和照顾，也只能适当分得生父母的遗产。① 养子女与养父母之间存在合法的收养关系是继承权存在的前提。如果扶养关系解除，养父母与养子女之间的扶养关系终断，原养子女如果是未成年人，其与亲生父母之间的关系自动恢复，自然有权继承生父母的遗产。但若原养子女是成年人并且已经独立生活的，其与生父母的权利义务关系只能在双方取得一致的书面同意的情况下才能恢复，只有恢复后才能取得继承生父母遗产的权利。

继子女是夫妻一方对另一方与其前夫或前妻所生子女而言的，继子女与继父母是由于父母再婚而形成的一种法律上的拟制血亲关系。如果继子女与继父或继母之间形成了抚养和赡养关系，继子女对继父或继母的财产有继承权。如果继父与生母或继母与生父离婚，继父母不再抚养继子女，原继子女也不再赡养原继父母，原继子女不享有对原继父母财产的继承权。由于亲生父母子女之间的天然血亲关系不因父母离婚而消灭，因此，继子女与生父母之前的法律关系并不解除，即继子女继承了继父母的遗产，不影响其继承生

---

① 参见《民法典继承编司法解释（一）》第10条。

父母的遗产。① 但是，如果有赡养能力和赡养条件的继子女对其生父或生母未尽赡养义务，在遗产分割上，就应当少分或不分。

作为继承人的子女，不论性别，不论已婚还是未婚，都平等地享有继承权。但在我国现实生活中，特别是在广大农村地区，女儿出嫁后，受传统的重男轻女的封建思想影响，如女儿不能传宗接代，女儿出嫁后不能在娘家顶门立户等，存在着忽视或取消已婚女儿的继承权现象。按照本条和继承编的有关规定，这种做法是错误的。法律保护已婚女儿合法的继承权利。如果女儿出嫁后，赡养其父母的义务主要由她的兄弟们承担。在这种情况下，已婚女儿往往就不提继承父母财产的要求了，这可以看作是其放弃继承权。这种情况，既符合继承法中权利义务相一致的原则，也符合一般情况和不少地区的风俗习惯。

◆【其他问题】

一、继承的遗产范围

继承权的客体是被继承人的遗产。根据《民法典》第1122条规定，遗产是指自然人死亡时遗留的个人合法财产，《民法典继承编司法解释（一）》第2条也补充了遗产范围的内容，因此，遗产包括财产和财产权利，比如被继承人享有的财产所有权、债权、担保物权、股权或者知识产权中的财产权益等，只要不是依照法律规定或者根据其性质不得继承的都可以成为继承的遗产的范围。

值得注意的是，对于占有是否可以作为遗产而进行继承，存在不同的观点，其本质在于，对于占有是否只是一种事实状态存在分歧。在古日耳曼法上，占有不仅仅只是一种事实状态，还是一种权源，因此，占有可以当作遗产进行继承。德国民法上也承认在继承开始后，占有可以作为遗产而转移给继承人。在瑞士民法中，也存在类似的规定。在我国，承认占有可以成为遗产，对于发挥继承回复请求权制度的作用具有重要意义。按照通说，继承人欲行使继承回复请求权，必须承担被继承人生前对于诉争物形成占有这一事实的证明责任，而占有遗产的他人欲免除自己的法律责任，则必须证明自己

---

① 参见《民法典继承编司法解释（一）》第11条。

享有遗产的合法权源，之所以继承人只需证明被继承人生前占有财产这一事实，是因为占有照样可以构成遗产。①

二、我国继承制度是单纯的财产继承制度

我国继承法所确立的继承制度，是单纯的财产继承制度，与以前封建社会中的宗祧继承制度存在根本不同。新中国成立后，废除了宗祧继承的旧制度，具有类似制度的日本也在1947年修改民法时废除了家督继承制度，确立了单纯的财产继承制度，这也是目前世界上绝大多数国家所采取的继承制度。根据《民法典》继承编第1122条的规定，遗产是自然人死亡时遗留下来的个人合法财产，依据法律规定或者依其性质不得继承的除外。

三、父母和子女间相互继承遗产权利的丧失

父母和子女间相互继承遗产的权利也可以由于法定事由而丧失，关于父母、子女之间继承权的丧失同样可以适用《民法典》第1125条的规定。② 因此，父母、子女间的继承权也不是绝对的。规定父母、子女间相互继承遗产权利的丧失也是"当事人不能因为违法行为而获得利益原则"的体现。其中，虐待、遗弃继承人的情况下继承权的丧失为相对丧失。需要说明的是，在过去，伪造、篡改、隐匿或者销毁遗嘱的，继承权的丧失为绝对丧失，但在《民法典》第1125条修改后，此种情况变为继承权的相对丧失，扩大了继承权相对丧失的情形。而在相对丧失的情况下，被继承人确有悔改表现、得到继承人的宽恕，就可以重新取得继承权。

四、声明断绝子女关系的父母子女之间是否有权相互继承遗产

父母子女关系主要包括两种，一种是自然血亲的父母子女关系，另一种是拟制血亲的父母子女关系。其中，自然血亲的父母子女关系是基于子女的

---

① 参见王利明主编：《中国民法典学者建议稿及立法理由·人格权编·婚姻家庭编·继承编》，法律出版社2005年版，第472页。
② 《民法典》第1125条规定："继承人有下列行为之一的，丧失继承权：（一）故意杀害被继承人；（二）为争夺遗产而杀害其他继承人；（三）遗弃被继承人，或者虐待被继承人情节严重；（四）伪造、篡改、隐匿或者销毁遗嘱，情节严重；（五）以欺诈、胁迫手段迫使或者妨碍被继承人设立、变更或者撤回遗嘱，情节严重。 继承人有前款第三项至第五项行为，确有悔改表现，被继承人表示宽恕或者事后在遗嘱中将其列为继承人的，该继承人不丧失继承权。 受遗赠人有本条第一款规定行为的，丧失受遗赠权。"

出生事实而形成的,这其中又包括生父母和婚生子女或者非婚生子女的关系。自然血亲的父母子女关系,只能因依法送养子女或父母、子女一方死亡而终止,不能通过某些法律程序声明终止。因此,现实生活中,所谓的断绝子女关系的声明,都是没有法律效力的。既然这种声明没有法律效力,父母子女之间的权利义务关系仍然存在,除了一方存在《民法典》第1125条规定的丧失继承权的情形或自愿放弃继承权,相互之间就有互相继承对方遗产的权利。拟制血亲的父母子女关系,主要是指养父母子女关系及继父母与具有扶养关系的继子女之间的关系。拟制血亲的父母子女关系可以解除,但《民法典》第1114条第1款规定:"收养人在被收养人成年以前,不得解除收养关系,但是收养人、送养人双方协议解除的除外。养子女年满八周岁以上的,应当征得本人同意。"第1115条规定:"养父母与成年养子女关系恶化、无法共同生活的,可以协议解除收养关系。不能达成协议的,可以向人民法院提起诉讼。"根据这两条规定,准许收养人一方与被收养人解除收养关系,因此,在收养人已经成年或者养父母与养子女关系恶化,已无法共同生活的情况下,可以解除收养关系。拟制血亲的父母子女之间申明断绝父母子女关系,且符合法定解除父母子女关系条件的,双方的父母子女关系不复存在,那么相互之间的继承权自然不存在。

(撰稿人:李国强)

> **第一千零七十一条　【非婚生子女的同等权利与生父母的抚养义务】**
>
> 　　非婚生子女享有与婚生子女同等的权利,任何组织或者个人不得加以危害和歧视。
>
> 　　不直接抚养非婚生子女的生父或者生母,应当负担未成年子女或者不能独立生活的成年子女的抚养费。

◆【法条由来】

本条来自《婚姻法》第 25 条,内容主要有两处变动:一是第 1 款用"任何组织或者个人"替代"任何人",符合《民法典》关于民事主体的一般表述,从而使本法条的表述更加全面准确;二是第 2 款为了和第 1067 条一致,把"子女"改为"未成年子女或者不能独立生活的成年子女",明确了父母需要负担抚养义务的子女范围,从而更准确地表达出本条的核心意旨,为非婚生子女的法律地位给予了明确肯定。

◆【法条评注】

本条是关于非婚生子女的同等权利与生父母的抚养义务的规定。本条规范的目的在于保护非婚生子女的同等权利,同时明确生父母的抚养义务。本条的主要内容是:其一,非婚生子女和婚生子女一样,其合法权利同样受到法律保护,不管其是否得到生父母的承认,亲子关系一旦确认,就可以适用法律中关于父母子女权利义务关系的相关规定,任何组织或者个人都不能对其加以危害和歧视。其二,没有直接抚养非婚生子女的生父或者生母,不能因此就免除抚养义务,对于未成年人子女或者不能独立生活的成年子女,仍然要负担给付抚养费的义务。

一、非婚生子女的范围

非婚生子女是婚生子女的相对概念,虽然在一些国家,比如美国、德国等都不再使用"非婚生子女"这一概念,而是将其和婚生子女统一规定为子女,但大部分国家还是对婚生子女和非婚生子女进行了区分。普遍认为,非婚生子女是指没有婚姻关系的男女所生的子女。① 根据《民法典婚姻家庭编司法解释(一)》第40条的规定,婚姻关系存续期间,夫妻双方一致同意进行人工授精,所生子女应视为婚生子女。

产生非婚生子女主要有以下三种情况:其一,未婚男女所生的子女,通常这样的母亲也称为单亲母亲。其二,已婚妇女所生但被否认的婚生推定的子女,这种情况包括根据《民法典》第1073条的规定由人民法院作出否定亲子关系的判决的情形。其三,无效婚姻当事人所生子女。需要注意的是,无效婚姻或者可撤销婚姻双方所生的子女,在被宣告婚姻无效和撤销婚姻关系之后,其子女根据《民法典》第1054条的规定,适用《民法典》关于父母子女的规定,因此,应认定为婚生子女,而不是非婚生子女。②

二、非婚生子女同等权利的根据

非婚生子女与婚生子女享有同等的权利,这是现代社会维护儿童合法权益的基本要求,作为子女无法选择自己的出身和身份,如果非婚生的子女和婚生子女权利不同,就违背了现代平等人权的观念。婚生子女和非婚生子女的区分并非出于歧视,但早期各国为了保护一夫一妻的婚姻制度,对非婚生子女普遍采取歧视的态度,不仅在法律上没有给他们应有的权利,而且在现实生活中非婚生子女也受到了不同程度的虐待。现代社会要求对非婚生子女不得歧视和危害。对于非婚生子女的歧视和迫害主要来自两方面:一方面是来自家庭内部的歧视和迫害。当非婚生子女的生母或生父与第三方结婚,非婚生子女一般也会随父亲或母亲来到新的家庭,由于非婚生子女的加入涉及家庭财产的分割等若干利益冲突,非婚生子女往往受到新家庭成员的歧视和虐待。另一方面是来自社会各方的歧视和迫害。虽然近些年来人们对非婚生子女的认识有了很大的改变,但仍然有相当一部分人把对非婚同居的鄙夷和对婚外情、第三者的痛恨加诸非婚生子女身上,而且一些非婚生子女由于其生父母疏于对他的保护,身心受到了极大的伤害。

对于非婚生子女而言,其所在的幼儿园、学校、工作单位及住所地对其

---

① 参见巫昌祯主编:《婚姻家庭法新论——比较研究与展望》,中国政法大学出版社2002年版,第238页。
② 王利明、杨立新、王轶、程啸:《民法学》,法律出版社2014年版,第642页。

成长都会产生很大的影响，因此，任何人不仅不得歧视和迫害非婚生子女，还应当认识到非婚生子女的身份不是自己选择的，他们是无辜的，社会各界应当对当事人的隐私给予应有的尊重和保护，给非婚生子女更多的关爱，以弥补他们在家庭生活中的缺憾。总之，给非婚生子女一个健康的生存环境，应当成为社会文明程度的标志。我国的非婚生子女在继承时与婚生子女享有完全相同的权利和义务，非婚生子女不会因为其出生而受到不公平的待遇。非婚生子女与生父母间同样有相互继承遗产的权利。同样，在非婚生子女的父母继承非婚生子女的财产时，他们之间的权利和义务也完全等同于父母子女之间的权利和义务。

三、非婚生子女的生父母对子女的抚养费的承担

本条第2款规定，不直接抚养非婚生子女的生父或者生母，应当负担未成年子女或者不能独立生活的成年子女①的抚养费。抚养费应包括子女的生活费、医疗费、教育费等费用。由于非婚生子女不是在合法的婚姻关系存续期间出生，而现代家庭是以婚姻关系为纽带的，所以，非婚生子女最大的特殊性表现为子女一般只和父母一方生活在一起，这就导致不生活在一起的生父母一方不能直接尽到抚养义务。早期非婚生子女一般都是随生母生活，生父逃避其应尽义务的情况较多，因此，早期法律仅规定非婚生子女的生父应当负担其子女生活费和教育费的一部或全部，但对生母的责任没有提及。后来逐渐也出现了一些非婚生子女随生父生活的情况，所以，也需要明确其生母在此情况下应当承担的责任，否则会造成非婚生子女父母双方法律地位的不平等，从而无法充分保障非婚生子女的健康成长。本条规定非婚生子女所必需的生活费和教育费的一部或全部由"生父或生母"负担，即只要不与非婚生子女生活在一起，未直接抚养非婚生子女的，不论是生父还是生母，都应当负担子女的生活费和教育费，直到该子女独立生活时为止。父母双方可以协商抚养孩子的方式，值得注意的是，非婚生子女生母结婚后，如果其生母的丈夫同意负担部分或全部非婚生子女的赡养费用的，则可依据实际情况酌情减免其生父的抚养责任。如果不与非婚生子女生活在一起的一方拒绝履行该抚养义务的，那么，非婚生子女有权依据《民法典》第1067条的规定，向

---

① 参见《民法典婚姻家庭编司法解释（一）》第41条。

人民法院起诉要求不与子女生活在一起的生父母的一方支付抚养费。

四、非婚生子女与婚生子女享有同等的继承权

我国《民法典》第1127条所规定的遗产继承的第一顺序包括配偶、子女、父母，此处的子女，包括婚生子女、非婚生子女、养子女和有扶养关系的继子女。

因此，《民法典》继承编已经明确规定了婚生子女与非婚生子女享有同等的继承权利，不能因为非婚生子女的身份就对其继承权加以限制。虽说《民法典》继承编明确规定了非婚生子女享有的平等权利，但实际上该规定在具体的操作中可能会遇到许多问题，比如我国法律不存在对于非婚生子女的亲子关系进行确认的专门的法律制度，不确定是采用只由血缘关系就可以确认的客观主义还是采用需要经过特殊的形成行为才可以确定亲子权利义务关系的模式，而且在相关的司法解释中也没有对非婚生子女的问题给予明确。因此，实践中非婚生子女继承权面临众多问题，也需要进一步完善。

◆【其他问题】

一、非婚生子女准正和认领制度

对于非婚生子女的问题，一些国家规定了准正和认领制度，以确认非婚生子女与生父之间的关系，使非婚生子女婚生化。准正是指非婚生子女因生父母之结婚或司法宣告而取得婚生子女资格的制度。[①] 准正的形式有两种：第一种形式是因生父母结婚而准正。这项制度各国法律的规定有所区别，德国、秘鲁等国家仅以生父母结婚为准正的条件；法国、日本、瑞士等国家则以生父母结婚和认领为准正的双重要求。第二种形式是因法官宣告而准正，即男女双方订立婚约后，一方死亡或有婚姻障碍，使婚姻准正不能实现时，可以依照婚约一方当事人或子女的请求，由法官宣告子女为婚生子女，德国等国家采取的是这种方式。非婚生子女通过准正的方式取得了婚生子女的资格，但发生效力的时间有所不同。法国等国家规定，从父母结婚或法院宣告为婚生之日起起算；日本、德国、瑞士等国家则规定自子女出生之日起发生婚生

---

① 陈雪萍、杨仲姬：《我国非婚生子女准正与认领制度探究》，载《中南民族大学学报（人文社会科学版）》2004年第3期。

效力。

所谓认领制度是指通过法定程序使非婚生子女实现婚生化的法律行为，它是对于非婚生子女无法准正的补足。由于非婚生子女是在没有合法婚姻关系下所出生的子女，虽然在事实上其与生父母有血缘关系，但在法律上却不存在血缘关系。因此，为使自然血缘之父母子女关系与法律上的父母子女关系保持一致，就产生了认领制度。认领的形式有两种：一种是任意认领，即生父承认自己为该非婚生子女的生父，并自愿对其承担抚育义务的法律行为；另一种是强制认领，即当非婚生子女的生父不主动认领时，有关当事人诉请法院予以强制认领的制度。强制认领有一定的诉讼时效，瑞士等国的法律规定为从子女出生时起算一年，法国的规定为二年。我国对非婚生子女的准正和认领制度都没有作出规定，但在司法实践中对于生父母在子女出生后补办结婚登记的，一般该子女均视为婚生子女。至于强制认领的情况，在司法实践中也出现过，一些非婚生子女的生母诉请人民法院通过亲子鉴定的方式来确认其子女的生父，以要求其生父承担相应的法律责任。随着科学技术的发展，目前亲子鉴定的准确率也越来越高，通过鉴定证据确凿的，法院可以强制要求非婚生子女的生父按照法律的规定负担子女生活费和教育费的一部或全部，直至子女独立生活时为止。

二、欺诈性抚养纠纷中的抚养费返还问题

欺诈性抚养，是指妻子（欺诈方）对丈夫（受欺诈方）隐瞒所生子女是非婚生子女的事实，使丈夫因被欺诈而将他人子女当作自己的亲生子女抚养。欺诈性抚养纠纷是近几年我国发生频率较高的诉讼纠纷，目前我国没有针对欺诈性抚养的立法，最高人民法院曾下发《关于夫妻关系存续期间男方受欺骗抚养非亲生子女离婚后可否向女方追索抚育费的复函》，其指出："在夫妻关系存续期间，一方与他人通奸生育子女，隐瞒真情，另一方受欺骗而抚养了非亲生子女，其中离婚后给付的抚育费，受欺骗方要求返还的，可酌情返还；至于在夫妻关系存续期间受欺骗方支出的抚育费用应否返还，因涉及的问题比较复杂，尚需进一步研究。"现在多数观点认为，在欺诈性抚养关系中，如受欺诈人要求退还抚养费，欺诈人应当返还。但在有关返还的依据上存有争议，主要有以下观点：第一，行为无效说。女方在婚姻关系存续期间故意隐瞒子女为非婚生子女的事实，致使男方受欺诈，违背真实意思的情况下进行抚养,属于无效的民事行为,因而应当返还。第二,无因管理说。没有法定义务而抚养,构成无因管理,应返还已支出的抚养费。第三,不当得利说。参照德国民法、日本民法的规定或解释,对于非婚生子女的生父和生母来说,无抚养义务人为其支付抚养费,构成不当得利,其所得利益应予返还。第四,侵权行为说。其侵权行为主体是非婚生子女的生父和生母,并非生母一人。其违法行为,是逃避法定的抚养子女义务,采取欺骗手段,让非婚生子女生母之配偶相信该子女为其婚生子女,并为之提供抚育费用。此种欺诈性抚养关系实际上是生父母对被欺诈人的财产侵权行为,侵权人应当负侵权民事责任。[①] 笔者认为,侵权行为说能够较好地解决欺诈性抚养纠纷的抚养费返还问题,行为无效说中无效民事行为往往适用于当事人意思自治的场合,然而抚养关系是法定的权利义务关系,在此适用缺乏合理性。而不当得利和无因管理中,受欺诈人和欺诈人的主观意图都与上述两种法律规定相违背,欺诈性抚养纠纷的抚养费返还问题无法圆满地得到解决。

在处理这一问题上,应当区分非婚生子女的母亲与受欺诈人的婚姻状态:第一,当二者婚姻关系为存续状态时,若已知非婚生子女的生父,被欺诈人有权向生父请求抚养费的返还,但因非婚生子女的母亲与被欺诈人仍为共同财产主体,因此,不能向非婚生子女的母亲请求返还,非婚生子女的母亲与被欺诈人约定分别财产制为例外;若尚不知道非婚生子女生父的,仅在夫妻双方约定分别财产制下,方能请求非婚生子女的母亲承担民事责任。第二,当二者已经离婚时,受欺诈人可直接依共同侵权行为请求非婚生子女的生父母承担连带民事责任。

三、非婚生子女地位之变迁

通过考察比较法上非婚生子女法律地位的变化,可以看出,非婚生子女的法律地位经历了从最初的受虐待和歧视的"无亲之子"阶段、到只在形式上进行保护的"形式平等"阶段、到现在的对于非婚生子女进行完全的平等保护的实质平等阶段。[②] 我国也顺应了比较法上的发展趋势,从传统的在意识

---

① 参见王利明主编:《中国民法案例与学理研究·侵权行为篇·亲属继承篇》,法律出版社2003年版,第536~537页。
② 黄娟:《从歧视走向平等——非婚生子女法律地位的变迁》,载《政法论坛》2006年第4期。

上对于非婚生子女的歧视到现在越来越注重对于非婚生子女的权利的保护。明显表现就是，随着社会的发展，通过医学技术也可以确定亲子血缘关系，非婚生子女问题稍微凸显。非婚生子女在我国以前被俗称为"私生子"，带有一定的歧视意味。早在我国清末的"大清现行刑律"中就对非婚生子女的继承问题作出了种种限制，明确在继承财产时"奸生子、婢生子依子量予半分"。新中国成立以后，我国法律赋予非婚生子女与婚生子女相同的权利和义务，不仅在《婚姻法》中明确了非婚生子女的法律地位，而且在《继承法》中也对非婚生子女的继承问题作出了明确规定，赋予非婚生子女平等保护的权利，《民法典》延续了这些做法。

（撰稿人：李国强）

> **第一千零七十二条　【继父母和继子女间权利义务】**
> 继父母与继子女间，不得虐待或者歧视。
> 继父或者继母和受其抚养教育的继子女间的权利义务关系，适用本法关于父母子女关系的规定。

◆【法条由来】

本条来自《婚姻法》第27条，内容没有实质性变动。

◆【法条评注】

本条是关于继父母和继子女间权利义务的规定。本条规范的目的是明确继父母与继子女之间的权利和义务。在现代社会，随着离婚率的提高，再婚率也有所上升。但事实上，重组家庭往往会出现继子女与家庭成员不能融洽相处的局面，继父母和继子女的关系的处理也是一个重要的方面，受传统观念影响，继子女与继父母在财产的继承、抚养义务的承担方面都存在一定的矛盾，因此，这就更需要详细的法律来进行规制，用国家的强制力量来调整继父母子女间的权利义务关系，以此来达到促进家庭和谐、社会稳定的目的，保障继子女的合法利益，这也与国际上"子女本位"的立法原则相衔接。

继子女通常是指夫或妻一方与前配偶所生的子女；继父母是指子女母亲或者父亲再婚的配偶。继父母和继子女的关系是由于父母一方死亡，他方带子女再婚，或者因父母离婚，抚养子女的一方或双方再行结婚，在继父母和继子女之间形成的亲属身份关系。通常情况下，继父母与继子女之间的关系属于姻亲范围，姻亲是指以婚姻为中介而形成的亲属关系，但配偶本身除外，[①] 但是如果继父母与继子女形成抚养关系，或者继父母将继子女收养为养子女，他们就形成了法律拟制直系血亲关系，本条第2款指向的是形成了法律拟制直系血亲关系的情形。

---

① 参见杨大文主编：《亲属法》，法律出版社2004年版，第52页。

一、继父母和继子女关系的类型

继父母与继子女的关系以双方之间是否形成抚养关系为标准，主要可以分为四种类型：第一种是纯粹的直系姻亲关系的继父母子女关系，即"名分型"，指继父母和继子女只在名分上形成家庭关系，生父或生母与继母或继父再婚时，继子女已经独立生活，或者继子女虽未成年但是由其生父母抚养，继父母没有尽抚养的义务，继子女也没有对继父母尽到赡养的义务。此种类型只要有继父母结婚这一法律事实就可以认定形成继父母子女关系，相互之间也不产生法律上父母子女的权利和义务关系。第二种是由于实际的抚养行为而形成的继父母子女间的权利义务关系，即"抚养型"。继父母子女关系除了需要继父母结婚这一法律事实以外，还需要具备继父母和继子女之间有抚养的事实行为发生，比如继父或者继母实际负担了子女的生活费、教育费等，这实际上就是双重的权利义务关系的继父母子女关系。① 即生父（母）与继母（父）再婚时，继子女尚未成年，他们随生父母一方与继父或者继母共同生活时，继父或继母对其承担了部分或全部抚养义务；或者成年继子女事实上对继父母长期承担了赡养义务，形成了赡养关系。这些继子女和继父母实际上形成了收养和继养双重的权利义务关系。第三种是"收养型"。这是指继父或继母与生父或者生母结婚后，经继子女的生父母同意，正式办理了收养手续，将继子女收养为养子女，随着收养关系的确立，该子女与其共同生活的生父或生母之间的关系仍为直系血亲，而与不在一起共同生活的生父或生母一方的父母子女关系随之消灭。第四种是不完全收养的继父母子女关系。这种抚养关系很难判断，由于法律并没有明确规定收养的时间、方式等条件，可以根据具体事实情况认定。不完全收养的继父母子女关系，即继父母对继子女的抚养是时断时续的，或者有中断的，或者是临时性的，都发生不完全收养的继父母子女关系。② 关于继子女的问题，国外大多数国家都鼓励继父母收养继子女，并通过这种转化来调整继子女和继父母的法律关系。

二、继父母与子女抚养关系的认定标准

继父母与继子女之间的权利义务关系可以通过形成事实上的抚养关系而

---

① 参见胡康生主编：《中华人民共和国婚姻法释义》，法律出版社2001年版，第111页。
② 参见王利明、杨立新、王轶、程啸：《民法学》，法律出版社2014年版，第646页。

产生。但关于"抚养关系"的认定标准，始终没有统一。虽然在法律上没有详细规定，但在实际认定时可以主要考虑如下标准：第一，子女需要为未成年子女。第二，以未成年的继子女随生父与继母或随生母与继父共同生活为必要，即有抚养事实，这种抚养事实不仅表现在物质上支持，还体现在精神上关怀，而且对于抚养费的数额也应达到一定的标准。但如果继子女已成年，即便随生父与继母或随生母与继父一起生活，也不能认为继父母与继子女形成抚养关系。第三，继父母对未成年继子女的抚养事实要持续一定时间。[①] 因为继父母和子女本是由于再婚而形成，双方本不存在亲情，只有经过一段时间的感情培养，经过一个磨合的期限，才有可能渐渐形成亲人间的良好关系。因此，抚养事实需要经过一定的时间。

三、继父母和继子女之间不能相互虐待和歧视

本条第1款规定继父母和继子女之间不能相互虐待和歧视的义务，所涉及的继父母和继子女的范围应该包括上述四种类型。规定本条款的目的是：一直以来继子女的社会地位很低下，他们受到家庭和社会的虐待和歧视的情况比比皆是，有的继父母不仅在生活上不给继子女提供应有的保障，而且还以种种理由剥夺了继子女受教育的权利，导致子女在成长过程中缺少来自父母的关爱；反过来，有些继子女长大后或者一些成年的继子女，出于报复等心理又对继父母进行打骂和虐待，导致一些继父母晚年的生活极为不幸，不仅得不到继子女的赡养，甚至连基本生活都得不到保障。因此，除了从社会法的角度强化对继子女的保护力度，使他们不能因为父母婚姻状况的改变而受到不公正的待遇外，更重要的是在民法上明确继父母和继子女之间的权利义务，将不能相互虐待和歧视的规定从义务的角度进行表达，同时也可以反推对应的内容即为权利。继父母和继子女之间不能相互虐待和歧视的条款，不仅适用于形成抚养关系的继父母与继子女，而且也适用于因生父母与继父母结婚而形成的单纯的姻亲关系的继父母子女。如果继父母子女相互虐待造成严重后果，可能会受到刑法调整。

四、继父母和受其抚养教育的继子女之间的权利和义务的规则准用

本条第2款主要是指继父母与接受其抚养教育的继子女间事实上形成了抚养关系，即产生类似于拟制血亲关系的情况，此时继父母和继子女之间的

[①] 参见吴小成主编：《婚姻法适用与审判实务》，中国法制出版社2008年版，第225页。

权利义务关系准用父母子女关系的相关规定，即发生和收养类似的法律效力。但这种拟制血亲关系又和继父母收养继子女有所不同，它不以解除继子女与其生父母间的权利和义务关系为前提。

根据本条的规定，继父母和受其抚养的继子女间的权利和义务，适用《民法典》关于父母子女关系的规定，主要包括以下四层含义：

第一，继父母对继子女有抚养义务。在确定形成抚养关系的前提下，继父母也需要按照《民法典》第1067条第1款的规定履行抚养义务，此时的继子女也应符合未成年子女或不能独立生活的成年子女的实质条件，继父母不仅要保证继子女的生活所需，而且要保证继子女能接受正常的教育，不仅包括在物质上提供帮助，还应在精神上给予继子女鼓励与支持。对于不履行抚养义务的继父母，未成年的继子女或不能独立生活的继子女，有要求继父母给付抚养费的权利。

第二，继子女对继父母有赡养义务。在通常情况下，受继父母抚养成人并独立生活的继子女，应当承担赡养继父母的义务。按照《民法典》第1067条第2款的规定，继子女不履行赡养义务时，无劳动能力的或生活困难的继父母，有要求继子女支付赡养费的权利。

第三，继父母和继子女之间有相互继承财产的权利。《民法典》继承编第1127条规定，父母和子女都是第一顺序的法定继承人，而且同一继承顺序中，不论是儿子还是女儿，也不论是父亲还是母亲，均有同等的继承权，不因性别的差异而有所区别。对于父母子女的解释，父母，包括生父母、养父母和有扶养关系的继父母；子女，包括婚生子女、非婚生子女、养子女和有扶养关系的继子女。继子女继承继父母遗产的，不影响其继承生父母的遗产。继父母继承继子女遗产的，不影响其继承生子女的遗产，对于已形成扶养关系的继子女的生子女或养子女也可以适用代位继承的规定。

第四，继父母有教育保护未成年继子女的权利和义务。根据《民法典》第1188条的规定，未成年人造成他人损害的，由监护人承担侵权责任。父母尽了监护责任的，可以适当减轻他的民事责任。在未成年继子女对他人造成损害时，继父母应当承担相应的民事责任。

◆ 【其他问题】

一、继父母子女间法律关系的终止

继父母子女关系是因婚姻和抚养教育而形成的，因此，可能因为发生一定的事由而终止，已形成抚养关系的继父母与继子女之间关系能否解除的问题，法律没有作出明确的规定，一直以来，司法实践中一般是按照以下原则来处理的：其一，在生父母与继父母的婚姻存续期间，对于尚未成年的继子女与继父母的关系，原则上不能解除。其二，如果继子女已经成年，并与继父母的关系恶化，经当事人请求，人民法院可以解除他们之间的权利和义务关系，但是，对于已丧失劳动能力、生活困难的继父母，继子女仍有义务承担其生活费用。《民法典婚姻家庭编司法解释（一）》第 54 条规定，生父与继母或生母与继父离婚时，对曾受其抚养教育的继子女，继父与继母不同意继续抚养的，仍应由生父母抚养。但对于已经形成抚养教育关系的继父母子女，因生父（母）死亡导致再婚关系终止的，在继子女未成年的情形下一般不允许解除继父母子女关系。如果生父母中的另一方愿意将未成年子女领回，继父母同意的，继父母子女关系可以解除。继子女 8 周岁以上的，应当征得本人同意。

二、"抚养型"继父母子女关系存在的问题

通过事实上的抚养行为建立继父母子女之间的权利义务关系，即成立"抚养型"继父母子女关系。但仅以继父母继子女形成抚养关系为根据，就认为继父母和继子女之间存在抚养的事实，进而认定建立起了法律拟制的血亲关系，这种做法忽视了当事人的意愿。对于继父母和继子女是否形成了抚养关系没有一个统一的标准，因而容易产生纠纷。所以，只有继父母将继子女收为养子女，建立正式的收养关系，消除与亲生父母之间的权利和义务的，他们之间才按照婚生子女对待，没有形成收养关系的，不能因为继父母对继子女进行了抚养就适用父母子女间的权利和义务关系。最高人民法院的倾向性意见也是类似的态度，在处理生父母死亡的未成年子女的监护权问题中，认为继父母并非未成年继子女的当然法定监护人。[①] 考虑到建立收养关系必须得到继父母和生父母以及十岁以上儿童的同意，而现实中这三方当事人很难协商一致建立起收养关系，《民法典》并未对此作修改。同时，我国法律对继子女的规定已经延续了很久，大家对这种规定已经适应，现实中也是按此规

---

① 参见刘德权主编：《最高人民法院司法观点集成·民事卷》，人民法院出版社 2014 年版，第 159 页。

定来认定继父母和继子女之间的权利和义务的。

三、收养制度在"收养型"继父母子女关系中存在的问题

《民法典》第1103条明确规定鼓励继父母对继子女进行收养。首先，可以通过收养行为在继父母子女间形成权利义务关系。不同于普通类型的收养，即养父母子女关系的建立是由于生父母无力抚养子女或者往往是子女残疾等特殊原因所产生的收养。继父母对于继子女的收养，一般不是由于具有抚养权的生父母一方没有能力抚养子女所造成的。亲生父母在正常情况下都不愿意与自己的子女脱离父母子女关系，不同意将子女交由他人收养，因而根据当前的收养制度来与继子女建立权利义务关系往往没有较强的可操作性。因此，当前的收养制度在一定程度上影响继父母子女之间拟制血亲关系的建立，应当建立一套更详细的具有针对性的制度来对"收养型"继父母子女关系进行完善。

四、成年子女能否与继父母形成父母子女关系

在现实生活中，由于老年人的再婚率大大提升，而老人的子女往往都已经成年，因此，也会发生继子女对继父母进行赡养的情况。由于形成父母子女关系以后也会涉及赡养义务的履行和遗产继承的权利，此时就涉及成年子女和继父母之间能否发生父母子女权利义务关系。而本条只规定了继父母抚养教育继子女从而形成"抚养型"继父母子女关系，适用父母子女关系的规定，却未规定再婚重组家庭中成年继子女对继父母进行赡养所产生的法律后果。依据现行的法律规定，由于继子女已经成年，因此，不存在收养关系的形成，而且由于成年人已经能够独立生活，父母没有抚养义务，因此，成年子女不能与继父母形成法律拟制的父母子女关系，只能是姻亲关系。若继父母想把遗产一部分给继子女继承，那么只可以通过遗赠的方式来进行。

（撰稿人：李国强）

> **第一千零七十三条　【亲子关系的确认或否认】**
>
> 　　对亲子关系有异议且有正当理由的，父或者母可以向人民法院提起诉讼，请求确认或者否认亲子关系。
>
> 　　对亲子关系有异议且有正当理由的，成年子女可以向人民法院提起诉讼，请求确认亲子关系。

◆【法条由来】

本条为立法上创新的规定，在《婚姻法》中没有相关规定。为了回应司法实践中出现的越来越多请求确认或否认亲子关系的案件情况，2011年8月9日公布的《婚姻法司法解释（三）》[①] 第2条就请求确认亲子关系的举证责任分配明确了相关规则，但缺乏实体性内容，没有明确确认或否认亲子关系的请求权基础，尤其是缺乏请求权主体的明确内容。在《民法典》编纂过程中，婚姻家庭编的立法草案提出要对"亲子关系确认制度"进行构建，[②] 因此，本条对亲子关系的确认或否认进行了规定，从法律层面确立了亲子关系异议诉讼制度，也回应了当下社会所面临的问题。本条的创设性规定有利于明确请求权主体，进而确立亲子关系确认或否认的法律秩序，稳定亲子关系，从而达到稳定社会关系的目的。

◆【法条评注】

本条是关于亲子关系确认或否认的规定。亲子关系又称父母子女关系，

[①] 该司法解释已经被2020年12月29日公布的《最高人民法院关于废止部分司法解释及相关规范性文件的决定》（法释〔2020〕16号）废止。

[②] 针对该制度的构建立法建议稿主要包括：《婚姻家庭法建议稿》（中国法学会婚姻法学研究会立法研究组）、《中国民法典学者建议稿及立法理由·婚姻家庭编》（王利明主编）、《绿色民法典草案》（徐国栋主编）、《中国民法典草案建议稿附理由·亲属编》（梁慧星主编）。

即父母与子女之间的一种法律关系，包括父母与子女之间的人身关系和财产关系。① 亲子关系的确认是亲子法的基本问题，在传统民法上由婚生子女的推定与否认、非婚生子女的认领与准正组成。现代亲子关系基于平等理念以子女为本位，对子女不再作"婚生"与"非婚生"区分，逐渐在亲子关系确认领域确立起未成年子女最佳利益和兼顾亲子关系真实性与稳定性的基本原则。《民法典》婚姻家庭编虽未明示，但从相关条文可以明确婚生推定的原则。婚生推定为一般原则，相对而言，婚生否认的功能在于防止法律推定与真实血缘关系不一致，赋予特定当事人享有推翻已有推定的否认权，以实现血缘关系的真实性。追求血缘真实是亲子关系确认制度的初始目的，② 进而保护父母和子女的权益。这既是人类繁衍与生育制度的要求，也是家庭存在的目的，更是社会和谐的内在要求。

但是，血缘上的亲子关系与法律上的亲子关系有时并没有保持完全一致。其中母子关系可以依妇女分娩的事实从外观过程中直接明白地获悉或者予以确认，除了生母遗弃子女或者子女被非法地带离母亲身边等少数情形致使母子关系产生疑惑外，母子关系可谓是十分清晰，不会发生争议。然而，父子关系则非一目了然，且因从母亲怀胎到婴儿出生要经历相当长的时间，即使是医学发达的今天，孩子的生父为何人，仍不能很轻易地就能确定，更不用说在医术不太发达的过去。因此，亲子关系争议主要集中于生父身份确认上。法律的目的在于化解这种疑虑或者确认彼此之间存在亲子关系，或者否认当事人之间存在亲子关系。传统民法的婚生子女的推定与否认等制度目的在于确定父亲对子女的亲权，该制度滥觞于罗马法，目的是让丈夫取得对子女的"家父权"，这与现代民法对亲子关系的认识有很大差别。③ 在现代，亲权逐渐从传统的家父权演变成了父母平等的共同亲权。现代婚姻制度在一定程度上服务于家庭生育子女的功能，而未成年子女也能起到稳定夫妇之间婚姻关系的作用，不管是婚生子女的推定，还是婚外亲子关系的推定，其主要目的

---

① 参见李洪祥：《我国民法典立法之亲属法体系研究》，中国法制出版社2014年版，第238页。
② 参见夏吟兰、薛宁兰：《民法典之婚姻家庭编立法研究》，北京大学出版社2016年版，第196页。
③ 参见徐国栋：《罗马私法要论——文本与分析》，科学出版社2007年版，第110页。

都是明确未成年子女之父母，以适用监护制度使得该未成年子女"幼有所养"。在适用亲子关系推定规范过程中，应该本着保护未成年子女合法权益的原则，在身份关系的安定性和真实明确性之间进行利益衡量，对亲子关系推定规范中的"必要证据"这一不确定的法律概念需要进行价值补充。亲子关系的确认虽然以血缘关系为事实基础，但本质是一种法律上的确认，所以，追求血缘真实不是绝对的。

本条所规定的两款内容可概括如下：其一，父或者母可以提出确认或否认亲子关系的请求，并基于异议且有正当理由而实现；其二，成年子女可以提出确认亲子关系的请求，并基于异议且有正当理由而实现。

一、请求确认亲子关系的主体是父、母或成年子女

本条两款针对父母和成年子女均规定了确认亲子关系的内容。第1款将父、母请求确认和请求否认亲子关系规定在一起，而实际上确认亲子关系和否认亲子关系区别较大。请求确认亲子关系是推定父母之外的具有血缘关系的父母，其针对推定亲子关系有异议而提出，这在一定程度上也是为了让应尽义务的真正生父不逃避法定责任。基于目的性限缩解释，此条应确认是为实现子女的认领而存在的规则，如果不加限缩，则任何人可以基于并不存在的"合理理由"提起亲子关系的确认诉讼，这将给家庭关系和社会关系的稳定带来不可控的风险，可能会损害家庭和谐。典型的确认亲子关系的情形表现为因通奸等耦合关系而产生子女，未成年子女的父母为子女抚养等请求确认血缘上的父母关系。从《民法典婚姻家庭编司法解释（一）》第39条的规定看，亲子鉴定是确认存在血缘关系的有效手段，并且通过两种情形的推定规则，确定举证责任。对于成年子女请求确认亲子关系，由于不涉及其父或母的抚养义务，对于这种情形的亲子鉴定应当严格掌握。如果其提供的证据不足以令裁判者相信可能确有其事，而对方当事人没有证据或证据不够充分但拒绝做亲子鉴定，则人民法院应当在真实血缘关系与当事人身份关系及家庭关系的和谐、稳定以及自然人的名誉权之间进行衡量，以决定是否要推定确认亲子关系。[①] 尤其是子女利益最大化原则是在相关诉讼中必须首先考虑的

---

① 参见最高人民法院民事审判第一庭编著：《民事审判前沿》（第1辑），人民法院出版社2014年版，第226~228页。

内容。

二、请求否认亲子关系主体为被推定的父、母

亲子关系的否认是对已经推定的亲子关系的否认，实为解除已经形成的亲子关系。否认的主体应限定为被推定的父亲、母亲，本着法律上的亲子关系应以真实血缘关系为基础原则，应将否认权人限制在很小的范围内，这是亲子关系安定性的体现。① 父母子女以外的人不可以提起否认亲子关系的诉讼，因为亲子关系的否认权带有人身专属性，也不允许让与和继承，否认权人死亡以后，否认权即消灭。② 由于在推定亲子关系的当事人之间已经产生亲情关系，其关系已经成为事实，如允许当事人以外的人否认亲子关系，势必损伤当事人的感情，有碍子女的成长，这也是对他人隐私权的一种侵犯。而且，将否认权的主体赋予夫妻双方，也是贯彻男女平等原则的体现，也有利于个人隐私权的维护。即使是成年子女也不能提起否认亲子关系诉讼，因为当子女成年以后，即使父母与其没有血缘关系，但对付出心血将其抚养成人的父母而言，允许子女行使否认权有失公允，所以，没有赋予子女否认权，有利于抚养人利益的保护。关于否认的理由，通过考察《埃塞俄比亚民法典》丈夫同意妻子经人工授精则无否认权的规定，这一规定有一定的合理性，因此，在我国发生此类情况时，也可以借鉴和参考。

如果夫妻否定亲子关系的请求得到支持，那么亲子关系即解除，"而且这种效力溯及至子女出生之日，在此之前依据血缘关系取得的物质利益均不发生法律效力。比如赠与、法定继承等。"③

三、合理理由的限定条件

只有存在"合理理由"才能提起确认或否认亲子关系的诉讼。合理理由一般应由立法予以明示，但本条并未作出具体规定，解释论和司法实践应从血缘关系形成的角度展开，并结合具体的家庭情况、社会的价值取向和经济

---

① 杜万华、程新文、吴晓芳：《〈关于适用婚姻法若干问题的解释（三）〉的理解与适用》，载《人民司法·应用》2011年第17期。
② 参见罗杰：《埃塞俄比亚亲子关系的推定与否认制度及其启示》，载《中南大学学报（社会科学版）》2011年第3期。
③ 李洪祥、徐春佳：《我国未来民法典中亲子关系否认制度的构建》，载《当代法学》2008年第5期。

发展水平综合判断,例如,在推定的子女受胎期间,被推定的父母并未有性关系。随着医学技术的普及,通过医学方法做亲子鉴定成为主要的证明手段,从而不再需要常用的合理理由的证明,但医学方法不仅存在技术上的误差,而且经常采取样本还涉及人格权相关的内容,所以,合理理由的限定条件仍然在诉讼中经常使用,例如,一方私自带子女去做亲子鉴定,没有提供其他证据相印证,诉讼中对方拒绝做亲子鉴定,因无法确定一方私自鉴定的采样是否真实,法院不宜适用《民法典婚姻家庭编司法解释(一)》第39条的推定规则。①

四、亲子关系确认或否认之诉的性质

有关亲子关系的确认或否认之诉的性质,存在三种学说:一种认为是确认之诉,一种认为是形成权,② 还有学者认为其兼具确认之诉和形成权两种性质。③ 亲子关系确认和否认之诉为民法上的制度,即实体上的制度,因此,兼有确认之诉和形成权两种性质的观点更为合理。④ 从诉的分类来看,亲子关系的否认和确认从根本上都是对身份关系的确认,这不是给付之诉也不是变更之诉,而是确认之诉;从民事权利的分类角度出发,权利人确认亲子关系是依据单方意思为之的形成权,其权利本质是一种依一定的事实形成或解除一定的身份关系,是一种形成权。但这种确认或者否认必须通过司法途径才能够实现,在判决生效后才能发生效力。

◆【其他问题】

一、亲子关系确认应当遵循的原则

进行亲子关系的确认或者否认的根本目的在于确定血缘关系,进而达到保障利害关系人的合法权益的目的。因此,在确认亲子关系的司法实践中,应遵循以下几点原则:其一,平等原则,此处所指的是婚生子女和非婚生子

---

① 杜万华、程新文、吴晓芳:《〈关于适用婚姻法若干问题的解释(三)·〉的理解与适用》,载《人民司法·应用》2011年第17期。
② 参见史尚宽:《亲属法论》,荣泰印书馆股份有限公司1980年版,第490页。
③ 杨立新:《论婚生子女否认和非婚生子女认领及法律疏漏之补充》,载《人民司法》2009年第17期。
④ 参见王利明主编:《中国民法案例与学理研究·侵权行为篇·亲属继承篇》,法律出版社2003年版,第468页。

女一律平等。随着近代社会的发展,人道主义观念也逐渐盛行,因此,应改变将婚生子女和非婚生子女对立的观念,将两者一视同仁,在亲子关系确认中,也应贯彻这一观念,不管是否婚生,都要有相同的地位,实现对子女尊重和保护的目的。其二,保护未成年人子女利益原则。在现代的亲属法中,逐渐增强了对子女利益的保护,"子女本位"的确立也是亲子法发展的一大进步,在亲子关系确认之诉中,应当结合现实情况和当事人利益的诉求,最大程度保护未成年子女的利益。在他人的行为损害了未成年人子女的利益时,法院应采取一定的措施进行制止。其三,应努力做到既尊重客观事实,又尊重法律事实,注重维护身份关系稳定和血缘关系真实原则,但基于对婚姻家庭和谐稳定关系以及未成年人最佳利益的维护,在司法上,亲子关系的确认并非以完全真实血统关系来判断,不应过分执着于血统真实主义,应该允许法律上的亲子关系与生物学上的亲子关系存在一定距离。①

二、亲子鉴定在亲子关系确认之诉中的应用

亲子鉴定在确认亲子关系中发挥着不可替代的作用。因为亲子关系确认的诉讼最重要的目的就是确定父母和子女之间是否存在血缘关系,并以此作为主张权利或否认义务承担的依据。而利用科学技术进行亲子鉴定无疑是最科学、最精确的方法,亲子鉴定为证明血缘关系是否存在提供了依据,但是,在一定程度上破坏了家庭和谐,而且以牺牲子女的受抚养权为代价。因此,亲子鉴定不能强制进行,应经过当事人的同意。在诉讼过程中,作为证据的亲子鉴定需要具备程序上的合法性。

(撰稿人:李国强)

---

① 毕玉谦:《对我国目前在亲子鉴定问题上基本取态的反思》,载《中国司法》2010年第9期。

> **第一千零七十四条** 【祖父母、外祖父母的抚养义务和孙子女、外孙子女的赡养义务】
>
> 　　有负担能力的祖父母、外祖父母，对于父母已经死亡或者父母无力抚养的未成年孙子女、外孙子女，有抚养的义务。
>
> 　　有负担能力的孙子女、外孙子女，对于子女已经死亡或者子女无力赡养的祖父母、外祖父母，有赡养的义务。

◆【法条由来】

　　本条来自《婚姻法》第 28 条，内容没有实质性变动。

◆【法条评注】

　　本条是关于祖父母、外祖父母的抚养义务与孙子女、外孙子女的赡养义务的规定。本条是从义务的角度表达亲属间的扶养权法律关系。亲属关系是法律调整的唯一身份关系，而亲属间的扶养关系是亲属法中的重要内容，亲属间的扶养关系包括夫妻、父母子女、兄弟姐妹、外祖父母与外孙子女等之间的扶养关系，而本条就是指祖父母、外祖父母与孙子女、外孙子女之间的扶养关系。所谓扶养权法律关系，是指一定亲属之间一方接受生活上、经济上的供养，另一方应当对其提供生活上、经济上供养的权利义务关系，包括长辈对晚辈的抚养、晚辈对长辈的赡养、平辈之间的扶养等具体内容。通常情况下，抚养义务和赡养义务存在于父母和子女之间，但作为一种亲属权派生的身份权，也可以基于一定的条件存在于隔代亲属之间。祖父母、外祖父母与孙子女和外孙子女是隔代的直系血亲关系，他们之间在具备法律条件的情况下，可以形成抚养和赡养关系。

　　我国传统家庭属于家族式家庭，此种模式下父母和成年子女及其他亲属共同生活在一起，随着社会经济的发展，我国目前以父母和未成年子女构成的核心家庭逐渐成为主流，三代同居的家族式家庭的数量在逐步减少，但由于我国人口基数较大，所以，三代同居的家庭仍占有不小的比例。另外，人的寿命在普遍延长,人口的老龄化已成为一个不容忽视的社会性问题,我国老龄人口比例已经超过7%的老龄化社会标准,而且已经接近14%,由于我国的社会保障体系还在逐步完善的过程中,仅靠社会的力量还远远不能完全承担对老年人的赡养。同样,对于父母已经死亡或者父母无力抚养的孙子女、外孙子女,社会福利院等机构也没有能力完全承担起抚养的义务。因此,隔代抚养可以说是我国在相当长的时间内将面临的一个问题,扶老育幼不仅是中华民族需要发扬光大的优良传统,而且也需要法律作出明确的规定。

一、祖孙之间抚养关系的形成需要具备的条件

根据本条的规定,祖孙之间抚养关系的形成需要具备以下条件:

(一)被抚养人的父母死亡或者无抚养能力

被抚养人在未成年时父母双亡,或者父母丧失抚养能力,需要被抚养人的祖父母和外祖父母来承担抚养的义务,因为通常情况下,父母才是承担未成年人抚养义务的主体。父母丧失抚养能力的情况包括父母患有精神疾病或者无劳动能力且无经济来源等。需要明确的是,被抚养人的父母死亡或者无抚养能力仅为必要条件,而不能因为父母死亡或抚养能力丧失就当然需要祖父母和外祖父母的抚养。而且"父母已经死亡"与"父母无力抚养"为并列关系,因此,即使父母健在也可能因无力抚养而发生祖父母和外祖父母需要承担抚养义务的情形。

(二)祖父母或外祖父母有负担能力

祖父母、外祖父母承担孙子女的抚养义务的前提是祖父母或者外祖父母有负担能力,即祖父母或者外祖父母必须有一定的经济基础。一定的金钱收入是负担孙子女、外孙子女抚养义务的物质基础,如果没有经济收入,那么祖父母和外祖父母没有能力抚养未成年人,在这种情形下强制祖父母、外祖父母抚养孙子女、外孙子女只会加重他们的负担,也不利于未成年人的成长。对于正常的负担能力标准,如果抚养子孙不会影响到自己家庭的基本生活可以算为有抚养能力。其次,还要求抚养人没有患精神方面的疾病,能够正常履行抚养义务。此外,如果被抚养人有多个人时,比如,被抚养人既有孙子又有外孙女,那么需要当事人协商决定抚养人应当承担的义务。

(三)孙子女、外孙子女为未成年人

由于成年人已经具有完全的民事行为能力,此时,身体和心理已经发育成熟，能够靠自己的劳动满足最基本的生活需求，并且拥有明辨是非的能力，所以，不需要他人尽抚养义务。但需要注意的是，尽管外祖父母没有对成年子女进行抚养，但依然不妨碍孙子女、外孙子女对于子女已经死亡或者子女无力赡养的祖父母、外祖父母履行赡养义务。因此，相比第1067条规定的父母的抚养义务，祖父母、外祖父母的抚养义务针对的仅为未成年人，并不包括不能独立生活的成年子女，这主要考虑到祖父母、外祖父母在社会生活中并不当然具有抚养孙子女、外孙子女的义务，且祖父母、外祖父母年龄较大，身体机能也有所下降，不宜扩大此种法定义务的范围，以免给祖父母、外祖父母增加额外的负担。但如果祖父母、外祖父母基于亲情对不能独立生活的成年子女进行抚养，也是值得支持和发扬的。

二、祖孙之间赡养关系形成需要满足的条件

（一）被赡养人的子女死亡或者无赡养能力

子女在成年后死亡或者丧失扶养能力，无法赡养其父母的，则需要孙子女和外孙子女来承担赡养的义务。子女死亡或者丧失赡养能力是孙子女、外孙子女承担赡养义务的必要条件，但并不是充分条件，换句话说，被赡养人的子女死亡或丧失赡养能力并不当然导致孙子女、外孙子女承担赡养义务，如果被赡养人还有其他子女，则孙子女和外孙子女并不需要承担赡养义务。

（二）孙子女或外孙子女有一定的赡养能力

如果具有赡养义务的孙子女没有赡养能力，那么就不能再要求其承担相应的法律义务。有赡养能力的判断在实务中没有统一的标准，尤其是对于一些虽有固定收入但本身生活负担较重的人，需要综合考虑多种因素。普遍认为：有负担能力是指义务人在保持自己家庭正常生活的前提下尚有能力（余力）。换句话说，如果履行隔代赡养义务，不会影响到自己家庭的基本生活，就是有负担能力。反之，就是没有负担能力。① 如果赡养权利人有多个人时，在赡养义务人的经济能力不足以承担全部赡养义务时，那么，对于经济状况和身体状况最差者应当优先赡养。

（三）被赡养人确实有困难需要被赡养

祖孙之间赡养关系的形成必须建立在一方确实有困难的基础上，如果被

---

① 参见吴小成主编：《婚姻法适用与审判实务》，中国法制出版社2008年版，第241页。

赡养人有一定的经济收入或经济来源，完全能负担自身的生活所需，那么，就不能要求孙子女、外孙子女来承担其赡养义务。当然，作为一个文明古国，我国有着尊老爱幼的优良传统，如果祖孙之间完全基于亲情，在对方没有困难情况下仍愿承担一定的赡养义务，那么是一种值得发扬和提倡的美德。

三、权利主体受抚养权的性质

权利主体的受抚养权，在性质上属于请求权的范畴，因此，此种权利为抚养请求权。抚养请求权的具体内容包括三个方面：对义务主体履行抚养义务的受领权；对义务主体履行抚养义务的请求权；当发生义务人不履行抚养义务的情况时，抚养权人的权利此时不能正常实现，那么此时权利人拥有请求国家依法保障其权利实现的请求权。通过分析抚养权的具体内容，可以发现其也可以与债权一样受领义务人的给付、请求义务人给付，抚养请求权兼有债权的性质。因此，抚养权是一种具有债权性质的请求权。

◆【其他问题】

一、承担抚养或者赡养义务的方式

关于祖父母、外祖父母和孙子女、外孙子女之间的抚养或赡养的方式，法律对此没有作出专门规定，只规定对不履行抚养或赡养义务的人，权利人有要求其履行义务的权利。实践中抚养或赡养的方式主要有以下两种，当事人可以结合实际情况自行协商选择：一是迎养，指共同生活的抚养或赡养，即被抚养或赡养人与抚养或赡养义务人共同居住在一起，进行直接的抚养或赡养，这种方式多见于祖父母、外祖父母对于孙子女、外孙子女的抚养，因为此时被抚养人还未成年，很难妥善地照顾自己，但是这种抚养方式不只限于祖父母对孙子女的抚养。二是通过给付抚养或赡养费、探视、扶助等方式完成扶养义务，即给养方式。通常可以参照《民法典》第1067条的规定，被抚养人或被赡养人可以要求支付抚养费或赡养费。祖父母、外祖父母和孙子女、外孙子女之间的抚养或赡养义务人在履行抚养或赡养义务时，往往需要和被抚养或赡养人就抚养或赡养义务的程序、具体方式等内容进行协商，达成对当事人均具有约束力的抚养或赡养协议。如果当事人之间达不成协议，那么，可以请求人民法院通过判决来确定双方的权利和义务。

二、亲属间扶养法律关系的变更

抚养或赡养协议达成后或者人民法院的判决生效后,当事人的经济和生活状况往往会出现一些新的变化,如果仍然要求当事人按照原有的抚养或赡养协议或者判决来执行,可能会使一方当事人的利益受到损害,因此,当事人需要通过一定的途径来变更抚养或赡养权,这就是扶养法律关系的变更。亲属间扶养法律关系变更的内容是权利和义务的变更,包括抚养或赡养义务人以及抚养或赡养程序和方法的变更。在抚养或赡养当事人一方或双方在经济和生活状况发生变化时,抚养或赡养权利人和抚养或赡养义务人都有权要求变更原抚养或赡养协议或者有关抚养或赡养的判决,或者免除原扶养协议或判决所确定的扶养费。当事人可以在自愿、平等的基础上进行协商,协商不成时,可以向人民法院起诉,来重新确定双方的权利和义务。

三、扶养法律关系的消灭

扶养的消灭,又称扶养义务的消灭或终止,是指当某种法定原因发生时,当事人之间已经存在的扶养关系不再存在。[1] 因此,扶养消灭的原因必须是法定的,扶养关系的消灭使扶养关系人之间的法律关系消灭。规定扶养关系消灭的积极意义在于,当被扶养人不需要扶养时,扶养义务人就可以不再承担扶养义务,或者扶养义务人无法承担扶养义务时,可以避免义务人承担扶养义务导致自身生活困难,这也是对被扶养人利益的保障,此时可以让其他有负担能力的义务人及时补位,保证扶养权利人利益的实现。

祖孙之间扶养法律关系的终止是指双方之间法律义务关系的消灭,这不同于扶养法律关系的停止,因为停止只是权利义务的暂时停止。我国法律没有具体规定祖孙间扶养法律关系停止的具体情形,但是,由于祖孙之间扶养关系是基于一定的身份关系所产生的,而且根据其成立条件可知,当祖孙一方或者双方死亡时,或者扶养义务人不能维持自己正常生活时,祖孙之间扶养法律关系可以终止。

(撰稿人:李国强)

---

[1] 参见余延满:《亲属法原论》,法律出版社2007年版,第528页。

> **第一千零七十五条　【兄弟姐妹间的扶养义务】**
>
> 　　有负担能力的兄、姐，对于父母已经死亡或者父母无力抚养的未成年弟、妹，有扶养的义务。
>
> 　　由兄、姐扶养长大的有负担能力的弟、妹，对于缺乏劳动能力又缺乏生活来源的兄、姐，有扶养的义务。

◆【法条由来】

本条来自《婚姻法》第 29 条，内容没有实质性变动。

◆【法条评注】

本条是关于兄弟姐妹间扶养义务的规定。本条规定的扶养义务对应的是亲属间的扶养权法律关系。所谓扶养权法律关系，是指一定亲属之间一方接受生活上、经济上的供养，另一方应当对其提供生活上、经济上供养的权利义务关系，包括长辈对晚辈的抚养、晚辈对长辈的赡养、平辈之间的扶养等具体内容。通常扶养权法律关系表现为抚养义务和赡养义务，主要存在于父母和子女之间，但作为一种亲属权派生的身份权，也可以基于一定的条件存在于平辈亲属之间。兄弟姐妹是最近的旁系血亲，他们之间发生扶养权利与义务是中华民族的历史传统，有着较牢固的文化习俗基础和社会心理支撑。现实生活中，兄、姐扶养教育弟、妹是常见的现象，不少兄弟姐妹共同生活在一个家庭内，朝夕相处、相依为命，也有不少兄弟姐妹虽然婚后分开居住，但亲密来往、协力扶助，从而在客观事实上形成了扶养关系。这不仅是一种良好的道德风尚，而且为社会、国家减轻了一定的负担，促进了兄弟姐妹之间的融合相处，形成了积极的社会效应。因此，兄弟姐妹间的扶养从本质上讲是亲属间的一种道德义务，具有强烈的道德性，扶养不仅表现在物质方面，也包括精神上的安慰和生活上的照顾。需要注意的是，兄弟姐妹间的扶养义务是补充性的、附条件的，这有别于父母和子女之间的抚养义务和赡养义务，这也是兄弟姐妹间的扶养义务的一大特点。

一、兄弟姐妹形成扶养义务的条件

兄、姐扶养弟、妹，或弟、妹扶养兄、姐不是必然发生的法定义务，而是有条件的。简而言之，就是应尽抚养或赡养义务的父母、子女或者配偶不能尽其抚养或赡养义务时，由有能力的兄弟姐妹来承担扶养义务。兄弟姐妹间的扶养义务是第二顺序的，具有递补性质。这种立法的差异反映出扶养当事人承担扶养义务的层次性和顺序性，合乎情理。需要注意的是，兄弟姐妹间一旦形成扶养义务，那么该义务是不可推卸的法定义务，义务人应当自觉履行。兄弟姐妹之间承担扶养义务须具备下列条件：

第一，被扶养人必须是未成年人的弟、妹或需要扶养的兄、姐。在兄、姐扶养弟、妹的情况下，弟、妹须是未成年人，即不满18周岁。但未满18周岁，已满16周岁，并且以自己的劳动收入为主要生活来源的未成年人也不包含在内，如果弟、妹已经成年，虽无独立生活能力，兄、姐此时亦无法定扶养义务。扶养弟、妹长大的兄、姐在年长之后也有可能发生生活困难，需要扶养，此时如果要求弟、妹对其进行扶养，那么要求作为被扶养人的兄、姐必须对弟、妹进行过扶养。

第二，被扶养人的父母已经死亡或无力扶养，或被扶养人丧失劳动能力或缺乏生活来源。这里包含了两种情况，一是父母均已经死亡，没有了父母这一第一顺序的抚养义务人。如果父母一方尚在且有抚养能力，仍应由尚在的父或母承担抚养义务。二是父母均尚在或一方尚在但没有抚养能力，比如父母在意外事故中致残没有了劳动能力和生活来源或者父母患有严重的精神疾病，此时便产生了由有负担能力的兄、姐扶养未成年弟、妹的义务。如果缺乏劳动能力的兄、姐不缺少经济来源，比如受到他人经济上的捐助或有可供自己生活的积蓄的，则此时也不产生弟、妹的扶养义务。同时，如果兄、姐虽缺少生活来源，但有劳动能力，此种情况下兄、姐可通过自己的劳动换取生活来源，弟、妹亦无扶养兄、姐的义务。现实生活中，许多兄、姐在扶养弟、妹时，节衣缩食、倾囊而助、全力以赴，有的甚至牺牲了个人的婚姻。而不少弟、妹长大后，生活有所改善，对其兄、姐却没有报答的意识，成年后对兄、姐不闻不问。按照权利义务对等原则，弟、妹理应回报尽了扶养义务的兄、姐。

第三，扶养义务人有能力扶养。在前述两项条件具备时，兄、姐对弟、妹的扶养义务并不必然发生，只有这项条件也具备时，即兄、姐有负担能力时，才产生扶养弟、妹的义务。弟妹扶养兄姐还要求弟、妹是由兄、姐扶养长大的。由兄、姐扶养长大，是指弟、妹长期依靠兄、姐提供全部或主要生活费用直到以自己的收入作为主要生活来源。这里包含两方面的因素，一是弟、妹是由兄、姐扶养长大的。这表明在弟、妹未成年时，父母已经死亡或父母无抚养能力，兄、姐对弟、妹的成长尽了扶养义务。按照权利义务对等原则，弟、妹应承担兄、姐的扶养义务。二是弟、妹有负担能力。若无负担能力则不负扶养义务。兄、姐和弟、妹之间扶养义务的前提是双方要有一定的扶养能力，关于扶养能力的标准，《德国民法典》第1581条要求考虑义务人的工作和财产情况；我国台湾地区"民法"第1118条规定如果扶养义务人因为负担扶养义务而不能维持自己生活则免除其义务；我国澳门特别行政区民事法律规定第1845条规定扶养义务人提供的扶养应当与扶养人的经济能力相称。普遍认为：有负担能力是指义务人在保持自己家庭正常生活的前提下尚有能力（余力）。换句话说，如果履行扶养义务，不会影响到自己家庭的基本生活，就是有负担能力。反之，就是没有负担能力。①

二、兄弟姐妹间扶养义务的内容

（一）兄弟姐妹的范围

兄弟姐妹包括同胞兄弟姐妹、同父异母或同母异父兄弟姐妹、养兄弟姐妹和继兄弟姐妹。在一般情况下，兄弟姐妹应由他们的父母抚养，因而他们相互之间不发生扶养与被扶养的权利义务关系。但是在特定条件和特定情况下，兄、姐与弟、妹之间会产生有条件的扶养义务。当然，法律对兄弟姐妹间扶养义务的规定，主要是从同胞兄弟姐妹之间的关系来确定的，因为他们是血缘关系最密切的同辈旁系血亲，拥有深厚的感情。对于半血缘的同父异母或者同母异父兄弟姐妹，以及没有血缘关系的养兄弟姐妹和继兄弟姐妹，如果符合法律规定的条件和情形，其相互之间也将产生扶养与被扶养的权利义务关系。

兄弟姐妹之间的扶养义务属于一般生活扶助义务，一般生活扶助义务比生活保持义务要求低，通常以一方无力独立生活、他方有扶养能力为条件。

---

① 参见吴小成主编：《婚姻法适用与审判实务》，中国法制出版社2008年版，第241页。

基于这种条件，扶养义务人可给予扶养权利人低于自己生活水平的扶养。

（二）扶养权利人有被扶养的必要的认定

在兄、姐对于弟、妹履行扶养义务的情况下，需要弟、妹属于未成年人，不能很妥善地照顾自己，并且没有收入来源，因此，有被扶养的必要。而在弟、妹需要对兄、姐履行扶养义务的情况下，需要兄、姐有被扶养的必要，但如何界定"被扶养的必要"这一概念在不同的国家存在不同的规定，在《德国民法典》中判断标准主要是，只有不能为自己提供生活费的人才能够成为生活费权利人。① 而《意大利民法典》规定只有在当事人不能维持自己的生活开支并且必须在非常需要的情况下才能主张权利，② 而在《俄罗斯家庭法典》中以"无劳动能力，需要帮助"为标准判定扶养的需要，在《埃塞俄比亚民法典》以"主张履行生活保持义务的人的确需要，并且处于不能自食其力状况"为标准判定扶养的需要。通过考察比较法上的经验可以得出，不同国家的标准并非完全一致，对于"有扶养必要"概念的确定，应根据实际情况综合确定，在我国主要是看被扶养权利人是否可以不依靠他人就可以正常生活，本条规定的"有扶养必要"的标准是缺乏劳动能力又缺乏生活来源。虽然不存在"有被扶养必要"的情况，但基于亲情关系，兄、姐扶养弟、妹，弟、妹扶养兄、姐也是值得提倡的，这是中华民族的传统美德，有利于家庭的和睦和社会的和谐，值得继续发扬。

（三）承担扶养义务的方式

关于兄、姐、弟、妹之间的扶养方式，法律对此没有作出专门规定，只规定对不履行抚养或赡养义务的人，权利人有要求其履行义务的权利。实践中抚养或赡养的方式主要有以下两种，当事人可以结合实际情况自行协商选择：一是迎养。二是通过给付扶养费、探视、扶助等方式完成扶养义务，即给养方式。两种方式均可以分为定期给付、不定期给付。

三、扶养法律关系的消灭

扶养的消灭，又称扶养义务的消灭或终止，是指当某种法定原因发生时，当事人之间已经存在的扶养关系不再存在。③ 因此，扶养消灭的原因必须是法

---

① 《德国民法典》，陈卫佐译，法律出版社2006年版，第1569条、第1602条、第1603条。
② 《意大利民法典》，陈国柱译，中国人民大学出版社2006年版，第438条、第439条。
③ 余延满：《亲属法原论》，法律出版社2007年版，第528页。

定的，扶养关系的消灭使扶养关系人之间的法律关系消灭。规定扶养关系消灭的积极意义在于，当被扶养人不需要扶养时，扶养义务人就可以不再承担扶养义务，或者扶养义务人无法承担扶养义务时，可以避免承担扶养义务导致自身生活困难，这也是对被扶养人利益的保障，此时可以让其他有负担能力的义务人及时补位，保证扶养权利人利益的实现。而兄、姐、弟、妹之间扶养法律关系的消灭可以在当事人死亡或者身份关系消灭，或扶养要件消失，比如被扶养人恢复了生活的能力或者拥有了一定的收入来源这几种情况下消失。

◆【其他问题】

一、三亲等旁系血亲是否需要纳入扶养关系当事人范围

按照通常亲等计算方法，三亲等旁系血亲主要包括舅、姨、叔、伯及外甥子女和侄子女。而对于三亲等旁系血亲的扶养义务的规定非常少见，在国外只有《日本民法典》有所规定，在我国现行法律的框架内，没有此类规定。一些学者主张，由于我国人口众多，社会保障体系有待完善，依靠亲属之间扶养依旧是扶养的主要方式，如果能够适当地扩大扶养义务人的范围，那么可以促进养老育幼目的的实现，[1] 更可以发扬我国相互扶助的优良传统。[2] 但是，过度扩大扶养义务人的范围虽然在一定程度上能够减轻社会的压力，但过度增加了扶养义务人的负担，因为此时扶养义务人可能还有自己的直系血亲需要扶养，如果扶养人负担过大，反而不利于他们积极履行自己的义务，阻碍了养老育幼目的实现。其次，《民法典》继承编并未规定旁系血亲有继承的权利，如果使其承担扶养的义务，就会造成权利义务不一致的局面。因此，不规定三亲等旁系血亲的扶养义务在目前来看是科学合理的。

二、亲属间扶养法律关系的变更

兄弟姐妹之间扶养协议达成后或者人民法院的判决生效后，当事人的经济和生活状况往往会出现一些新的变化，如果仍然要求当事人按照原有的扶养协议或者判决来执行，可能会使一方当事人利益受到损害，因此，当事人

---

[1] 参见王利明主编：《中国民法典学者建议稿及立法理由·人格权编·婚姻家庭编·继承编》，法律出版社2005年版，第392页。
[2] 参见杨大文：《亲属法》，法律出版社1997年版，第351页。

需要通过一定的途径来变更扶养权，这就是扶养法律关系的变更，扶养法律关系变更的内容是权利和义务的变更，包括扶养义务人以及扶养程序和方法的变更。因此，当事人首先可以在自愿、平等的基础上进行协商，协商不成时，可以向人民法院起诉，来重新确定双方的权利和义务。

（撰稿人：李国强）

第四章 离 婚

> **第一千零七十六条** 【离婚协议的形式与内容】
>
> 夫妻双方自愿离婚的,应当签订书面离婚协议,并亲自到婚姻登记机关申请离婚登记。
>
> 离婚协议应当载明双方自愿离婚的意思表示和对子女抚养、财产以及债务处理等事项协商一致的意见。

◆【法条由来】

本条第1款来自《婚姻法》第31条第1句,主要内容没有变动,但明确了离婚协议应采用书面形式的要求。另外,就离婚协议应当载明的内容,本条第2款原样吸收了《婚姻登记条例》第11条第3款的内容。

◆【法条评注】

本条是对离婚协议的形式与内容的规定。本条规定可概括如下:第一,有关离婚协议的形式要求,即夫妻双方自愿离婚的,应当订立书面协议,并亲自到婚姻登记机关申请离婚登记。第二,有关离婚协议的内容要求,即离婚协议应当包括两部分内容:一部分内容是双方自愿离婚的意思表示;另一部分内容是有关子女抚养、财产及债务处理等事项协商一致的意见。

允许协议离婚是保障婚姻自由的重要体现。婚姻自由既包括结婚自由,也包括离婚自由。保障婚姻自由,是保障公民自主决定自身事务的重要内容。

协议离婚,不同于一般的民事法律行为,涉及身份的变动,有较高的形式要求。协议离婚应当采用书面形式,并且,当事人双方都必须亲自到婚姻登记机关申请，不得相互代理，或让第三人代理。有效的离婚协议和其他有效的民事法律行为一样，对双方当事人均具有法律约束力，双方当事人有义务履行协议所规定的内容（《民法典婚姻家庭编司法解释（一）》第69条第2款）。

协议离婚当事人向婚姻登记机关申请登记时，仅表明双方自愿离婚，不再维持夫妻关系是不够的，还应当就子女抚养、财产及债务处理等事项达成协商一致的意见。如果双方不能就子女抚养、财产及债务处理等事项协商一致，若离婚，只能通过诉讼离婚的方式。

协议离婚当事人向婚姻登记机关申请登记时，法律并不要求双方当事人申明离婚的原因。这样，协议离婚制度，在尊重当事人意志的同时，又有力地保护了当事人的隐私。

（撰稿人：孙维飞）

> **第一千零七十七条　【协议离婚的冷静期】**
> 自婚姻登记机关收到离婚登记申请之日起三十日内，任何一方不愿意离婚的，可以向婚姻登记机关撤回离婚登记申请。
> 前款规定期限届满后三十日内，双方应当亲自到婚姻登记机关申请发给离婚证；未申请的，视为撤回离婚登记申请。

◆【法条由来】

本条属于《民法典》的新增规范。

◆【法条评注】

本条是对协议离婚冷静期的规定。本条规定可概括如下：协议离婚须经双方当事人两次申请才可予以登记，发给离婚证。第二次申请前，任何一方可主动撤回第一次申请，或者，任何一方未进行第二次申请的，第一次申请"视为撤回"。两次申请须间隔至少30日。

两次申请须间隔至少30日，即所谓的"冷静期"。"保障离婚自由、反对轻率离婚"是新中国离婚立法一贯坚持的指导思想。协议离婚制度不要求当事人申明离婚理由，程序也较为便利，因此较好地保障了当事人的离婚自由，但是，也因此，双方一时冲动草率离婚的可能性就增加了。本条有关协议离婚冷静期的设置，目的即在于尽量减少一时冲动或者考虑不周全的轻率离婚，更好地实现"保障离婚自由、反对轻率离婚"的立法宗旨。

首先，自婚姻登记机关收到第一次离婚登记申请之日起30日内，双方皆不得再次向婚姻登记机关申请发给离婚证。在此30日内，双方即使都愿意立刻结束婚姻关系，婚姻登记机关也不会予以登记，发给离婚证，但是，任何一方不再愿意离婚的，可以单方撤回离婚登记申请。

其次，自婚姻登记机关收到第一次离婚登记申请之日起，30日经过后，双方才可再次在法定期限30日内向婚姻登记机关申请，要求发给离婚证。任何一方未在该法定期限内再次申请的，视为撤回第一次的离婚登记申请。

总之，自第一次离婚登记申请之日起，第一个 30 日内，当事人双方没有再次申请要求发给离婚证的权利，只有撤回申请的权利；第二个 30 日内，当事人双方有了再次申请要求发给离婚证的权利，但也仍然有撤回申请的权利，而且，任何一方只要没有再次申请，就视为撤回第一次的申请。

（撰稿人：孙维飞）

> **第一千零七十八条　【协议离婚的审查与登记】**
>
> 婚姻登记机关查明双方确实是自愿离婚，并已经对子女抚养、财产以及债务处理等事项协商一致的，予以登记，发给离婚证。

◆【法条由来】

本条来自《婚姻法》第 31 条，并作了修改完善。修改完善体现在：其一，就符合条件的协议离婚，不再使用"准予离婚"的表述，而是仅使用"予以登记"的表述。婚姻登记机关的离婚登记更接近于行政机关对当事人离婚自由的确认，而不是批准许可，因此本条将《婚姻法》第 31 条"准予离婚"的表述，改为"予以登记"，更好地体现了保障离婚自由的理念。其二，就子女抚养、财产及债务处理等事项，要求的不再是"已有适当处理"，而是"协商一致"。要求的变化反映了现行协议离婚制度更加尊重当事人的意志，只要不违反法律法规，处理的"适当"与否由当事人自己判断，不是婚姻登记机关审查的内容。

◆【法条评注】

本条是对协议离婚的审查与登记的规定。审查查明的结果为当事人双方自愿离婚并且就子女抚养、财产及债务处理等事项达成了一致的，婚姻登记机关予以登记，离婚协议发生效力。

一、当事人双方自愿离婚

自愿离婚包含两层意思：其一，客观上双方申请的事项属于离婚事项。非婚同居关系或者不具有婚姻效力的"事实婚姻"和"无效婚姻"，不会引发离婚事项，不在协议离婚制度的范围。其二，主观上离婚必须出于双方共同的意愿。一方面，双方当事人都需要有完全的民事行为能力，具有表达自愿的能力。任何一方属于无民事行为能力人或者限制民事行为能力的精神病人，则只能通过诉讼的方式要求离婚，而不适用协议离婚制度。另一方面，双方当事人应就离婚达成真实的合意，形成共同的意愿。仅有一方同意离婚，另一方不同意的，双方的离婚也只能通过诉讼的方式，不适用协议离婚制度。

二、双方当事人就子女抚养、财产及债务处理等事项达成了一致

法律之所以要求双方当事人就子女抚养、财产及债务处理等事项达成一致的，才可以协议离婚，有两个原因：其一，双方就子女抚养或财产等事项的处理意见常常是和同意离婚有牵连的，甚至互为条件。比如，一方虽然同意离婚，但其实是以就子女抚养或财产等事项的处理符合自己要求为条件的。在此情况下，如果另一方只是同意离婚，而不同意对方就子女抚养或财产等事项的处理意见，那么可以说，双方并没有就离婚真正达成一致意愿，因为不符合一方满意的条件的离婚并不能反映该方真正的意愿。其二，协议离婚制度从保障离婚自由角度，提供了便捷的离婚途径，也节约了司法成本。如果当事人不能就子女抚养或财产等事项达成一致意见，纠纷依然存在，那么，此时允许协议离婚并不能真正起到便捷和节约司法成本的作用。

符合前述两个条件的，婚姻登记机关对离婚协议予以登记，并发给离婚证。离婚证属于婚姻关系解除的证明文件，如果遗失或损毁的，可以依法补办。

三、有关离婚协议效力须注意的两个问题

本条规定意味着协议离婚须经登记才能生效。离婚协议的内容既包括双方自愿离婚的意思表示，还包括双方就子女抚养或财产等事项达成的一致意见。须注意的是，首先，离婚协议属于民事法律行为，本条规定并不意味着经登记的离婚协议不会发生任何效力上的瑕疵。如果事后发现有影响离婚协议效力的瑕疵，应允许当事人向人民法院提起诉讼，寻求救济。依据《民法典婚姻家庭编司法解释（一）》第70条之规定，当事人事后就离婚本身并未争议，但就协议离婚的财产分割问题有反悔的，人民法院应当受理。"人民法院审理后，未发现订立财产分割协议时存在欺诈、胁迫等情形的，应当依法驳回当事人的诉讼请求。"

其次，实践中常会发生离婚协议签订后一方反悔不再愿意离婚，从而并未办成离婚登记的情况。此种情况下，假如后来双方又进入了诉讼离婚的程序，那么，之前的离婚协议未经登记不发生效力，不仅其中自愿离婚的部分不发生效力，而且其中有关子女抚养或财产等事项达成的一致意见也不能发

生效力。依据《民法典婚姻家庭编司法解释（一）》第69条之规定，"当事人达成的以协议离婚或者到人民法院调解离婚为条件的财产以及债务处理协议，如果双方离婚未成，一方在离婚诉讼中反悔的，人民法院应当认定该财产以及债务处理协议没有生效，并根据实际情况依照民法典第一千零八十七条和第一千零八十九条的规定判决。"

（撰稿人：孙维飞）

> **第一千零七十九条　【诉讼外调解与诉讼离婚】**
>
> 　　夫妻一方要求离婚的，可以由有关组织进行调解或者直接向人民法院提起离婚诉讼。
>
> 　　人民法院审理离婚案件，应当进行调解；如果感情确已破裂，调解无效的，应当准予离婚。
>
> 　　有下列情形之一，调解无效的，应当准予离婚：
>
> 　　（一）重婚或者与他人同居；
>
> 　　（二）实施家庭暴力或者虐待、遗弃家庭成员；
>
> 　　（三）有赌博、吸毒等恶习屡教不改；
>
> 　　（四）因感情不和分居满二年；
>
> 　　（五）其他导致夫妻感情破裂的情形。
>
> 　　一方被宣告失踪，另一方提起离婚诉讼的，应当准予离婚。
>
> 　　经人民法院判决不准离婚后，双方又分居满一年，一方再次提起离婚诉讼的，应当准予离婚。

◆【法条由来】

本条前4款来自《婚姻法》第32条，第5款部分采用了1989年12月13日公布的《认定夫妻感情破裂意见》① 第7条的内容。

◆【法条评注】

本条是关于诉讼外调解和诉讼离婚的规定。规定了诉讼离婚中调解应作为必经程序，并采取概括和示例列举相结合的方式规定了法院应当准予离婚的判断标准，即夫妻感情确已破裂。

---

① 该司法解释已经被2020年12月29日公布的《最高人民法院关于废止部分司法解释及相关规范性文件的决定》（法释〔2020〕16号）废止。

一、诉讼外调解

在诉讼程序以外，有关组织可以调解离婚纠纷，即诉讼外调解。有关组织的范围法律并未作出明确的限定，通常当事人双方的单位、居住地的村委会或居委会等都有可能在不违反自愿原则的前提下调解离婚纠纷。诉讼外调解并非离婚诉讼的必经程序，夫妻一方坚持要求离婚的，可以选择直接向人民法院提起离婚诉讼。

经诉讼外调解，夫妻双方就同意离婚以及子女抚养、财产和债务处理等事项达成一致意见的，仍须依《民法典》第1076条的规定，向婚姻登记机关申请离婚登记。因此，诉讼外调解达成的离婚协议，仍须经登记，才能发生解除婚姻关系的效力。

二、诉讼离婚中调解作为必经程序

本条规定，人民法院审理离婚案件，应当进行调解。这意味着诉讼离婚中，法院调解为必经程序。法院调解有效的，分两种情形：其一，如果夫妻双方因调解而和好，原告可以撤回离婚起诉；其二，如果双方因调解而就离婚以及子女抚养、财产和债务处理等事项达成一致意见的，人民法院应按照双方协商一致的内容，制作调解书。离婚调解书在双方当事人签收后发生法律效力，双方的婚姻关系也因此而解除。

如果经法院调解，双方当事人不能就是否离婚达成一致意见，或者双方当事人虽然就同意离婚达成了一致意见，但是就子女抚养、财产和债务处理等事项仍不能达成一致意见的，则意味着调解无效。调解无效的，则由法官继续诉讼的审理，并最终判决是否准予离婚。

三、准予离婚的概括性标准

法院准予离婚的概括性标准为：夫妻感情确已破裂。法院调解无效，只是意味着法官须继续离婚诉讼审理，并不意味着夫妻感情一定已经破裂。在调解无效的情况下，法官仍须结合具体案情以判断夫妻感情是否确已破裂。司法实践中通常从以下四个方面综合判断：其一，婚姻基础；其二，婚后感情；其三，离婚原因；其四，夫妻关系现状和有无和好可能。①

须注意的是：首先，以夫妻感情确已破裂作为准予离婚的标准，意味着准予离婚并非以任何一方的过错为前提。任何一方的过错可帮助法官判断夫妻感情是否确已破裂，但不是准予离婚的必要条件。其次，以夫妻感情确已破裂作为准予离婚的标准，并不意味着当事人必须表达出感情破裂的意思。即使不能正常表达感情的植物人或精神病人，也可能通过法定代理人参与诉讼离婚，法院确定夫妻感情确已破裂时，应当准予离婚。②

四、准予离婚的列举情形

本条明确列举了六种应当准予离婚的情形，并另外规定了兜底性的内容，即"其他导致夫妻感情破裂的情形"。③ 六种明确列举的情形分别是：其一，重婚或者与他人同居；其二，实施家庭暴力或者虐待、遗弃家庭成员；④ 其三，有赌博、吸毒等恶习屡教不改；其四，因感情不和分居满2年；其五，一方被宣告失踪，另一方提起离婚诉讼；其六，经人民法院判决不准离婚后，双方又分居满1年，一方再次提起离婚诉讼。

（撰稿人：孙维飞）

---

① 参见《认定夫妻感情破裂意见》（该司法解释已经被2020年12月29日公布的《最高人民法院关于废止部分司法解释及相关规范性文件的决定》（法释〔2020〕16号）废止）。

② 例如，《民法典婚姻家庭编司法解释（一）》第62条规定："无民事行为能力人的配偶有民法典第三十六条第一款规定行为，其他有监护资格的人可以要求撤销其监护资格，并依法指定新的监护人；变更后的监护人代理无民事行为能力一方提起离婚诉讼的，人民法院应予受理。"

③ 依据《民法典婚姻家庭编司法解释（一）》第23条之规定，妻子未经丈夫同意擅自中止妊娠，此种情形，即可纳入兜底性的"其他导致夫妻感情破裂的情形"。

④ 依据《民法典婚姻家庭编司法解释（一）》第1条和第2条之规定，"持续性、经常性的家庭暴力"可以构成"虐待"；所谓"与他人同居"则指"有配偶者与婚外异性，不以夫妻名义，持续、稳定地共同居住。"

> **第一千零八十条　【婚姻关系解除的法定形式要件】**
> 完成离婚登记，或者离婚判决书、调解书生效，即解除婚姻关系。

◆【法条由来】

本条是《民法典》婚姻家庭编的新增条文。《婚姻法》未对解除婚姻关系的形式要件作出统一规定。

◆【法条评注】

本条是关于婚姻关系解除的法定形式要件的规定。离婚是配偶生存期间终止婚姻关系的法定方式。[①] 夫妻间的婚姻关系因离婚解除，导致婚姻效力即婚姻的法律拘束力消除。因此，离婚又称婚姻的解除。《民法典》婚姻家庭编中规定的夫妻解除婚姻关系的方式包括协议离婚与诉讼离婚。《民法典》婚姻家庭编第1076条、第1077条、第1078条规定了协议离婚的法定条件与程序，第1079条规定了诉讼离婚的法定条件与程序。前述4条法律规定较为全面地构建了我国离婚的法定要件与程序。本条规定是在前述4条法律规定的基础上的总结，明确规定完成离婚登记，或者离婚判决书、调解书生效，即解除婚姻关系。本条规定对于《民法典》婚姻家庭编离婚制度的构建具有总结性意义，体现了离婚制度的完整性与科学性。

◆【其他问题】

关于当事人对生效的离婚调解书所确定的内容表示反悔应当如何适用法律的问题。《民法典婚姻家庭编司法解释（一）》第70条规定："夫妻双方协议离婚后就财产分割问题反悔，请求撤销财产分割协议的，人民法院应当受理。""人民法院审理后，未发现订立财产分割协议时存在欺诈、胁迫等情形的，应当依法驳回当事人的诉讼请求。"

[①] 参见杨大文主编：《亲属法与继承法》，法律出版社2013年版，第127页。

关于当事人对生效的离婚调解书所确定的内容表示反悔,能否适用《民法典婚姻家庭编司法解释(一)》第70条的规定呢?对此问题有不同看法。有学者认为,从平等保护当事人诉讼权利的观点出发,应当考虑将反悔的权利给予所有离婚的男女,而不应当因为他们当初选择解除婚姻关系的方式不同在诉权问题上给予不同的对待。

在法学研究中,有的学者认为应将《民法典婚姻家庭编司法解释(一)》第70条规定的情形限定于当事人经由婚姻登记机关办理的协议离婚。因为登记离婚的当事人所达成的离婚协议中有关财产分割条款未经司法机关审查,而婚姻登记机关的审查亦仅为一种形式审查,故该条款是否存在违反法律的禁止性规定而无效的情况,或者因违背当事人的真实意思而存在可撤销、可变更的情形,均未可知。因此,赋予当事人以司法救济手段维护其合法权益是必要的。但离婚案件当事人在法院审理过程中,在法官主持下达成的调解协议,已经由法官对协议是否为双方当事人真实的意思表示、是否存在违反法律禁止性规定的内容进行过审查,然后制作调解书。已生效的调解书作为人民法院的法律文书,与判决书具有同等的法律效力,据此,应当认为生效的离婚调解书是不允许当事人反悔的。

笔者认为,人民法院对离婚纠纷进行调解的效力,依已生效的调解书而定,该离婚调解书与离婚判决书具有同等的法律效力。当事人离婚后,一方当事人发现,对方当事人在离婚时实施了隐藏、转移、变卖、毁损夫妻共同财产,或者伪造债务,企图侵占另一方财产行为的,有权向人民法院提起诉讼,请求再次分割夫妻共同财产。

(撰稿人:姚 邢)

第一千零八十一条　【现役军人的配偶要求离婚的限制性规定】

现役军人的配偶要求离婚，应当征得军人同意，但是军人一方有重大过错的除外。

◆【法条由来】

本条是在《婚姻法》第33条的基础上修改而成的。《婚姻法》第33条规定："现役军人的配偶要求离婚，须得军人同意，但军人一方有重大过错的除外。"考虑到法典内语词使用的统一性，本条将"须得"改为"应当征得"。

对现役军人的婚姻予以特殊保护，是我国婚姻立法的传统。《婚姻法》第33条中的但书，即"但军人一方有重大过错的除外"是2001年修正的《婚姻法》新增加的规定。法律在保护现役军人的婚姻权利的同时，也注意对非军人一方的婚姻权利的保护，体现了权利义务的一致性。当现役军人有重大过错，且导致夫妻感情破裂时，其配偶要求离婚，可以不必征得军人的同意。

◆【法条评注】

本条是关于现役军人的配偶要求离婚的限制性规定。本条的立法主旨与《婚姻法》第33条一致，在理解与适用时应注意以下三点：

一、适用主体

本条规定的现役军人，指正在人民解放军和人民武装警察部队服役、具有军籍的人员，不包括退役军人、复员军人、转业军人和军事单位中不具有军籍的职工。在地方担任某种军事职务的人员，如不属于军队编制的在武装部工作的干部、编入民兵组织或者经过登记的预备役士兵也不属于本条规定的现役军人范畴。

本条规定中的现役军人的配偶，指现役军人的非军人配偶；双方都是现役军人的不适用这一规定。另外，本条规定只是限制现役军人配偶提起离婚的请求权，现役军人本人提出离婚的不在此限。

二、重大过错的含义

当现役军人有重大过错,且导致夫妻感情破裂时,其配偶要求离婚,可以不必征得军人的同意。此处的所谓重大过错,应包括:(1)现役军人重婚或与他人同居的;(2)现役军人实施家庭暴力或虐待遗弃家庭成员的;(3)现役军人有赌博、吸毒等恶习,屡教不改的。

三、其他规定

依《最高人民法院关于在离婚诉讼进行中一方参军应如何处理问题的意见》,一方在他方参军前虽已提出离婚诉讼,但如果未经一审法院判决,仍应按《婚姻法》对军婚的特殊保护规定办理;已经法院判决离婚,未在上诉期限内提起上诉而参军者,不得再适用《婚姻法》的有关规定而改变一方参军前已经作出的判决;已经一审法院判决离婚,一方不服提起上诉,在二审期间参军的,二审法院就有必要面对这一新的事实,适用《婚姻法》对军婚特殊保护的规定。

◆ 【其他问题】

现役军人的配偶要求离婚,现役军人无重大过错,但夫妻感情确已破裂,调解也无效时,若现役军人一方坚持不同意离婚,人民法院在该种情形下是否应当判决当事人离婚?通说认为,法定离婚理由属于普通条款,广泛适用于一般的离婚案件,人民法院应准确地区分和认定夫妻感情是否确已破裂,从而在调解无效的情况下,通过判决的形式决定是否准予离婚。而本条是只适用于"现役军人的配偶要求离婚"案件的特别条款,是从维护军队稳定的大局出发,作出的对军人婚姻的特殊保护的规定,依据"特别法优于普通法"的原则,在处理非军人要求与军人离婚的诉讼案件中,应首先适用本条的规定。

(撰稿人:姚 邢)

第一千零八十二条 【男方离婚诉权的限制】
女方在怀孕期间、分娩后一年内或者终止妊娠后六个月内，男方不得提出离婚；但是，女方提出离婚或者人民法院认为确有必要受理男方离婚请求的除外。

◆【法条由来】

本条文是在《婚姻法》第34条、《妇女权益保障法》第45条的基础上修改而成。《婚姻法》第34条规定："女方在怀孕期间、分娩后一年内或中止妊娠后六个月内，男方不得提出离婚。女方提出离婚的，或人民法院认为确有必要受理男方离婚请求的，不在此限。"《妇女权益保障法》第45条规定："女方在怀孕期间、分娩后一年内或者终止妊娠后六个月内，男方不得提出离婚。女方提出离婚的，或者人民法院认为确有必要受理男方离婚请求的，不在此限。"本次立法吸收了2018年修正的《妇女权益保障法》第45条的规定，将"中止妊娠"改为"终止妊娠"，因"中止妊娠"一词的使用不准确。"终止妊娠"是准确的医学用语，指母体承受胎儿在其体内发育成长的过程的终止。本条对男方提出离婚的时间进行必要的限制，是我国婚姻立法的传统。

◆【法条评注】

本条是关于男方行使离婚诉讼请求权的限制的规定。

一、适用条件

本条规定只是在一定时期内剥夺男方离婚请求权，即仅在女方怀孕期间、分娩后1年内或终止妊娠后6个月内。期间届满后，男方仍可依法行使离婚请求权。本条规定的期间属于法定期间，该期间分为三种：(1) 女方怀孕期间。如果起诉时并没有发现女方怀孕，而是在审理中或者审理结束时发现女方怀孕，也适用该规定，驳回原告的诉讼请求，即使在一审判决作出后，在二审期间发现的，也应当撤销原判，驳回原告的诉讼请求。(2) 女方在分娩后1年内。无论女方分娩后婴儿是活着出生抑或是胎死腹中，均受该期间的限制。(3) 女方终止妊娠后 6 个月。在此期间，无论女方出于何种原因终止妊娠的，都不准男方提出离婚诉讼。上述期间是不变期间，不适用诉讼时效关于中止、中断和延长的规定。

二、例外情形

限制男方行使离婚诉讼请求权是为了保护孕、产妇和终止妊娠后妇女的身心健康，因此，在女方主动提出离婚或者夫妻双方自愿离婚的情形下，不适用本条规定。一般女方在此期间提出离婚，多出于某些特别紧迫的原因，如果法院不及时受理女方的离婚请求，更不利于妇女、胎儿及婴儿的身心健康。将孕期离婚的"主动权"交至女性手中，体现了民法保障妇女权益，向弱势群体倾斜的基本原则。

三、人民法院的例外受理决定权

本条规定在"确有必要时"，人民法院有权决定受理男方的离婚请求。本条规定的"确有必要"主要有以下两种情况：一是在此期间内双方确实存在不能继续共同生活的重大而紧迫的理由，如一方对他方有危及生命、人身安全的可能；二是女方怀孕是因与他人通奸所致，女方也不否认或者证据确凿。但即使如此，法院在处理案件时，也应注意保护妇女、胎儿及婴儿的身心健康。

◆【其他问题】

本条规定明确限制了男方在女方怀孕期间、分娩后 1 年内或者终止妊娠后 6 个月内单方面提出离婚，但若男方在前述特殊期间内提出婚姻无效或撤销婚姻的请求是否也应适用本条规定对其进行限制？笔者认为，对男方行使离婚请求权的限制性规定，其根本立法目的是保护妇女在孕期、分娩后以及终止妊娠后的一定期限内的身体健康、心理健康和胎儿、婴儿的正常发育，维护妇女和胎儿、婴儿的基本权益。因此，在这些特殊期间，男方也不得提出婚姻无效、撤销婚姻的请求。无论是对于当事人的离婚请求或是婚姻无效、撤销的请求，都应当向妇女和胎儿、婴儿的基本健康权让步。

（撰稿人：姚　邢）

第一千零八十三条　【自愿恢复婚姻关系须重新进行结婚登记】
离婚后，男女双方自愿恢复婚姻关系的，应当到婚姻登记机关重新进行结婚登记。

◆【法条由来】

本条规定是对《婚姻法》第35条、《婚姻登记条例》第14条规定的修改完善。《婚姻法》第35条规定："离婚后，男女双方自愿恢复夫妻关系的，必须到婚姻登记机关进行复婚登记。"《婚姻登记条例》第14条规定："离婚的男女双方自愿恢复夫妻关系的，应当到婚姻登记机关办理复婚登记。复婚登记适用本条例结婚登记的规定。"本次立法将"复婚登记"改为"重新进行结婚登记"。

◆【法条评注】

本条是关于自愿恢复婚姻关系须重新进行结婚登记的规定。本条规定的内容可以概括为以下三个方面：

第一，复婚，是指夫妻双方在离婚后，自愿恢复夫妻关系并到婚姻登记机关重新进行结婚登记的行为。当事人无论何种原因离婚，均不可自行恢复婚姻关系。如不到婚姻登记机关进行登记，法律上并不认可其恢复婚姻的效力。本次立法将"复婚登记"改为"重新进行结婚登记"，是因为实践中，复婚在登记机关和登记程序上与结婚登记相同。在法典化的过程中，将近似的概念进行统一规定，有利于法典表述的简洁与清晰。

第二，根据本条规定，男女双方在离婚后，基于婚姻自由的原则，自愿恢复婚姻关系，表明其对婚姻生活重新恢复了信心，愿意彼此仍以夫妻关系相待，互相忠实，互相扶助，互相关爱。国家法律对当事人的复婚意愿和复婚行为应当给予保护。本条规定体现了《民法典》婚姻家庭编所贯穿的人权平等、人身自由、人格尊严、人本秩序和人文关怀的核心法理思想。

第三，男女双方自愿恢复婚姻关系的，应当到婚姻登记机关重新进行结婚登记，表明了国家法律对当事人复婚行为的公示要求，以便使当事人的复婚行为为世人所知晓。本条规定体现了《民法典》婚姻家庭编对复婚行为的当事人要求其应当遵循权利法定、行为公示、效力公信的具体法理规则。

◆ 【其他问题】

一、夫妻双方办理协议离婚后又复婚的，原离婚协议中的财产约定是否还有效

通说认为，当事人在协议离婚时签订离婚协议，是附条件的民事法律行为。离婚协议的生效前提是双方当事人已离婚，即解除婚姻关系。因此当夫妻双方办理协议离婚后，离婚协议即生效，双方应按照协议中对财产的约定确定财产的归属。即使双方离婚后又办理结婚登记，原约定应当属于一方的财产，也不能因为复婚行为而转化为夫妻共同财产。

二、夫妻双方在办理协议离婚后又复婚的，双方在离婚期间生育的子女，在其复婚后处于何种法律地位

依照民法的原理，婚生子女是指生父母具有合法婚姻关系的子女，包括婚后生育的子女和虽然属于婚前生育但后来生父母依法缔结了婚姻关系的子女。因此，该种情形下的子女，应当被视作婚生子女，其与父母之间的关系完全适用法律关于父母子女权利义务关系的规定。

（撰稿人：龙翼飞　姚　邢）

第一千零八十四条　【离婚后的父母子女关系】

父母与子女间的关系，不因父母离婚而消除。离婚后，子女无论由父或者母直接抚养，仍是父母双方的子女。

离婚后，父母对于子女仍有抚养、教育、保护的权利和义务。

离婚后，不满两周岁的子女，以由母亲直接抚养为原则。已满两周岁的子女，父母双方对抚养问题协议不成的，由人民法院根据双方的具体情况，按照最有利于未成年子女的原则判决。子女已满八周岁的，应当尊重其真实意愿。

◆【法条由来】

本条源于《婚姻法》第36条的规定："父母与子女间的关系，不因父母离婚而消除。离婚后，子女无论由父或母直接抚养，仍是父母双方的子女。""离婚后，父母对于子女仍有抚养和教育的权利和义务。""离婚后，哺乳期内的子女，以随哺乳的母亲抚养为原则。哺乳期后的子女，如双方因抚养问题发生争执不能达成协议时，由人民法院根据子女的权益和双方的具体情况判决。"本条修改之处共有四处：一是第2款增加保护的权利和义务；二是明确规定离婚后不满两周岁的子女以由母亲直接抚养为原则；三是规定子女抚养应当遵循最有利于未成年子女的原则；四是新增8周岁以上的子女的直接抚养权应当尊重其真实意愿。

◆【法条评注】

本条是关于离婚后父母子女关系以及离婚后对未成年子女直接抚养归属的规定。

一、离婚后父母与子女的关系

本条第1款规定父母与子女间的关系不因离婚而消灭。父母子女关系是基于血缘关系而成立，这种血缘关系客观存在，除非一方或双方死亡，不可人为地消灭。因此，离婚只能消除夫妻关系，不可能消除父母子女的基于出生事实而产生的血缘关系。离婚后，子女无论随父母哪一方生活，仍然是父母双方的子女。婚姻家庭编关于父母子女之间权利义务的规定仍然适用，不因父母离婚而受到影响。

养父母与养子女之间属于拟制血亲关系，养父母离婚，只发生解除养父母之间婚姻关系的效力，并不发生终止养父母与养子女之间的收养关系的效力。养父母离婚后养子女仍然是双方的养子女。但是，在特殊情况下，如果养父母离婚时与养子女的生父母协商，并经已满10周岁的养子女同意，可以依法解除收养，由生父母抚养。这属于收养的解除，而非因离婚而改变养父母子女关系。《中华人民共和国收养法》施行前，夫或妻一方收养的子女，对方未表示反对，并与该子女形成事实收养关系的，离婚后，应由双方负担子女的抚育费；夫或妻一方收养的子女，对方始终反对的，离婚后，应由收养方抚养该子女。

生父与继母或者生母与继父离婚时，依据《民法典婚姻家庭编司法解释（一）》第54条的规定，对曾受其抚养教育的继子女，继父或继母不同意继续抚养的，仍应由生父母抚养。据此而言，继父母与继子女之间已经形成的权利义务关系因此而消除。反之，如果继父与生母或继母与生父离婚时，继父或者继母同意继续扶养继子女，并取得生父母同意的，则继父母与继子女之间已经形成的权利义务关系不变。

二、离婚后父母对子女的权利和义务

《民法典》第1067条和1068条规定了父母对未成年子女抚养、教育的权利义务。离婚后，父母对于子女仍有抚养、教育、保护的权利和义务。所谓抚养是指父母从物质上、经济上对子女的养育和照料，如负担子女的生活费、教育培训费等；教育是指父母从思想、品德、学业等方面对子女的全面培养。父母对未成年子女或不能独立生活子女的抚养教育义务既是权利也是义务。父母不履行抚养和教育的义务时，未成年子女或不能独立生活的子女有要求父母付给抚养费的权利。

本条第2款新增父母对子女的保护的权利和义务。所谓保护，是指父母为了未成年子女的安全和利益，防止和排除来自外力的各种侵害。保护义务来自监护职责。《民法典》第34条规定："监护人的职责是代理被监护人实施民事法律行为，保护被监护人的人身权利、财产权利以及其他合法权益等。监护人依法履行监护职责产生的权利，受法律保护。监护人不履行监护职责或者侵害被监护人合法权益的，应当承担法律责任。"当未成年子女对国家、集体或他人造成损害时，父母有承担民事责任的义务。

三、离婚后未成年子女直接抚养权的归属

夫妻离婚不能消除父母子女之间的关系，但是抚养子女的方式会发生变化，即由共同直接抚养转化为一方单独直接抚养。离婚后未成年子女由谁直接抚养，不仅关系到离婚当事人的利益，而且更为重要的是直接涉及子女的切身利益。离婚自由是婚姻家庭编规定的重要原则，是意思自治的表现形式。最有利于未成年子女的原则是婚姻家庭法从"父母本位"向"子女本位"立法演变的必然结果，在未成年保护上实现了"人人生而平等"的人权观念，符合人类的争议价值理念。离婚自由与最有利于未成年子女的原则可以兼而有之，但是产生矛盾和冲突也是不可避免的。在两者发生矛盾时，最有利于未成年子女的原则应当优先于离婚自由原则，在此前提下保障离婚自由的实现，从而构成对离婚自由的限制。针对本条第3款的内容，应结合司法解释从如下三个层面加以把握：

首先，《民法典婚姻家庭编司法解释（一）》第44条规定，离婚案件涉及未成年子女抚养的，对不满两周岁的子女，按照《民法典》第1084条第3款规定的原则处理。母亲有下列情形之一，父亲请求直接抚养的，人民法院应予支持：（1）患有久治不愈的传染性疾病或者其他严重疾病，子女不宜与其共同生活；（2）有抚养条件不尽抚养义务，而父亲要求子女随其生活；（3）因其他原因，子女确不宜随母亲生活。父母双方协议不满两周岁子女由父亲直接抚养，并对子女健康成长无不利影响的，人民法院应予支持。

其次，《民法典婚姻家庭编司法解释（一）》第46条规定，对已满两周岁的未成年子女，父母均要求直接抚养，一方有下列情形之一的，可予优先考虑：（1）已做绝育手术或者因其他原因丧失生育能力；（2）子女随其生活

时间较长,改变生活环境对子女健康成长明显不利;① (3) 无其他子女,而另一方有其他子女;(4) 子女随其生活,对子女成长有利,而另一方患有久治不愈的传染性疾病或者其他严重疾病,或者有其他不利于子女身心健康的情形,不宜与子女共同生活。

再次,父母抚养子女的条件基本相同,双方均要求直接抚养子女,但子女单独随祖父母或者外祖父母共同生活多年,且祖父母或者外祖父母要求并且有能力帮助子女照顾孙子女或者外孙子女的,可以作为父或者母直接抚养子女的优先条件予以考虑。

最后,父母双方对于8周岁以上未成年子女随父或随母生活发生争执的,应当尊重子女的真实意愿。究其原因,8周岁的未成年子女属于限制民事行为能力人,具有一定意思的自主决定权。如果父母双方争夺直接抚养权或者均不表示放弃单独抚养权的,应当尊重8周岁未成年子女的抚养权,通常符合最有利于未成年子女的原则。如果在子女的直接抚养权上,"8周岁以上的子女的真实意愿"与"最有利于未成年子女的原则"相矛盾,法院应当依照后者判决。

(撰稿人:冉克平)

---

① 在"袁某1、宋某婚约财产纠纷、抚养纠纷案"中,法院认为:"关于孩子的抚养及抚养费的负担问题,虽然《婚姻法》第36条第三款规定:'离婚后,哺乳期内的子女,以随哺乳的母亲抚养为原则',但该规定的最终目的为了孩子的身心健康。本案中,因为各方面原因,孩子从出生到现在一直由男方抚养,孩子也已经适应了这样的家庭环境,且无证据证明袁某1在抚养孩子的过程中有不当行为,故为孩子的身心健康考虑,孩子继续由其父亲袁某1抚养为宜。"参见廊坊市中级人民法院民事判决书,(2018)冀10民终189号。

> **第一千零八十五条　【离婚后子女的抚养费负担】**
> 　　离婚后，子女由一方直接抚养的，另一方应当负担部分或者全部抚养费。负担费用的多少和期限的长短，由双方协议；协议不成的，由人民法院判决。
> 　　前款规定的协议或者判决，不妨碍子女在必要时向父母任何一方提出超过协议或者判决原定数额的合理要求。

◆【法条由来】

本条沿袭《婚姻法》第37条规定："离婚后，一方抚养的子女，另一方应负担必要的生活费和教育费的一部或全部，负担费用的多少和期限的长短，由双方协议；协议不成时，由人民法院判决。""关于子女生活费和教育费的协议或判决，不妨碍子女在必要时向父母任何一方提出超过协议或判决原定数额的合理要求。"在文字表述上主要有三处改动：一是"一方抚养的子女"修改为"子女由一方直接抚养的"；二是"必要的生活费和教育费的一部或全部"修改为"部分或者全部抚养费"；三是"关于子女生活费和教育费的协议或判决"修改为"前款规定的协议或者判决"。

◆【法条评注】

本条是关于离婚后父母对子女抚养费负担的规定。

一、抚养费的协商与判决

夫妻离婚后，对于子女的抚养方式由共同直接抚养转变为由一方单独直接抚养。子女抚养费的承担，首先由父母双方协商确定。包括双方负担费用的多少、期限、支付方式、出现问题的处理方法等，由父母双方通过平等协商达成明确、具体的协议，不损害子女的合法权益的，应予准许。从最有利于子女的原则出发，协议应当有利于子女的健康成长，不得损害子女的合法权益。父母双方可以协议子女随一方生活并由抚养方负担子女全部抚养费。但经查实，抚养方的抚养能力明显不能保障子女所需费用，影响子女健康成长的,不予准许。双方协议不成或者其协议不被准许时,应当由人民法院按照最有利于子女原则并结合父母双方的负担能力作出判决。在离婚诉讼期间,双方均拒绝抚养子女的,可先行裁定暂由一方抚养。

二、抚养费的数额

父母对子女的抚养费包括生活费、教育费和医疗费用等,子女无论是由父亲还是母亲直接抚养,另一方都应当负担必要的抚养费。子女抚养费的数额,可根据子女的实际需要、父母双方的负担能力和当地的实际生活水平确定。有固定收入的,抚养费一般可按其月总收入的20%至30%的比例给付。负担两个以上子女抚养费的,比例可适当提高,但一般不得超过月总收入的50%。无固定收入的,抚养费的数额可依据当年总收入或同行业平均收入,参照上述比例确定。有特殊情况的,可适当提高或降低上述比例。对一方无经济收入或者下落不明的,可用其财物折抵子女抚养费。

三、抚养费的给付期限

抚养费应定期给付,有条件的可一次性给付。抚养费的给付期限,一般至子女18周岁为止。16周岁以上不满18周岁,以其劳动收入为主要生活来源,并能维持当地一般生活水平的,父母可停止给付抚养费。父母原则上对成年子女并无抚养的法定义务。但是,不能独立生活的成年子女有下列情形之一,父母又有给付能力的,仍应负担必要的抚养费:(1)尚在校接受高中及其以下学历教育;(2)丧失、部分丧失劳动能力等非因主观原因而无法维持正常生活的。

父母不得因子女变更姓氏而拒付子女抚养费。父或母一方擅自将子女姓氏改为继母或继父姓氏而引起纠纷的,应责令恢复原姓氏。

四、子女抚养费合乎必要的数额增加请求权

离婚时,对于子女抚养费的确定,是以离婚当事人子女实际需要、父母双方的负担能力以及当地的实际生活水平为标准的。为了保障子女正常生活、学习所必需的费用,需要根据各种条件的变化对子女抚养费重新作出调整。本条第2款就是子女抚养费合乎必要数额增加请求权。子女在必要时要求父母增加抚养费,是其一项重要的权利。离婚后,一方要求变更子女抚养关系的,或者子女要求增加抚养费的,应另行起诉。子女要求增加抚养费有下列

情形之一，父或母有给付能力的，应予支持：(1) 原定抚养费数额不足以维持当地实际生活水平的；(2) 因子女患病、上学，实际需要已超过原定数额的；(3) 有其他正当理由应当增加的。

  父母有抚养教育子女的义务，在其离婚后仍然承担子女必要的抚养费。但是，父母对子女的抚养费的实际给付需要以具有履行义务的能力为条件。如果给付方本身已无法维持其生活，即使其应负担义务，也无法实际履行义务。因此，父母在给付子女抚养费时，应当根据其经济能力对其抚养费的负担予以减少或者中止给付，对有经济能力的另一方则应当增加其负担的抚养费数额。①

（撰稿人：冉克平）

---

① 余延满：《亲属法原论》，法律出版社2007年版，第379页。

> **第一千零八十六条　【离婚后对子女的探望权】**
>
> 离婚后，不直接抚养子女的父或者母，有探望子女的权利，另一方有协助的义务。
>
> 行使探望权利的方式、时间由当事人协议；协议不成的，由人民法院判决。
>
> 父或者母探望子女，不利于子女身心健康的，由人民法院依法中止探望；中止的事由消失后，应当恢复探望。

◆【法条由来】

本条沿袭《婚姻法》第 38 条规定，条文内容未作实质性修改。

◆【法条评注】

本条是关于离婚后父母对子女探望权的规定。

一、探望权概述

探望权又称为探视权，是指父母离婚后，不直接抚养子女的一方依法享有对未与之共同生活的子女进行探视、看望、交往的权利。探望权本质上属于亲权的表现形式，是权利义务的结合体。父母离婚后，即使判决子女归父母一方直接抚养，另一方除依法定事由被判剥夺亲权之外，仍然享有亲权，也享有对未成年子女的探望权。

二、探望权的主体

依据本条第 1 款的规定，探望权的主体为未直接抚养未成年子女的已离婚的父母一方。有争议的是，祖父母、外祖父母是否属于探望权的主体？《民法典》在立法过程中曾规定了隔代探望权。但是，2019 年 10 月 22 日，全国人大常委会对《民法典婚姻家庭编（草案）》进行第三次审议，删除了"隔代探望权"条款。宪法和法律委员会经研究认为，"鉴于目前各方面对此尚未达成共识，可以考虑暂不在民法典中规定祖父母、外祖父母进行隔代探望，如与直接抚养子女的一方不能协商一致，可以通过诉讼由人民法院根据具体情况加以解决。"删除"隔代探望权"条款并不意味着反对该制度,而是认为对该规则褒贬不一难以达成共识,最终如何取舍仍有研究余地。

从我国司法审判实践来看,最高人民法院民一庭认为:"虽然我国婚姻法将探望权的主体规定为离婚后不直接抚养子女的父或母,但在未成年子女的父或母死亡或者丧失行为能力的情况下,依照《婚姻法》第二十八条之规定,代替自己已经死亡或者丧失行为能力的子女对孙子女或外孙子女尽抚养义务的祖父母或者外祖父母主张探望孙子女或外孙子女的,人民法院应当予以支持。"① 还有法院认为:"我国婚姻法虽将探望主体规定为离婚后不直接抚养子女的父或者母,但在探望主体死亡或者丧失行为能力的情况下祖父母、外祖父母可否代替子女对孙子女或外孙子女进行探望未有明确规定。对此,应从法律规定之精神和中华民族文化传统进行综合衡量并作出妥当安排:首先,探望作为亲属权的重要内容之一,既是成年近亲属对未成年人的法定权利,也是成年近亲属对未成年人的法定义务,其他成年近亲属的精神关怀与物质支持对未成年人人格健全、身心发育成长有着积极意义,符合《未成年人保护法》的保护原则。因此,代替已经死亡或者丧失行为能力的子女对孙子女或外孙子女进行探望既是祖父母、外祖父母应当之权利,亦是保护未成年人权利的应有之义。其次,探望孙辈是失独老人获得精神慰藉的重要途径之一,应视为老年人应有之权益,且可与孙辈享有代位继承权利之法律原理相对应。《老年人权益保障法》规定老年人养老以居家为基础,享有家庭成员尊重、关心和照料的权利。既然《继承法》赋予孙子女、外孙子女等在父或母先于祖父母、外祖父母死亡情形下有代位继承祖父母、外祖父母遗产的权利,同理,失独老人代替死亡子女行使探望权于法于理并不相悖,亦是对失独老年人的特殊保护和关心。再次,近亲属担任未成年人的监护人应当遵循法定的顺序位阶,在未成年人有法定监护人的情形下,其他近亲属探望须遵守监护权行使的代际位阶,不得妨碍序位在先的监护人履行监护职责,否则监护人可依法要求中止不当探视。当然,监护人在行使监护权之时亦应为其他近亲属合理探视提供必要之便利。最后,允许失独老人隔代探望、和谐共处履行监护职责与公序良俗、社会公德相符,亦是对中华民族传统美德的继承与发

---

① 最高人民法院民事审判第一庭编:《民事审判指导与参考》2011年第2辑(总第46辑),人民法院出版社2011年版,第98页。

扬。在有利于未成年人健康成长、有利于亲属间感情融合的基础上，在不影响监护人履行法定监护职责的前提下，应当支持祖父母、外祖父母对孙辈的合理探望。"① 从尊重民俗和倡导良好的亲属关系出发，如果未成年人的父或母不能行使亲权，祖父母或者外祖父母享有探望权（不以祖父母或外祖父母承担抚养义务为条件）。

三、探望权的行使原则

探望权的行使应当遵循以下原则：第一，最有利于未成年子女健康成长原则。法律设置探望权的宗旨即是为保护未成年人的利益。第二，意思自治原则。探望权的行使方式、时间等由当事人协议。协议不成时，由人民法院判决。《民法典婚姻家庭编司法解释（一）》第65条规定，人民法院作出的生效的离婚判决中未涉及探望权，当事人就探望权问题单独提起诉讼的，人民法院应予受理。第三，协作原则。当一方行使探望权时，另一方负有协助的义务。

四、探望权的中止和恢复

探望权的中止是指发生一定的法定事由，导致探望权不应当继续行使，由人民法院依法暂时停止探望权的行使。本条第3款规定以存在"不利于子女身心健康"的情形作为探望权中止的事由，例如：探望方患有严重疾病尤其是传染病；探望方在探望子女时有严重的违法或犯罪行为的；探望方借探望之机藏匿子女，使其脱离直接抚养方等。

关于探望权中止的程序。《民法典婚姻家庭编司法解释（一）》第66条规定，当事人在履行生效判决、裁定或者调解书的过程中，一方请求中止探望的，人民法院在征询双方当事人意见后，认为需要中止探望的，依法作出裁定；中止探望的情形消失后，人民法院应当根据当事人的请求书面通知其恢复探望。第67条规定，未成年子女、直接抚养子女的父或母及其他对未成年子女负担抚养、教育、保护义务的法定监护人，有权向人民法院提出中止探望权的请求。

（撰稿人：冉克平）

---

① 参见徐某、李某诉倪某隔代探望权纠纷案，江苏省法院2015年度典型案例。

> **第一千零八十七条 【离婚时夫妻共同财产的分割】**
>
> 离婚时,夫妻的共同财产由双方协议处理;协议不成的,由人民法院根据财产的具体情况,按照照顾子女、女方和无过错方权益的原则判决。
>
> 对夫或者妻在家庭土地承包经营中享有的权益等,应当依法予以保护。

◆【法条由来】

本条沿袭《婚姻法》第 39 条规定:"离婚时,夫妻的共同财产由双方协议处理;协议不成时,由人民法院根据财产的具体情况,照顾子女和女方权益的原则判决。""夫或妻在家庭土地承包经营中享有的权益等,应当依法予以保护。"在第 1 款中新增照顾"无过错方"的原则,此外仅作个别字词调整。

◆【法条评注】

本条是关于离婚时对夫妻共同财产分割的规定。

一、夫妻共同财产的范围

夫妻共同财产系婚姻关系存续期间夫妻共同享有的财产。所谓夫妻关系存续期间,是指夫妻结婚后到一方死亡或者离婚之前这段时间。我国法定夫妻财产制采纳的是夫妻婚后所得共同制。依据《民法典》第 1062 条的规定,夫妻在婚姻关系存续期间所得的下列财产,为夫妻的共同财产,归夫妻共同所有:(1)工资、奖金、劳务报酬;(2)生产、经营、投资的收益;(3)知识产权的收益;(4)继承或者受赠的财产,但是本法第 1063 条第 3 项规定的除外;(5)其他应当归共同所有的财产。包括一方以个人财产投资取得的收益;男女双方实际取得或者应当取得的住房补贴、住房公积金;男女双方实际取得或者应当取得的养老保险金、破产安置补偿费。此外,军人的伤亡保险金、伤残补助金、医药生活补助费属于个人财产。人民法院审理离婚案件,涉及分割发放到军人名下的复员费、自主择业费等一次性费用的，以夫妻婚姻关系存续年限乘以年平均值，所得数额为夫妻共同财产。年平均值，是指将发放到军人名下的上述费用总额按具体年限均分得出的数额。其具体年限为人均寿命70岁与军人入伍时实际年龄的差额。

对个人财产还是夫妻共同财产难以确定的，主张权利的一方有责任举证。当事人举不出有力证据，人民法院又无法查实的，按夫妻共同财产处理。

二、夫妻共同财产分割应当考虑的因素

离婚时，夫妻的共同财产由双方协议处理，这是意思自治原则的具体表现。如果双方协议不成的，由人民法院根据财产的具体情况，按照照顾子女、女方和无过错方权益的原则判决。在大多数情况下，夫妻离婚时未成年子女是最大的受害者，为保护其利益，贯彻未成年子女最佳利益保护原则，本条规定对子女权益的保障是分割夫妻共同财产时应当优先考虑的因素。对于女方和无过错方权益的保护则是第二个需要考虑的因素。

夫妻共同财产，原则上均等分割。根据生产、生活的实际需要和财产的来源等情况，具体处理时也可以有所差别。属于个人专用的物品，一般归个人所有。具体而言：（1）一方以夫妻共同财产与他人合伙经营的，入伙的财产可分给一方所有，分得入伙财产的一方对另一方应给予相当于入伙财产一半价值的补偿。（2）属于夫妻共同财产的生产资料，可分给有经营条件和能力的一方。分得该生产资料的一方对另一方应给予相当于该财产一半价值的补偿。（3）对夫妻共同经营的当年无收益的养殖、种植业等，离婚时应从有利于发展生产、有利于经营管理考虑，予以合理分割或折价处理。（4）对不宜分割使用的夫妻共有的房屋，应根据双方住房情况和照顾抚养子女方或无过错方原则分给一方所有。分得房屋的一方对另一方应给予相当于该房屋一半价值的补偿。在双方条件等同的情况下，应照顾女方。（5）夫妻双方分割共同财产中的股票、债券、投资基金份额等有价证券以及未上市股份有限公司股份时，协商不成或者按市价分配有困难的，人民法院可以根据数量按比例分配。（6）已登记结婚，并且开始共同生活的，一方或双方受赠的礼金、礼物应认定为夫妻共同财产，具体处理时应考虑财产、数量等情况合理分割。各自出资购置、各自使用的财物，原则上归各自所有。但如果双方虽办理结婚登记手续但未共同生活的，或者婚前给付并导致给付人生活困难的，在离婚时，当事人请求返还按照习俗给付的彩礼的，人民法院应当予以支持。(7) 夫妻对夫妻共同财产中的房屋价值及归属无法达成协议时，人民法院按以下情形分别处理：双方均主张房屋所有权并且同意竞价取得的，应当准许；一方主张房屋所有权的，由评估机构按照市场价格对房屋作出评估，取得房屋所有权的一方应当给予另一方相应的补偿；双方均不主张房屋所有权的，根据当事人的申请拍卖房屋，就所得价款进行分割。

三、家庭土地承包经营权的保护

在农村，家庭土地承包经营权是重要的夫妻共同财产。依据《妇女权益保障法》的规定，在婚姻、家庭共有财产关系中，不得侵害妇女依法享有的权益。妇女在农村土地承包经营、集体经济组织收益分配、土地征收或者征用补偿费使用以及宅基地使用等方面，享有与男子平等的权利。任何组织和个人不得以妇女未婚、结婚、离婚、丧偶等为由，侵害妇女在农村集体经济组织中的各项权益。因结婚男方到女方住所落户的，男方和子女享有与所在地农村集体经济组织成员平等的权益。《农村土地承包法》第31条规定："承包期内，妇女结婚，在新居住地未取得承包地的，发包方不得收回其原承包地；妇女离婚或者丧偶，仍在原居住地生活或者不在原居住地生活但在新居住地未取得承包地的，发包方不得收回其原承包地。"

（撰稿人：冉克平）

> **第一千零八十八条 【离婚时的经济补偿请求权】**
> 夫妻一方因抚育子女、照料老年人、协助另一方工作等负担较多义务的,离婚时有权向另一方请求补偿,另一方应当给予补偿。具体办法由双方协议;协议不成的,由人民法院判决。

◆【法条由来】

本条沿袭《婚姻法》第40条规定:"夫妻书面约定婚姻关系存续期间所得的财产归各自所有,一方因抚育子女、照料老人、协助另一方工作等付出较多义务的,离婚时有权向另一方请求补偿,另一方应当予以补偿。"有三处修改:一是删除"书面约定婚姻关系存续期间所得的财产归各自所有",扩张了本条的适用范围,不限于此前《婚姻法》规定的分别财产制的情形;二是将"老人"修改为"老年人","付出"修改为"负担","予以"修改为"给予";三是增加"具体办法由双方协议;协议不成的,由人民法院判决。"

◆【法条评注】

本条是关于离婚时的经济补偿请求权的规定。

一、离婚经济补偿制度的功能

所谓离婚时的经济补偿请求权,是指夫妻一方在婚姻关系存续期间因抚育子女、照料老年人、协助另一方工作等负担较多义务的,离婚时有权向另一方请求补偿的权利。经济补偿请求权是为了保障妇女合法权益,实现夫妻实质平等的需要,对家务劳动价值的承认。离婚经济补偿既不同于财产法上的合同关系,也不是劳务付出和感情付出的代价,而仅仅是一种弥补对方损失的辅助性财产手段。

《婚姻法》第40条规定,经济补偿请求权以夫妻双方约定实行分别财产制为前提。但是本条删除了这一前提条件,从而使经济补偿请求权的适用范围得以扩张。主要理由在于:我国绝大多数民众实施的是法定的夫妻共同财产制,夫妻双方约定分别财产制的比例非常低。然而,在实施法定夫妻共同财产制的家庭中，夫妻一方为了家庭、子女、老人等负担较多的时间、劳动、财产和精力，丧失了自己的事业或获取更多财产的机会，帮助另一方获得了文凭、资格或地位的情况时有发生。由于《婚姻法》将离婚经济补偿制度限制在分别财产制之上，致使该制度的功能无法充分体现。离婚经济补偿制度正是为了解决这些实际问题而设计的。有学者提出，在重构我国的离婚经济补偿制度时应当规定：只有一方对婚姻家庭作出了特别贡献，即有超出法定义务的负担，而另一方因此负担获得了人身性的利益（机会利益），则无论采取何种夫妻财产制，在离婚时，负担方均有权请求获利方给予经济补偿。① 从我国司法审判实践来看，已经突破分别财产制的限制，赋予负担较多义务的一方经济补偿请求权。②

二、离婚时经济补偿请求权的行使

离婚经济补偿制度以夫妻一方在共同生活中对家庭负担较多的义务为条件。补偿以权利义务对等为目的，只有一方负担较多的义务才存在另一方对其所付出的较多义务给予补偿的问题。一方负担较多的义务例如在抚养教育子女，照料、赡养老人，支持、协助对方工作等各个方面负担了较多的时间或者劳动、精力等。离婚经济补偿可以分为补偿性的扶养主义与财产分割主义。前者是指夫妻一方为对方接受专门的职业（如律师、医师）教育或取得某一行业的营业执照作出贡献，而且在对方接受教育或取得执照过程中或完

---

① 李洪祥：《论离婚经济补偿制度的重构》，载《当代法学》2005年第6期。
② 在张某1与张某2离婚纠纷案中，法院认为："原、被告婚姻基础一般，但婚后双方缺乏有效的沟通和交流，均未能正确处理家庭事务。在本院判决不准离婚后，双方亦未能和好，应视为夫妻感情确已破裂，因此原告要求离婚的诉讼请求，本院予以支持。本案中，原告离家外出打工11年，其子张某3由被告独自抚养成年。虽然原、被告分居期间所得的财产虽为夫妻共同财产，但二人分居两地，各自所得的财产由各自使用，被告无法处分分居期间原告所得的那部分共同收入，完成子女的抚养义务。现子女虽已成年，但之前11年原、被告对子女的共同抚养义务，均由被告一人独自完成，被告付出了巨大的艰辛，尽到了较多的家庭义务。根据《婚姻法》第40条的规定：'夫妻书面约定婚姻关系存续期间所得的财产归各自所有，一方因抚育子女、照料老人、协助另一方工作等付出较多义务的，离婚时有权向另一方请求补偿，另一方应当予以补偿。'被告要求原告给予经济补偿的请求，合理合法，本院予以支持，原告要求被告给予精神损害抚慰金，本院酌定从原告给予的经济补偿中一并予以处理，结合原告过错程度及经济能力，本院认为，原告应给予被告经济补偿35000元为宜。"参见山东省济南市长清区人民法院民事判决书，（2015）长民初字第1981号。

成教育或取得执照后不久,夫妻双方随即离婚的情况下,接受教育或取得执照的一方对贡献方应承担补偿的义务。后者是指将学位、营业执照或资格当作夫妻共同财产或婚姻财产在夫妻之间加以公正分割。公正分割是对夫妻各方基于他们对婚姻所作贡献的大小,对于婚姻关系存续期间积累的婚姻财产享有份额利益和权利的认可,不是因为生活需要这一份额,而是因为婚姻财产代表着本质上属于对合伙实体的投资享有成果。① 从本条规定来看,规定的是补偿性的扶养主义。

离婚经济补偿请求权由多负担义务的一方在离婚时向另一方提出补偿请求。离婚后,该请求权随之消灭。给予补偿的数额和支付方式,应首先由双方协商确定;协商不成时,应由人民法院在查明夫妻双方各自财产状况以及一方多付出义务情况的基础上,按照权利与义务对等的原则确定。具体来说,应斟酌以下因素:一方负担义务的多少、少付出义务一方因此获得的利益、双方在离婚时的财产状况以及经济能力等。

(撰稿人:冉克平)

---

① 参见张学军:《论离婚后的扶养立法》,法律出版社2004年版,第289~290页。

> **第一千零八十九条　【离婚时夫妻共同债务的清偿】**
>
> 离婚时，夫妻共同债务应当共同偿还。共同财产不足清偿或者财产归各自所有的，由双方协议清偿；协议不成的，由人民法院判决。

◆ 【法条由来】

本条沿袭《婚姻法》第41条规定："离婚时，原为夫妻共同生活所负的债务，应当共同偿还。共同财产不足清偿的，或财产归各自所有的，由双方协议清偿；协议不成时，由人民法院判决。"主要有两处修改：一是"原为夫妻共同生活所负的债务"修改为"夫妻共同债务"；二是文字修改，将"共同财产不足清偿的，或财产归各自所有的"修改为"共同财产不足清偿或者财产归各自所有的"。

◆ 【法条评注】

本条是关于离婚时夫妻共同债务清偿的规定。

一、夫妻共同债务的认定

自2018年1月18日起实施的《最高人民法院关于审理涉及夫妻债务纠纷案件适用法律有关问题的解释》①，其完善了2003年12月25日公布的《婚姻法司法解释（二）》② 第24条③的规定。随后，最高人民法院又发布了《最高人民法院关于办理涉夫妻债务纠纷案件有关工作的通知》（法明传

---

① 该司法解释已经被2020年12月29日公布的《最高人民法院关于废止部分司法解释及相关规范性文件的决定》（法释〔2020〕16号）废止。
② 该司法解释已经被2020年12月29日公布的《最高人民法院关于废止部分司法解释及相关规范性文件的决定》（法释〔2020〕16号）废止。
③ 《婚姻法司法解释（二）》第24条规定："债权人就婚姻关系存续期间夫妻一方以个人名义所负债务主张权利的，应当按夫妻共同债务处理。但夫妻一方能证明债权人与债务人明确约定为个人债务，或者能够证明属于婚姻法第十九条第三款规定情形的除外。"

〔2018〕71号），规定正在审理的有关夫妻共同债务的一审和二审案件均适用新的司法解释；已经终审的案件，若是存在认定事实不清、适用法律错误、结果明显不公的，应该依法再审予以纠正并改判，以解决利益严重受损的配偶一方的权益保护问题。

《民法典》第1064条规定："夫妻双方共同签名或者夫妻一方事后追认等共同意思表示所负的债务，以及夫妻一方在婚姻关系存续期间以个人名义为家庭日常生活需要所负的债务，属于夫妻共同债务。""夫妻一方在婚姻关系存续期间以个人名义超出家庭日常生活需要所负的债务，不属于夫妻共同债务；但是，债权人能够证明该债务用于夫妻共同生活、共同生产经营或者基于夫妻双方共同意思表示的除外。"

二、夫妻共同债务的清偿

本条规定夫妻共同债务应当"共同偿还"。共同财产不足清偿或者财产归各自所有的，由双方协议清偿；协议不成的，由人民法院判决。但是，人民法院依据何种规则判决，本条并未说明。《民法典婚姻家庭编司法解释（一）》第35条规定："当事人的离婚协议或者人民法院生效判决、裁定、调解书已经对夫妻财产分割问题作出处理的，债权人仍有权就夫妻共同债务向男女双方主张权利。""一方就夫妻共同债务承担清偿责任后，主张由另一方按照离婚协议或者人民法院的法律文书承担相应债务的，人民法院应予支持。"《民法典婚姻家庭编司法解释（一）》第36条规定："夫或者妻一方死亡的，生存一方应当对婚姻关系存续期间的夫妻共同债务承担清偿责任。"如此规定的原因主要有三：一是夫妻双方本来就是同一债权的共同债务人，该债务为双方所同意或其所带来的利益为夫妻双方共享；二是债务人婚姻关系的未来状况是债权人所难以预料的风险；三是夫妻财产构成夫妻共同债务的全部担保。① 由非举债方与举债方对夫妻共同债务承担连带责任，有学者持赞同观点。②

但是，近年来学术界对上述"共同债务连带清偿规则"有不同的观点，其主要观点可归纳如下：（1）在外部关系上，夫妻共同债务至少应当被解释

---

① 最高人民法院民事审判第一庭编著：《最高人民法院婚姻法司法解释（二）的理解与适用》，人民法院出版社2015年版，第268页。
② 参见裴桦：《夫妻财产制与财产法规则的冲突与协调》，载《法学研究》2017年第4期。

为由"夫妻共同财产+债务人的夫妻个人财产"承担的债务,举债方配偶的个人财产不应对夫妻共同债务负责;在内部关系上,夫妻共同债务、夫妻个人债务应当分别被理解为"夫妻共同财产的债务""夫妻个人财产的债务"。①(2)由举债方配偶承担无限制的连带责任超出制度设置的目的范围。夫妻共同债务的"共同偿还"只能解释为共同债务人就剩余债务拿出"共同份额"的个人财产加以偿还,并不发生连带清偿责任。非举债方没有参与夫妻共同债务的缔结,其在婚前取得的或离婚后产生的个人财产与夫妻共同生活无关,不会产生连带清偿夫妻共同债务的效力。②(3)保障债权人利益和保护夫或妻的个人财产两者不可偏废。将夫或妻的个人财产与非本人行为所造成的债务进行隔离,非举债方的责任财产范围应与共同财产制对应,非举债方最多是因夫妻共同生活享受了举债方的债务资金的所有权,即使该债务或其转化物全部或部分转移给了非举债方,该方也只能在其实际接收及所收益范围内承担清偿责任,其责任财产至多只是夫妻共同财产,不可能扩大至其个人财产。③

对于夫妻共同债务,除夫妻共同财产作为责任财产之外,对于举债方应当以其个人财产承担清偿责任,学说与实务对此并无争议。系争焦点在于,非举债方配偶是否应以其在婚前取得的或离婚后产生的个人财产对该夫妻共同债务承担连带清偿责任?笔者认为,夫妻共同债务的清偿规则应当考虑以下因素:

第一,夫妻共同债务应当先以夫妻共同财产清偿,个人债务首先以个人财产清偿。夫妻共同债务具有双重特征:一方面,该债务系夫或妻一方与债权人所缔结,法律行为的当事人是举债方与债权人,举债方配偶并非当事人;另一方面,该债务系夫或妻为夫妻共同生活的目的,夫妻双方被认为共同分享了该利益。因此,对于夫妻共同债务,首先以夫妻共同财产清偿,而个人债务首先以个人财产清偿。这不仅符合该债务为夫妻共同生活而设立的目的,而且有利于维系、巩固和增进夫妻团体关系。

---

① 贺剑:《论婚姻法回归民法的基本思路》,载《中外法学》2014年第6期。
② 参见何丽新:《论非举债方以夫妻共同财产为限清偿夫妻共同债务——从(2014)苏民再提字第0057号民事判决书说起》,载《政法论丛》2017年第6期。
③ 参见缪宇:《走出夫妻共同债务的误区——以〈婚姻法司法解释(二)〉第24条为分析对象》,载《中外法学》2018年第1期。

第二，举债方配偶以共有财产为限承担有限责任仅具有形式合理性，而欠缺现实合理性。对此，有学者认为，由于举债方配偶并非法律行为的当事人，责任财产范围应该限于共同财产以及离婚后从共同财产中分得的部分，而不应及于举债方配偶的个人财产，否则超出债权人的合理预期而过于优待债权人。① 从债权人的角度看，举债方配偶不以个人财产承担连带清偿责任，的确具有形式合理性。然而，鉴于夫妻团体的特殊性，举债方配偶仅以夫妻共有财产为限承担责任欠缺现实的操作性。这是因为：（1）在夫妻共同财产制之下，夫或妻的个人财产与共同财产在理论上及逻辑上的区分是清晰的。但实践中二者之间往往难以区分，且随着夫妻关系的延续，二者的区分不仅会越来越难，而且会发生混合、添附等导致归属关系变化的法律事实，从而趋向于财产混同。在现阶段，由于家庭财富类型的急剧变化与财产关系的复杂多元化，导致司法认定夫妻婚后财产的归属成为一个缺乏合理预期和司法裁判成本高昂的实践难题。② 在价值取向上，夫妻共同财产与个人财产的划分是基于公平原则的考量；相反，夫妻共同债务的清偿规则，需要均衡举债方配偶的利益与债权人交易安全的保护。对于夫妻共同债务的判断，《民法典》从2003年12月25日公布的《婚姻法司法解释（二）》③ 单纯维护交易安全的解释规则，转向改善举债方配偶的地位的法律规定。相应的，夫妻共同债务的清偿规则应倾向于债权人，否则对于交易安全的保护将会过于不利。（2）由于夫妻团体不具备公司等法人所具有的区隔于股东个人财产的独立财产，因此两者在法技术上并不具有可比拟性。反之，在共有财产与个人财产的区隔上，夫妻团体与合伙相似。从合伙人资产分割的角度，合伙人之份额为其特别财产，其余财产则属于主财产。由于特别财产与主财产在法技术上并未区隔，法律对于特别财产和主财产的防御都较弱，④ 合伙人对合伙企业的债务所承担的是无限连带责任。相反，承担有限责任之有限合伙人的个人财产与其所出资财产是区隔的，其出资财产必须记载在合伙登记簿上。若是夫或妻一

---

① 参见龙俊：《夫妻共同财产的潜在共有》，载《法学研究》2017年第4期。
② 赵玉：《司法视域下夫妻财产制的价值转向》，载《中国法学》2016年第1期。
③ 该司法解释已经被2020年12月29日公布的《最高人民法院关于废止部分司法解释及相关规范性文件的决定》（法释〔2020〕16号）废止。
④ 参见张永健：《资产分割理论下的法人与非法人组织——〈民法总则〉欠缺的视角》，载《中外法学》2018年第1期。

方的个人财产与夫妻共同财产均不足以清偿各自债权人的债务,由于夫妻共同财产与个人财产的界限非常模糊,基于债权平等的原则,应该按照债权比例平等清偿。(3)夫或妻一方为夫妻共同生活所负债务而获得的利益,可能被实际用以弥补举债方配偶个人财产的费用支出(如偿还婚前不动产上的贷款等),或者用来承担超出家庭利益之外的支出(如为举债方配偶的近亲属购买商品、保险等)。这类情形本应由举债方配偶的个人财产清偿,若将举债方配偶的责任限于共同财产,将会使债权人遭受难以预测的风险。

第三,在婚姻关系内部,当夫妻共同财产清偿夫或妻的个人债务,或者夫或妻的个人财产清偿夫妻共同债务后,夫或妻一方有权向另一方追偿相应的财产价值或数额。该追偿权表现为两种形态:一是在夫妻离婚时,清偿者可以就其超出承担责任部分进行追偿。离婚协议或人民法院生效判决是夫妻一方行使追偿权的依据和标准。二是将法定财产制改为分别财产制时,夫妻一方超出清偿比例部分清偿的,有权向他方追偿。但是考虑到夫妻共同生活关系的维持,可以规定在夫妻关系存续期间,夫妻之间的内部追偿权可不受时效制度的影响。

(撰稿人:冉克平)

> **第一千零九十条** 【离婚后对生活困难一方适当的经济帮助】
>
> 离婚时,如果一方生活困难,有负担能力的另一方应当给予适当帮助。具体办法由双方协议;协议不成的,由人民法院判决。

◆【法条由来】

本条沿袭《婚姻法》第42条规定:"离婚时,如一方生活困难,另一方应从其住房等个人财产中给予适当帮助。具体办法由双方协议;协议不成时,由人民法院判决。"主要有两处修改:一是"如"修改为"如果";二是"另一方应从其住房等个人财产中给予适当帮助"修改为"有负担能力的另一方应当给予适当帮助"。

◆【法条评注】

本条是关于离婚后夫妻一方对生活困难的另一方给予适当的经济帮助的规定。

一、离婚时夫妻适当经济帮助的立法宗旨

婚姻关系存续期间,夫妻双方有互相扶养的义务,一方不履行扶养义务时,需要扶养的一方有要求对方给付扶养费的权利。有观点认为,婚姻关系终结后,仍要求一方对生活困难的另一方从其个人财产中给予适当的帮助,实质是夫妻之间扶养义务的延续。① 然而,对夫妻困难一方适当的经济帮助并非夫妻之间法定扶养义务的继续和延伸,因为夫妻之间的扶养义务随婚姻关系的终止而终止。男女双方结婚时,法律推定夫妻双方建立了一种相互信赖相互扶助的特殊社会关系,在婚姻关系存续期间,双方都为维持这个婚姻共同体作了努力,这其中包括个人的自我损失和自我牺牲;当婚姻关系终结时,

---

① 胡康生主编:《中华人民共和国婚姻法释义》,法律出版社2001年版,第172页。

若一方生活困难，法律则要求另一方尽到扶助的责任，将道德上的义务上升为法律，因为我们不能排除一方的生活困难可能是为了家庭利益而放弃个人发展机会所造成的。对困难一方的经济帮助，是法定的离婚的效力之一，是基于婚姻关系解除而派生出来的一种社会道义的责任，属于《民法典》婚姻家庭编对离婚时生活困难的一方予以经济保障的救济措施。① 离婚时的适当经济帮助还具有保障婚姻自由贯彻实施的功能，有利于消除生活困难的一方在离婚问题上的顾虑。

二、离婚适当经济帮助的条件

依据本条的规定，离婚适当经济帮助的条件为：（1）离婚的一方存在生活困难。（2）一方必须是在离婚之时存在生活困难。（3）离婚另一方具有给予经济帮助的能力。一方生活困难，另一方没有提供经济帮助所必要的能力，则不需要负担给予经济帮助的义务。在举证责任上，应该由提出经济帮助的离婚一方对上述条件负担举证责任。

三、离婚适当经济帮助的方式

离婚适当经济帮助的方式，不仅包括给付金钱，还包括给付实物（例如住房）。在通常情况下，经济帮助的具体方法由双方协议；协议不成时，由人民法院判决。给付金钱可以是定期给付，有条件的可一次性给付。实物给付包括动产与不动产。《民法典》物权编第十四章新创设了居住权制度，居住权制度是对我国婚姻家庭法律适用的立法补充。② 离婚当事人一方可以通过在房屋上为生活困难一方设定居住权，作为提供经济帮助的方式。在离婚经济帮助中适用居住权制度应当满足《民法典》物权编居住权制度设立的以下法定要件：

第一，签订书面的居住权合同。依据《民法典》第367条的规定，从居住权的设定要件角度出发，离婚当事人可以书面订立居住权合同，或者在离婚协议书中明确设立居住权的条款。居住权合同的成立应建立在双方协商一致的前提下，并符合一般合同成立的法定要件。签订书面的离婚协议是当事

---

① 余延满：《亲属法原论》，法律出版社2007年版，第359页。
② 姚邢：《适用居住权制度保障离婚当事人合法权益》，载《法制日报》2021年2月3日，第11版。

人协议离婚的法定要件之一。离婚协议书是既涉及自愿解除夫妻身份关系的内容又涉及子女抚养、财产分割、债务清偿等事项处理的双方协议。离婚协议书充分体现了当事人自愿、平等地对协议离婚及财产处理问题达成一致，因此，离婚协议书中的居住权条款，在内容合法的情形下，应与居住权合同具有同等效力。

第二，居住权合同的内容合法有效。居住权合同或者离婚协议书中的居住权条款应包含：（1）离婚当事人的姓名以及住所；（2）设立居住权住宅的位置，住宅是居住权的客体，居住权合同或者离婚协议书应明确列明设立居住权住宅的位置；（3）居住的附带条件和要求，例如对个人居住空间的单独划分、对公共区域使用分配的具体规则等；（4）居住权期限，该期限既可以是具体的期限，也可以是附条件的期限，例如一方再婚或者有其他住房时解除居住权设定等；（5）解决争议的方法，当事人可以在居住权合同、离婚协议书中选择仲裁或者诉讼作为具体的争议解决方法。

第三，居住权经登记生效。居住权因登记生效，故离婚当事人通过自愿签订居住权合同或者离婚协议书中的居住权条款设立居住权后，应当向登记机构申请居住权登记。若离婚财产分割纠纷当事人无法自行以设立居住权的方案就唯一住房的分割方式达成合意，人民法院有权通过作出离婚判决的方式为生活困难一方在涉案住房上设立居住权。生效的司法裁判具有法定的公示效力，故居住权可以经由司法判决的生效而设立。离婚判决中应包含居住权设立的法定要件，即当事人的姓名与住所、设立居住权的住宅位置、居住的附带条件及要求、居住权的期限等。

（撰稿人：龙翼飞　姚　邢）

> **第一千零九十一条　【离婚损害赔偿】**
>
> 有下列情形之一，导致离婚的，无过错方有权请求损害赔偿：
>
> （一）重婚；
>
> （二）与他人同居；
>
> （三）实施家庭暴力；
>
> （四）虐待、遗弃家庭成员；
>
> （五）有其他重大过错。

◆【法条由来】

本条沿袭《婚姻法》第46条规定，主要有两处修改：一是"有配偶者与他人同居的"修改为"与他人同居"；二是增加兜底条款"有其他重大过错"。

◆【法条评注】

本条是关于离婚损害赔偿的规定。

一、离婚损害赔偿的实质

传统民法理论认为，离婚损害赔偿分为离因损害赔偿与离异损害赔偿。前者是指夫妻一方的行为是构成离婚原因的侵权行为时，他方可请求因侵权行为所生的损害赔偿。后者是指离婚本身所构成的对夫妻一方的损害。本条规定的"损害赔偿"应该是离异损害赔偿而不是离因损害赔偿。依据文义解释，本条规定的是"有下列情形之一，导致离婚的，无过错方有权请求……"，这表明，离婚是无过错方请求有过错方损害赔偿的原因，而本条所列举的5种情形，只是配偶一方有过错的具体表现。同时，根据体系解释，如果本条规定的损害赔偿是配偶一方的过错行为对无过错一方的损害，那么，在婚姻家庭编之中有没有必要专门规定离婚损害赔偿制度本身就值得怀疑。首先，所谓离因损害是"离因"构成侵权行为的结果，自应适用侵权行为法的规定。《婚姻法》中所特别规定的离婚损害赔偿只可能仅针对离异损害赔偿而言，并不可能也没有必要针对离因损害。其次，在离婚原因行为对他方配偶并不构成侵权行为的场合，而是虐待、遗弃其他家庭成员的情形，将离婚损害赔偿解释为侵权责任过于牵强。因为虐待、遗弃其他家庭成员的行为，显然不属于对于无过错配偶一方的侵权行为。如果本条规定的是离因损害赔偿，则没有必要对此作出规定。

二、离婚损害赔偿制度的适用范围

离婚损害赔偿既可以适用于诉讼离婚，也可以适用于协议离婚。《民法典婚姻家庭编司法解释（一）》第87条和88条规定，无过错方作为原告基于《民法典》第1091条的规定向人民法院提起损害赔偿请求的，必须在离婚诉讼的同时提出；人民法院判决不准离婚的案件，对于当事人基于《民法典》第1091条提出的损害赔偿请求，不予支持。《民法典婚姻家庭编司法解释（一）》第89条规定："当事人在婚姻登记机关办理离婚登记手续后，以民法典第一千零九十一条规定为由向人民法院提出损害赔偿请求的，人民法院应当受理。但当事人在协议离婚时已经明确表示放弃该项请求的，人民法院不予支持。"

三、离婚损害赔偿的构成要件

1. 一方在婚姻关系存续期间具有下列情形之一的，包括重婚、与他人同居、实施家庭暴力、虐待、遗弃家庭成员或者有其他重大过错。所谓重婚，是指在婚姻关系存续期间与他（她）人结婚。这既包括事实婚姻（1994年以前）也包括登记婚姻。所谓与他人同居，依据《民法典婚姻家庭编司法解释（一）》第2条，指在婚姻关系存续期间有配偶者与婚外的异性不以夫妻名义，持续、稳定的共同居住的行为。所谓实施家庭暴力、虐待，依据上述司法解释第1条规定："持续性、经常性的家庭暴力，可以认定为民法典第一千零四十二条、第一千零七十九条、第一千零九十一条所称的'虐待'。""遗弃"指家庭成员中负有赡养、扶养、抚养义务的一方，对需要赡养、扶养和抚养的另一方，不履行其应尽的义务的行为。"有其他重大过错"，是指前述行为之外的情形，例如配偶一方与他人存在不正当两性关系而且生育子女，或者构成欺诈性抚养的。

2. 另一方没有过错。离婚损害赔偿请求权人对于婚姻解除并无过错，否则不得行使该请求权。《民法典婚姻家庭编司法解释（一）》第87条第1款规定:"承担民法典第一千零九十一条规定的损害赔偿责任的主体,为离婚诉讼当事人中无过错方的配偶。"

四、离婚损害赔偿的范围

《民法典婚姻家庭编司法解释(一)》第 86 条规定,《民法典》第 1091 条规定的损害赔偿,包括物质损害赔偿和精神损害赔偿。涉及精神损害赔偿的,适用《最高人民法院关于确定民事侵权精神损害赔偿责任若干问题的解释》的有关规定。

(撰稿人:冉克平)

> **第一千零九十二条　【夫妻一方擅自处分共同财产或者伪造债务侵占另一方财产的处理】**
>
> 　　夫妻一方隐藏、转移、变卖、毁损、挥霍夫妻共同财产，或者伪造夫妻共同债务企图侵占另一方财产的，在离婚分割夫妻共同财产时，对该方可以少分或者不分。离婚后，另一方发现有上述行为的，可以向人民法院提起诉讼，请求再次分割夫妻共同财产。

◆【法条由来】

本条沿袭《婚姻法》第47条规定，主要有五处修改：一是将"离婚时"调整为"在离婚分割夫妻共同财产时"；二是增加"挥霍"夫妻共同财产的行为；三是将"伪造债务"修改为"伪造夫妻共同债务"；四是将"对隐藏、转移、变卖、毁损夫妻共同财产或伪造债务的一方"，简化为"对该方"；五是删除第2款即"人民法院对前款规定的妨害民事诉讼的行为，依照民事诉讼法的规定予以制裁。"

◆【法条评注】

本条是关于夫妻一方擅自处分共同财产或者伪造债务侵占另一方财产的处理的规定。

一、夫妻双方对于夫妻共同财产有平等的处分权

对于夫妻共同财产，夫妻双方均有依法占有、使用、收益和处分的权利，不受双方收入状况的影响。在共有关系消灭之前，财产权利是一个整体，只有在婚姻关系消灭（离婚或一方死亡）或双方有特别约定时，才能对共同财产进行分割。夫妻在处分共同财产时，应当平等协商，取得一致意见，任何一方不得违背他方的意志擅自处理。特别是对共有财产作较大的变动时，如出卖、赠与等，更应征得他方的同意，否则就侵犯了另一方对共有财产的所有权。在共同共有关系存续期间，部分共有人擅自处分共有财产的，通常无

效，除非第三人构成善意取得或者取得另一配偶的追认。

二、隐藏、转移、变卖、毁损、挥霍夫妻共同财产或者伪造夫妻共同债务

在婚姻关系存续期间，一方隐藏、转移、变卖、毁损、挥霍夫妻共同财产，或伪造夫妻共同债务的行为是一种侵犯共同财产所有权的侵权行为。在主观上必须是故意，不包括过失行为。侵害人是为了侵占或损毁夫妻共同财产，具有损害另一方配偶财产权益的目的。隐藏是指一方配偶将夫妻共同财产藏匿起来，不让另一方配偶发现，使另一方无法获知财产的所在从而无法控制；转移是指擅自将夫妻共同财产移往他处，或将资金取出移往其他账户，使其脱离另一方配偶的掌握；变卖是指一方配偶将夫妻共同财产擅自折价卖给他人；毁损是指配偶一方采用打碎、拆卸、涂抹等破坏性手段使夫妻共同财产失去或者部分失去使用价值和交换价值；挥霍是指超出家庭日常生活需要以及家庭经济与财产水平而擅自处分夫妻共同财产的行为；伪造夫妻共同债务是指配偶一方通过制造内容虚假的夫妻共同债务凭证，并以夫妻共同财产清偿该虚假的夫妻共同债务，从而获得利益，损害另一方配偶的合法权益。

由于共同财产属于共同共有的性质，离婚时夫妻共同财产原则上应均等分割。但是，配偶一方实施上述行为的，在离婚时对于实施违法行为的一方配偶应当少分或者不分。对少分的具体份额或比例以及在何种情况下可以不分，法律并没有明确规定，应当根据违法行为的情节和案件的具体情况作出处理。

如果离婚案件已审理终结，人民法院作出的有关财产分割的调解书、判决书已发生法律效力后，一方配偶又发现另一方配偶有隐藏、转移、变卖、毁损、挥霍夫妻共同财产或伪造夫妻共同债务的，可以依据本条规定，向人民法院起诉，请求对这一部分财产进行再次分割。在分割时，关于对隐藏、转移、变卖、毁损、挥霍夫妻共同财产或伪造夫妻共同债务的一方可以少分或者不分的规则仍应适用。隐藏、转移、变卖、毁损、挥霍夫妻共同财产既可以针对不动产、动产，也可以是存款、股权、债券等；清偿伪造的夫妻共同债务的方式通常是支付现金。如果受害一方配偶享有的是物权请求权则不受诉讼时效的限制；如果属于债权请求权则受3年诉讼时效的限制，自受害人配偶知道或者应当知道其权益被侵害时开始计算。

（撰稿人：冉克平）

第五章 收 养

第一节 收养关系的成立

> **第一千零九十三条** 【被收养人的条件】
> 下列未成年人，可以被收养：
> （一）丧失父母的孤儿；
> （二）查找不到生父母的未成年人；
> （三）生父母有特殊困难无力抚养的子女。

◆【法条由来】

本条来自《收养法》第4条，区别在于将原来的"不满十四周岁的未成年人"改为"未成年人"，即18周岁以下的未成年人均可被收养。同时将第2项的"查找不到生父母的弃婴和儿童"改为"查找不到生父母的未成年人"。

◆【法条评注】

本条是关于被收养人的条件的规定。

一、被收养人为未成年人

《收养法》第4条和第7条规定，除收养三代以内同辈旁系血亲的子女外，被收养人只能是不满14周岁的未成年人。这一规定不利于实现一些人的养老需求，特别是在计划生育背景下，若因多种原因而失去子女，到年老时生活难以自理，在客观上需要他人的照顾。如果将被收养人的年龄限制在14周岁以下，将不利于老年人实现上述目的，也不利于很好地实现收养制度的立法目的。同时，现实中 14 周岁到 18 周岁的未成年人也需要得到一定的抚养。特别是对于孤弃儿童，如果年满 14 周岁，就无法获得法律上承认的家庭式的父母亲情的慰藉，而只能通过代养或寄养的方式得以替代性满足，这显然不利于实现《收养法》的立法目的。本条将被收养人的条件放宽到 18 周岁，能更好地实现收养制度的立法目的。

二、丧失父母的孤儿

对于"丧失父母的孤儿"，应当从"丧失父母"和"孤儿"两个角度理解：

《民政部关于在办理收养登记中严格区分孤儿与查找不到生父母的弃婴的通知》（民婚函〔1992〕263 号）规定，我国《收养法》中所称的孤儿是指其父母死亡或人民法院宣告其父母死亡的不满 14 周岁的未成年人；送养孤儿的须提交有关部门出具的孤儿父母死亡证明书或人民法院宣告死亡的判决书。

从体系解释角度来看，本条第 1 项并没有限定"父母"的范围，而且第 3 项使用了"生父母"的概念，表明立法者对二者进行了一定的区分，即第 1 项中的"父母"并不限于"生父母"，也包括养父母和形成扶养关系的继父母（《民法典》第 1127 条第 4 款）。为更好地实现收养制度的目的，保护未成年人的健康成长，应当对本条所规定的"父母"进行扩大解释，使需要接受收养的未成年人尽量符合被收养的条件。

三、查找不到生父母的未成年人

本条第 2 项将《收养法》第 4 条规定的查找不到生父母的"弃婴和儿童"扩展为"未成年人"，填补了《收养法》的不足，对于维护被拐卖儿童和流浪儿童的权益有重要意义。

现实中存在大量被拐卖儿童获救后找不到生父母的情况。根据国务院和公安部的有关规定，被拐卖儿童在获救后暂时不能查明父母的，应放在福利院中寄养。这些儿童和被福利机构收容的其他孤儿弃婴不同，后者经公安机关认定并出具捡拾弃婴、儿童报案的证明，福利院依法对其代替民政部门履行监护职能，有权将其送养；而前者不是被"遗弃"的，只是暂时寄养在福利机构。《收养法》第 4 条对于被解救后无法找到生父母的被拐卖儿童能否成为被收养人没有作出规定，学说上存在不同见解。有学者认为，对于被解救后无法找到亲生父母的被拐卖儿童，在经过一定期间后，或在法定公告期间后，仍然无法找到亲生父母,应当可以成为被收养人;从实践来看有相当比例的拐卖儿童行为是儿童生父母或者亲戚所为,如果严格遵守《收养法》的条件,不允许他人收养被解救后无法找到生父母的被拐卖儿童,不利于这些儿童的成长。① 也有学者认为,从我国现行的立法来看,《收养法》并没有将被解救后无法找到生父母的儿童纳入被收养人的范围,故不能成为被收养人。② 从《收养法》第4条的规定来看,对被收养人的该限定条件是封闭的,并没有兜底性一般条款,对于查找不到生父母的被拐卖儿童而言,无法断定其父母是否在世,因此不符合法定的被收养人条件。

针对这一现实问题,民政部和公安部在2015年联合发布《民政部、公安部关于开展查找不到生父母的打拐解救儿童收养工作的通知》(民发〔2015〕159号),其中规定:(1)公安机关解救被拐卖儿童后,对于暂时查找不到生父母及其他监护人的,应当送交社会福利机构或者救助保护机构抚养,并签发打拐解救儿童临时照料通知书,由社会福利机构或者救助保护机构承担临时监护责任。(2)公安机关经查找,1个月内未找到儿童生父母或其他监护人的,应当为社会福利机构或者救助保护机构出具暂时未查找到生父母或其他监护人的证明。(3)社会福利机构或者救助保护机构在接收打拐解救儿童后,应当在报纸和全国打拐解救儿童寻亲公告平台上发布儿童寻亲公告。公告满30日,儿童的生父母或者其他监护人未认领的,救助保护机构应当在7日内将儿童及相关材料移交当地社会福利机构。社会福利机构应当尽快为儿童办理入院手续并申报落户手续,公安机关应当积极办理落户手续。(4)从儿童被送交社会福利机构或者救助保护机构之日起满12个月,公安机关未能查找到儿童生父母或其他监护人的,应当向社会福利机构出具查找不到生父母或其他监护人的证明。社会福利机构收到查找不到生父母或其他监护人的证明后,对于符合收养条件的儿童,应当及时进行国内送养,使儿童能够尽快回归正常的家庭生活。(5)公安机关经调查确认找到打拐解救儿童生父母或其他监护人的,应当出具打拐解救儿童送还通知书,由社会福利机构或者

---

① 李春雷、任韧、张晓旭:《我国被拐卖儿童救助保护现状及完善对策研究——基于对近年133个公开报道案例的分析》,载《中国人民公安大学学报(社会科学版)》2013年第6期。
② 张顿、张亦嵘:《扩展收养法适用范围破解被拐婴儿安置难》,载《法制日报》2006年4月28日。

救助保护机构配合该儿童生父母或其他监护人将儿童接回。

本条第2项通过立法对这一问题作出回应，具有积极意义。和本条第2项的规定相呼应，修订后的《儿童福利机构管理办法》第9条也将儿童福利机构应当收留抚养的儿童扩展到"无法查明父母或者其他监护人的儿童"。该法第10条规定，儿童福利机构收留抚养该办法第9条第1项规定的儿童的，应当区分情况登记保存以下材料：（1）属于无法查明父母或者其他监护人的被遗弃儿童的，登记保存公安机关出具的经相关程序确认查找不到父母或者其他监护人的捡拾报案证明、儿童福利机构发布的寻亲公告、民政部门接收意见等材料。（2）属于无法查明父母或者其他监护人的打拐解救儿童的，登记保存公安机关出具的打拐解救儿童临时照料通知书、DNA信息比对结果、暂时未查找到生父母或者其他监护人的证明，儿童福利机构发布的寻亲公告，民政部门接收意见以及其他与儿童有关的材料。（3）属于超过3个月仍无法查明父母或者其他监护人的流浪乞讨儿童的，登记保存公安机关出具的DNA信息比对结果、未成年人救助保护机构发布的寻亲公告、民政部门接收意见以及其他与儿童有关的材料。

四、生父母有特殊困难

"生父母有特殊困难无力抚养"指的是被收养人的生父母因为经济困难、身体原因等，无力抚养被收养人。《中国公民收养子女登记办法》第6条规定，生父母有特殊困难无力抚养子女的，应当提交送养人有特殊困难的证明。实践中，生父母因特殊困难而失去抚养能力的情形多样，立法无法列举，法院应根据具体情况加以判定。例如，若送养人在送养子女后又生育子女，就不符合确有困难无力抚养子女的条件。[①]

（撰稿人：王葆莳）

---

① 参见江苏省高级人民法院民事裁定书，（2015）苏审三民申字第01280号。

> **第一千零九十四条　【送养人的条件】**
> 下列个人、组织可以作送养人：
> （一）孤儿的监护人；
> （二）儿童福利机构；
> （三）有特殊困难无力抚养子女的生父母。

◆【法条由来】

本条来自《收养法》第 5 条，将"公民"修改为"个人"，将第 2 项中的"社会福利机构"修改为"儿童福利机构"，从而更加准确。

◆【法条评注】

本条是关于送养人的条件的规定。

一、孤儿的监护人

根据《民政部关于在办理收养登记中严格区分孤儿与查找不到生父母的弃婴的通知》（民婚函〔1992〕263 号），我国《收养法》中所称的孤儿是指"父母死亡或人民法院宣告其父母死亡的不满十四周岁的未成年人"。

《民法典》第 27 条第 2 款规定，可以担任孤儿监护人的包括祖父母或外祖父母、兄或姐、其他愿意担任监护人的个人或者组织，但是须经未成年人住所地的居民委员会、村民委员会或者民政部门同意。《民法典》第 32 条规定，没有上述监护人的，监护人由民政部门担任，也可以由具备履行监护职责条件的被监护人住所地的居民委员会、村民委员会担任。需要注意的是，《民法典》第 1096 条规定，监护人送养孤儿的，应当征得有抚养义务的人同意。有抚养义务的人不同意送养、监护人不愿意继续履行监护职责的，应当依照本法第一编的规定另行确定监护人。

在办理孤儿的收养手续时，《中国公民收养子女登记办法》第 6 条第 3 款规定，监护人为送养人的，并应当提交实际承担监护责任的证明，孤儿的父母死亡或者宣告死亡的证明，或者被收养人生父母无完全民事行为能力并对被收养人有严重危害的证明。《民政部关于规范生父母有特殊困难无力抚养的子女和社会散居孤儿收养工作的意见》（民发〔2014〕206号）规定，生父母以外的监护人作为送养人的，应当提交下列证明材料：（1）生父母的死亡证明或者人民法院出具的能够证明生父母双方均不具备完全民事行为能力的文书；（2）监护人所在单位或村（居）委会出具的监护人实际承担监护责任的证明；（3）其他有抚养义务的人（祖父母、外祖父母、成年兄姐）出具的经公证的同意送养的书面意见。

二、儿童福利机构

本条第2项将《收养法》第5条第2项中的"社会福利机构"修改为"儿童福利机构"，从而更加准确。《社会福利机构管理暂行办法》（现已失效）第2条规定，广义的社会福利机构指的是集中收养社会孤老、残、幼的机构，包括国家、社会组织和个人举办的，为老年人、残疾人、孤儿和弃婴提供养护、康复、托管等服务的机构。《儿童福利机构管理办法》第2条规定，儿童福利机构指的是民政部门设立的，主要收留抚养由民政部门担任监护人的未满18周岁儿童的机构，包括按照事业单位法人登记的儿童福利院、设有儿童部的社会福利院等。

《民政部关于规范生父母有特殊困难无力抚养的子女和社会散居孤儿收养工作的意见》规定，社会散居孤儿由其监护人作为送养人。社会散居孤儿的监护人依法变更为社会福利机构的，可以由社会福利机构送养。送养人可以向民政部门提出送养意愿。民政部门可以委托社会福利机构代为接收送养意愿。《儿童福利机构管理办法》第26条第1款规定，对于符合条件、适合送养的儿童，儿童福利机构依法安排送养。送养儿童前，儿童福利机构应当将儿童的智力、精神健康、患病及残疾状况等重要事项如实告知收养申请人。儿童被依法收养的，儿童福利机构应当为儿童办理离院手续，并登记保存收养登记证复印件、民政部门离院意见等材料。

《中国公民收养子女登记办法》第6条第2款规定，社会福利机构为送养人的，并应当提交弃婴、儿童进入社会福利机构的原始记录，公安机关出具的捡拾弃婴、儿童报案的证明，或者孤儿的生父母死亡或者宣告死亡的证明。

三、有特殊困难的生父母

《民政部婚姻司对〈收养法〉的解答》中规定,"生父母有特殊困难无力抚养"指的是被收养人的生父母因为重病、重残,无力抚养教育子女或由于自然灾害等原因造成其生父母无力抚养子女,以及非婚生子女等情形。

抚养子女是父母依法应当履行的义务,但如果生父母因病、残疾、经济困难等有特殊困难,无力抚养子女时,法律允许将子女送养。根据《中国公民收养子女登记办法》第6条第4款,生父母为送养人的,并应当提交与当地计划生育部门签订的不违反计划生育规定的协议。这意味着,送养人在送养之后,不能又以子女被收养、身边无子女为由,违反地方计划生育法规而要求再生育子女。该款还规定,有特殊困难无力抚养子女的,应当提交送养人有特殊困难的声明。其中,因丧偶或者一方下落不明由单方送养的,还应当提交配偶死亡或者下落不明的证明。对送养人有特殊困难的声明,登记机关可以进行调查核实。实践中,生父母因特殊困难而失去抚养能力的情形多样,立法无法列举,法院应根据具体情况加以判定。例如,若送养人在送养子女后又生育子女,就不符合确有困难无力抚养子女的条件。①

《民政部关于规范生父母有特殊困难无力抚养的子女和社会散居孤儿收养工作的意见》规定,生父母有特殊困难无力抚养的子女由生父母作为送养人,送养人应提交生父母所在单位或者村(居)委会根据下列证件、证明材料之一,以确定生父母有特殊困难无力抚养:(1)县级以上医疗机构出具的重特大疾病证明;(2)县级残疾人联合会出具的重度残疾证明;(3)人民法院判处有期徒刑或无期徒刑、死刑的判决书。生父母确因其他客观原因无力抚养子女的,乡镇人民政府、街道办事处出具的有关证明可以作为生父母有特殊困难无力抚养的证明使用。

从保护未成年人利益的角度来看,第3项也可以类推适用于养父母,即有特殊困难无力抚养养子女的养父母可以将未成年人再次送养。对此,《民政部办公厅关于收养人因生活困难不能继续抚养被收养人有关问题的复函》(民办函〔2009〕177号)规定指出,自收养关系成立之日起,养父母与养子女间的权利义务关系,适用法律关于父母子女关系的规定。因此已经建立了收

---

① 参见江苏省高级人民法院民事裁定书,(2015)苏审三民申字第01280号。

养关系的养父母具有和被收养人原生父母同等的权利义务,故有特殊困难无力抚养子女的养父母也可以作为送养人送养其子女。养父母送养子女应当严格按照生父母送养的登记程序办理。对此种送养行为,登记机关应当更加严格审查相关材料的真实性,避免出现违法转收养情形。

关于本条的其他说明,参看本法第1093条的评注。

(撰稿人:王葆莳)

> **第一千零九十五条　【未成年人监护人送养的特别条件】**
> 未成年人的父母均不具备完全民事行为能力且可能严重危害该未成年人的，该未成年人的监护人可以将其送养。

◆【法条由来】

本条来自《收养法》第12条，该条内容为"未成年人的父母均不具备完全民事行为能力的，该未成年人的监护人不得将其送养，但父母对该未成年人有严重危害可能的除外。"本条将"但父母对该未成年人有严重危害可能的除外"修改为"未成年人的父母均不具备完全民事行为能力且可能严重危害该未成年人的"。

◆【法条评注】

本条是关于未成年人监护人送养的特别条件的规定。

一、未成年人的父母均不具备完全民事行为能力

未成年人的父母不具备完全民事行为能力，指的是父母为无民事行为能力或限制民事行为能力人，包括父母为未成年人或者不能辨认或不能完全辨认自己行为的人。根据《民法典》第27条，未成年人的父母没有监护能力的，可以由其祖父母和外祖父母、兄姐，以及其他愿意担任监护人的个人或组织按顺序担任监护人。

二、未成年人的父母可能严重危害未成年人

在本条规定的条件下，上述监护人原则上有权代替生父母将未成年人送养。但本条对该权利进行了限制，即"未成年人的父母可能严重危害未成年人"的，方可进行送养。《中国公民收养子女登记办法》第6条第3款进一步规定，监护人为送养人的，并应当提交实际承担监护责任的证明，或者被收养人生父母无完全民事行为能力并对被收养人有严重危害的证明。《民政部关于规范生父母有特殊困难无力抚养的子女和社会散居孤儿收养工作的意见》规定，生父母均不具备完全民事行为能力且对被收养人有严重危害可能的，

由被收养人的监护人作为送养人；生父母之外的监护人作为送养人的，应当提交生父母所在单位、村（居）委会、医疗机构、司法鉴定机构或者其他有权机关出具的生父母对被收养人有严重危害可能的证明。这是因为子女对于行为能力有缺陷的父母更有重要意义，因为其父母更需要子女陪伴，年老后也更需要赡养，故必须在对未成年人存在严重危害的可能性时，才能进行送养。

严重危害未成年人的情形包括身体伤害、精神虐待、体罚等形式。包括持续性、经常性的家庭暴力（《民法典婚姻家庭编司法解释（一）》第1条）。此外，若父母患有久治不愈的传染性疾病或者其他严重疾病，致使不宜与子女共同生活的（《民法典婚姻家庭编司法解释（一）》第46条第4项），在具体案件中也可能构成对未成年人的严重危害。由于上述行为往往发生在家庭私密空间，难以为外界觉察，证明"有严重危害未成年人的可能性"更为困难，故目前司法实践中鲜有案例根据本条支持监护人的送养行为。如果监护人不能证明未成年人的父母有可能严重危害未成年人，就无权进行送养；其不愿意继续承担监护职责的，只能根据《民法典》第30条和其他具有监护资格的人达成协议，通过法定程序变更监护人，也可以根据《民法典》第31条申请被监护人住所地的居民委员会、村民委员会、民政部门或人民法院指定监护人。

（撰稿人：王葆莳）

> **第一千零九十六条** 【送养孤儿的限制条件以及变更监护人】
>
> 监护人送养孤儿的，应当征得有抚养义务的人同意。有抚养义务的人不同意送养、监护人不愿意继续履行监护职责的，应当依照本法第一编的规定另行确定监护人。

◆【法条由来】

本条来自《收养法》第 13 条，内容没有实质性变动，主要将"送养未成年孤儿的"改为"送养孤儿的"，将"须征得"改为"应当征得"，将"《中华人民共和国民法通则》的规定变更监护人"改为"依照本法第一编的规定另行确定监护人"。本条和第 1095 条均涉及监护人送养的特殊规定。

◆【法条评注】

本条是关于送养孤儿的限制条件以及变更监护人的规定。

一、孤儿的监护人

监护人是指生父母以外的对未成年人负有监护责任的人，《民政部关于在办理收养登记中严格区分孤儿与查找不到生父母的弃婴的通知》规定，我国《收养法》中所称的孤儿是指其父母死亡或人民法院宣告其父母死亡的不满 14 周岁的未成年人；送养孤儿的须提交有关部门出具的孤儿父母死亡证明书或人民法院宣告死亡的判决书。为更好地实现收养制度的目的，确保对收养子女和亲生子女的平等对待，应当对该条所规定的"父母"进行扩大解释，即包括生父母和养父母。在未成年人父母（包括养父母）死亡或者被宣告死亡的情形下，未成年人的监护人主要包括祖父母，外祖父母，成年的兄姐等近亲属，以及经有关部门批准的愿意承担监护责任的其他亲属或者朋友，上述公民或组织在担任监护人期间，可以依法送养被监护的未成年人，但须征得有抚养义务人的同意。

二、有抚养义务人的同意

根据《民法典》第 1074 条第 1 款和第 1075 条第 1 款的规定，"有抚养义务的人"包括孤儿有负担能力的祖父母和外祖父母和有负担能力的兄、姐。如果他们不同意送养，监护人又不愿意继续履行监护职责的，应当按照法定程序另行确定监护人。例如父母双亡后，成年的兄姐是未成年弟弟的法定监护人，作为监护人的姐姐不能违背哥哥的意愿将弟弟送养给他人。若姐姐不愿意继续履行监护职责，应当依法另行确定监护人。如果存在多个"有抚养义务的人"，则可能需要相关机构根据《民法典》第31条进行指定。需要注意的是，法律中规定的监护人顺序只是法院考虑的一种因素，最终还是要以被监护人利益最大化和尊重被监护人意愿为原则。即原则上要按照法律规定的顺序指定，但前一顺序有监护资格的人无监护能力或者对被监护人明显不利的，人民法院可以根据对被监护人有利的原则，从后一顺序有监护资格的人中择优确定。①

《民政部关于规范生父母有特殊困难无力抚养的子女和社会散居孤儿收养工作的意见》规定，生父母以外的监护人作为送养人的，应当提交：（1）生父母的死亡证明或者人民法院出具的能够证明生父母双方均不具备完全民事行为能力的文书；（2）监护人所在单位或村（居）委会出具的监护人实际承担监护责任的证明；（3）其他有抚养义务的人（祖父母、外祖父母、成年兄姐）出具的经公证的同意送养的书面意见；（4）生父母均不具备完全民事行为能力的，还应当提交生父母所在单位、村（居）委会、医疗机构、司法鉴定机构或者其他有权机关出具的生父母对被收养人有严重危害可能的证明。该条内容与《民法典》第1095条和第1096条相对应。

（撰稿人：王葆莳）

---

① 参见唐某与周某申请撤销监护人资格案，上海市虹口区人民法院（2014）虹民一（民）特字第70号民事判决书。

第一千零九十七条 【生父母共同送养原则及其例外】

生父母送养子女，应当双方共同送养。生父母一方不明或者查找不到的，可以单方送养。

◆【法条由来】

本条来自《收养法》第10条第1款，内容没有实质性变动，只是将"须双方共同送养"变更为"应当双方共同送养"。

◆【法条评注】

本条是关于生父母共同送养原则及其例外的规定。

一、共同送养原则

在立法目的上，本条和第1099条、第1100条一样，都是在特定情形下放宽收养关系成立的要求，促使收养关系成立，更好发挥收养法律制度的功能。根据本条，生父母送养子女时，原则上应当由双方共同送养。这是因为收养关系一旦成立，将对各方当事人之间的人身关系产生重大影响，因此生父母在送养子女时，原则上应当由双方共同送养，避免出现纷争。即使夫妻离婚，送养子女时，仍须经夫妻双方同意。送养非婚生子女时，其生父母明确的，应征得生父母的同意，但如果生父母一方下落不明或者查找不到，该送养行为在客观上无法得到被送养人父母双方的同意，在此情形下可以例外地单独送养。

二、生父母一方不明或者查找不到

生父母双方不明的，属于第1093条规定的"查找不到生父母的未成年人"。而生父母一方不明，通常指的是无法确认生父，如在非婚生育情形下，子女的母即为生育子女者，不存在不明的可能性。一方不明的原因，也可能是夫妻双方通过亲子鉴定发现子女和一方没有血缘关系。生父母一方查找不到，可能是因为失踪、离家出走或者意外事故失去联系等。若自然人离家出走后长期没有音讯，家人应多方寻找，并求助公安机关或人民法院，通过在

报纸上发布公告、在当地张贴公告等方式进一步寻找无果后,方可认定当事人查找不到。如人民法院根据利害关系人的申请宣告该自然人为失踪人,即符合查找不到的条件。

在具体程序上,《中国公民收养子女登记办法》第 6 条第 4 款中规定,因丧偶或者一方下落不明由单方送养的,还应当提交配偶死亡或者下落不明的证明。《民政部关于规范生父母有特殊困难无力抚养的子女和社会散居孤儿收养工作的意见》规定,如生父母一方下落不明的,送养人还应当提交下列证明:(1)公安机关或者其他有关机关出具的下落不明的证明;(2)经公证的下落不明一方的父母不行使优先抚养权的书面声明。

若生父母一方被宣告死亡,则不属于适用本条之情形。被宣告死亡的,民事权利能力即告终止,另一方生父母获得单独监护权,可以单独送养。《民法典》第 52 条进一步规定,被宣告死亡的人在被宣告死亡期间,其子女被他人依法收养的,其重新出现并撤销死亡宣告后,不得以未经本人同意为由主张收养行为无效。

◆【其他问题】

一、父母一方欠缺完全民事行为能力时,另一方父母能否单独送养

未成年人的父母一方不具备完全民事行为能力,而另一方又欠缺抚养能力时,从保护未成年人合法权益的角度出发,应当允许父母一方实施单独送养行为,但应当适当考虑欠缺行为能力者之监护人(可能不是另一方生父母)的意见。

二、生父母单方送养时,另一方的父母的优先抚养权

《民法典》第 1108 条规定,配偶一方死亡,另一方送养未成年子女的,死亡一方的父母有优先抚养的权利。该条规定在文义上并不包括"生父母一方不明或者查找不到"的情形。但从立法目的上看,第 1108 条的主要目的是保障未成年子女死亡一方父母对该未成年人的亲权和情感维系,此种权利或者情感维系在本条情形下也应同样受到法律保护。因此,在"生父母一方不明或者查找不到"的情形下,该未成年人的祖父母或者外祖父母也应当有优先抚养的权利。

(撰稿人:王葆莳)

> **第一千零九十八条　【收养人的一般条件】**
>
> 收养人应当同时具备下列条件：
> （一）无子女或者只有一名子女；
> （二）有抚养、教育和保护被收养人的能力；
> （三）未患有在医学上认为不应当收养子女的疾病；
> （四）无不利于被收养人健康成长的违法犯罪记录；
> （五）年满三十周岁。

◆【法条由来】

本条来自《收养法》第6条，区别在于：（1）第1项中将原来的"无子女"改为"无子女或者只有一名子女"，在一定程度放宽了对收养条件的限制。（2）第2项新增收养人的"保护"被收养人的能力。（3）新增第4项"无不利于被收养人健康成长的违法犯罪记录"。

◆【法条评注】

本条是关于收养人的一般条件的规定。

一、无子女或者只有一名子女

计划生育是我国的一项基本国策，《收养法》规定的不能以送养为理由违反计划生育的规定再生育子女、无子女者只能收养一名子女、严禁买卖儿童或者借收养名义买卖儿童、年满30周岁才能收养子女，均是计划生育政策的具体体现。2015年12月27日，全国人大常委会通过对《人口与计划生育法》的修正，第18条第1款规定"国家提倡一对夫妻生育两个子女"，放宽计划生育政策，本条第1项相应修改为"无子女或者只有一名子女"。

本条所称的"无子女"包括很多情况，主要指夫妻双方或者一方因不愿生育或不能生育而无子女，或者是因所生子女死亡而失去了子女，或者是指收养人因无配偶而没有子女的情况，即主要是指收养人没有亲生子女，也没有养子女和形成抚养教育关系的继子女。如果收养人生育过或收养过子女，但该子女已经死亡,亦属于"无子女"的情形。

本条规定收养人只有在无子女或只有一名子女的情况下才能收养子女,符合《人口与计划生育法》规定的精神,有利于计划生育工作的开展,防止一些收养人借收养之机达到多生子女的目的。《中国公民收养子女登记办法》第5条规定,收养人应当向收养登记机关提交所在单位或者村民委员会、居民委员会出具的本人婚姻状况、有无子女和抚养教育被收养人的能力等情况的证明;收养人收养查找不到生父母的弃婴、儿童的,并应当提交收养人经常居住地计划生育部门出具的收养人生育情况证明;其中收养非社会福利机构抚养的查找不到生父母的弃婴、儿童的,收养人还应当提交经常居住地计划生育部门出具的收养人无子女的证明,以及公安机关出具的捡拾弃婴、儿童报案的证明。此外,《中国公民收养子女登记办法》第7条规定,对于收养查找不到生父母的弃婴、儿童,收养登记机关应当在登记前公告查找其生父母;自公告之日起满60日,弃婴、儿童的生父母或者其他监护人未认领的,视为查找不到生父母的弃婴、儿童。

二、收养人的其他条件

第一,有抚养、教育和保护被收养人的能力。收养人应当具有完全民事行为能力,在身体上、智力上、经济上、道德品质和教育子女等方面有能力抚养和教育被收养人,能够履行父母对子女应尽的义务,才能有利于被收养的未成年人成长。如果收养人经济困难,或生活不能自理,或品质恶劣、道德败坏,都不利于对未成年人的抚养和教育。《民政部婚姻司对〈收养法〉的解答》中指出:"有抚养教育被收养人的能力主要指收养人有抚养和教育被收养人的经济条件、健康条件和教育能力等。经济条件是指有足够而稳定的经济来源;健康条件是指必须没有影响被收养人成长的精神病或其它严重疾病;教育能力是指收养人有引导教育被收养人健康成长的能力。当然,收养人首先要有正确的收养目的和良好的道德品质"。《民政部关于开展收养评估试点工作的通知》(民函〔2012〕189号)指出,抚养教育被收养人能力涉及收养人的婚姻家庭状况、性格心理,以及与被收养人的相适度等诸多方面,在收养评估过程中,除收养人的收养动机、经济状况、婚姻状况、家庭状况、身体健康状况、学历学识、品德品行等指标外,还要对被收养人情况以及影响收养人抚养教育被收养人能力的其他因素进行深入研究,努力将其转化为可通过约见、面谈、家访、走访等办法观察反映的客观指标。

第二，未患有在医学上认为不应当收养子女的疾病。在适用本项规定处理具体问题时，应特别注意必须有充分科学的依据，必要时得进行医学上的专门鉴定。这里所称的"未患有在医学上认为不应当收养子女的疾病"，主要是指精神疾病和传染病。精神疾病包括精神分裂症、精神抑郁症等有精神障碍的疾病；传染病包括我国《传染病防治法》规定的霍乱等传染病。《中国公民收养子女登记办法》第5条规定，收养人应当向收养登记机关提交县级以上医疗机构出具的未患有在医学上认为不应当收养子女的疾病的身体健康检查证明。需要注意的是，是否患有不适合收养的疾病，应当以收养发生时为标准。若收养人之前患有精神疾病，但后期经过治疗好转，且具有一定的生活和收入能力，仍具有收养能力。①

第三，无不利于被收养人健康成长的违法犯罪记录。该项属于新增规定。在《民法典各分编（草案）》征求意见时，有关方面提出，为保障被收养人的健康成长，建议增加规定收养人无不利于被收养人健康成长的违法犯罪记录这一条件。该意见经研究后被采纳，体现在《民法典婚姻家庭编（草案）》（二次审议稿）中。实际上，此前一些基层民政机关在现行《收养法》和民政部《中国公民收养子女登记办法》基础上，已出台有关规定，要求办理收养登记时，需提交由公安机关出具的无违法犯罪记录证明等材料，社会反响较好。本条新增这一收养人条件，正是对各地实践做法有益经验的吸收和借鉴。

第四，收养人必须年满30周岁。夫妻共同收养，则必须双方都年满30周岁。收养的目的是在收养人与被收养人之间确立父母子女关系，使被收养人得到良好的抚养教育的环境，故收养人必须是成年人，且须达到一定年龄段。法律要求收养人的年龄必须达到30周岁，是出于对收养关系的性质和人类生育时间规律的考虑。达到30周岁的人在感情和父母责任方面更为成熟，有利于养子女的成长。

第五，结合《民法典》其他条文来看，收养人应具备的其他条件还包括：（1）有配偶者收养子女，必须夫妻双方共同抚养，以保证被抚养人能在一个

---

① 参见鲁某某与孟某1、孟某2赡养费纠纷案，江苏省徐州市中级人民法院（2017）苏03民终6821号民事判决书。

和睦、温暖的家庭环境中健康成长。(2)无配偶者收养异性子女的,收养人与被收养人的年龄应当相差40周岁以上。

(撰稿人:王葆莳)

> **第一千零九十九条　【收养人的特别条件】**
>
> 　　收养三代以内旁系同辈血亲的子女，可以不受本法第一千零九十三条第三项、第一千零九十四条第三项和第一千一百零二条规定的限制。
>
> 　　华侨收养三代以内旁系同辈血亲的子女，还可以不受本法第一千零九十八条第一项规定的限制。

◆【法条由来】

本条来自《收养法》第7条，该条规定：（1）收养三代以内同辈旁系血亲的子女，可以不受《收养法》第4条第3项（生父母有特殊困难无力抚养的子女）、第5条第3项（有特殊困难无力抚养子女的生父母）、第9条（收养人和被收养人的年龄应当相差四十周岁以上）和被收养人不满十四周岁的限制。（2）华侨收养三代以内同辈旁系血亲的子女，还可以不受收养人无子女的限制。本条将"同辈旁系血亲"修改为"旁系同辈血亲"；删除"被收养人不满十四周岁"；对条文所涉相关指引性法条序号作技术性修改。

◆【法条评注】

本条是关于收养人的特别条件，即对收养限制的缓和性规定。本条规定和第1100条第2款（收养孤儿、残疾未成年人或查找不到生父母的未成年人）、第1103条（继父母收养）均属于对收养人资格的特别规定，即在特殊情况下放宽对收养关系的成立条件，目的是更好地维护未成年人的利益。

一、收养三代以内旁系同辈血亲的子女

所谓收养三代以内旁系同辈血亲的子女，是指收养兄弟姊妹的子女、堂兄弟姊妹的子女、表兄弟姊妹的子女。收养人收养三代以内旁系同辈血亲的子女时，可以不受下列条件的限制：（1）未成年人的生父母有特殊困难无力抚养子女。根据《民法典》第1093条第3项，除丧失父母的孤儿以及查找不到生父母的未成年人外，只有其生父母有特殊困难无力抚养时，未成年人才

能被纳入被收养人的范围。而根据本条规定，收养人收养三代以内旁系同辈血亲的子女时，被收养人的父母并未因特殊困难丧失抚养能力也不影响收养关系。（2）生父母并未因特殊困难而丧失抚养能力的，也可以成为适格的送养人。根据《民法典》第1094条第3项，除孤儿的监护人和儿童福利机构外，未成年人的生父母只有在有特殊困难无力抚养子女时，才能成为送养人。收养人收养三代以内旁系同辈血亲的子女时，不受该条款限制。（3）无配偶者收养异性子女的年龄差距。根据《民法典》第1102条，无配偶者收养异性子女的，收养人与被收养人的年龄应当相差40周岁以上。但收养人在收养三代以内旁系同辈血亲的子女时，可不受该条件的限制。

二、华侨收养三代以内旁系同辈血亲的子女

我国《归侨侨眷权益保护法》第2条第1款规定："归侨是指回国定居的华侨。华侨是指定居在国外的中国公民"。国务院侨务办公室关于印发《关于界定华侨外籍华人归侨侨眷身份的规定》的通知（国侨发〔2009〕5号）规定，（1）华侨是指定居在国外的中国公民。（2）定居，是指中国公民已取得住在国长期或永久居留权，并已在住在国连续居留2年，2年内累计居留不少于18个月。（3）中国公民虽未取得住在国长期或者永久居留权，但已取得住在国连续5年以上（含5年）合法居留资格，5年内在住在国累计居留不少于30个月，视为华侨。（4）中国公民出国留学（包括公派和自费）在外学习期间，或因公务出国（包括外派劳务人员）在外工作期间，均不视为华侨。

根据《民法典》第1098条，收养人应当无子女或者只有一名子女。根据本条第2款，华侨（包括定居国外的华侨和回国的归侨）在收养三代以内旁系同辈血亲的子女时，除享有本条第1款所规定的宽限条件外，还可以不受收养人无子女或只能有一名子女的限制。

由于华侨通常在国外定居，属于跨国收养，应依据《跨国收养方面保护儿童及合作公约》中"保证跨国收养的实施符合儿童最佳利益"的宗旨，注意确保收养关系在收养人所在国家的效力。在具体申请程序方面，《中国公民收养子女登记办法》第14条规定，华侨以及居住在香港、澳门、台湾地区的中国公民在内地收养子女的，申请办理收养登记的管辖以及所需要出具的证件和证明材料，按照国务院民政部门的有关规定执行。《华侨以及居住在香港、澳门、台湾地区的中国公民办理收养登记的管辖以及所需要出具的证件和证明材料的规定》（1999年5月25日民政部第16号令）第2条规定，华侨以及居住在香港、澳门、台湾地区的中国公民在内地收养子女的，应当到被收养人常住户口所在地的直辖市、设区的市、自治州人民政府民政部门或者地区（盟）行政公署民政部门申请办理收养登记。第3条规定，居住在已与中国建立外交关系国家的华侨申请办理成立收养关系的登记时，应当提交收养申请书和下列材料：（1）护照；（2）收养人居住国有权机构出具的收养人的年龄、婚姻、有无子女、职业、财产、健康、有无受过刑事处罚等状况的证明材料，该证明材料应当经其居住国外交机关或者外交机关授权的机构认证，并经中国驻该国使领馆认证。第4条规定：居住在未与中国建立外交关系国家的华侨申请办理成立收养关系的登记时，应当提交收养申请书和下列证件、证明材料：（1）护照；（2）收养人居住国有权机构出具的收养人的年龄、婚姻、有无子女、职业、财产、健康、有无受过刑事处罚等状况的证明材料，该证明材料应当经其居住国外交机关或者外交机关授权的机构认证，并经已与中国建立外交关系的国家驻该国使领馆认证。

（撰稿人：王葆莳）

> **第一千一百条** 【收养子女的数量限制】
>
> 无子女的收养人可以收养两名子女；有子女的收养人只能收养一名子女。
>
> 收养孤儿、残疾未成年人或者儿童福利机构抚养的查找不到生父母的未成年人，可以不受前款和本法第一千零九十八条第一项规定的限制。

◆【法条由来】

本条来自《收养法》第 8 条，第 1 款"收养人只能收养一名子女"修改为"无子女的收养人可以收养两名子女；有子女的收养人只能收养一名子女"。第 2 款"收养孤儿、残疾儿童或者社会福利机构抚养的查找不到生父母的弃婴和儿童，可以不受收养人无子女和收养一名的限制"中的"残疾儿童"修改为"残疾未成年人"，"社会福利机构"修改为"儿童福利机构"，"弃婴和儿童"修改为"未成年人"。

◆【法条评注】

本条是关于收养子女的数量限制的规定。本条第 1 款对收养人收养子女的数量作了限制，即收养人原则上最多只能收养两名子女。法律作出此种限制的主要目的是保障被收养人的利益。收养人收养的子女越多，其所能够提供的抚养条件相对就越差，因此，收养人最多收养两名子女为宜，目的是保障被收养人的生活条件。

本条第 2 款对每个收养人只能收养两名子女的限制作了例外规定，即收养人收养孤儿、残疾未成年人或者儿童福利机构抚养的查找不到生父母的未成年人，可以不受最多收养 2 人的限制。法律作出此种规定，主要是为了保障孤儿、残疾未成年人或者儿童福利机构抚养的查找不到生父母的未成年人的合法权益，尽量促成收养关系的成立，从而使其能够在父母的抚育下健康成长。但考虑到保障上述被收养人的合法权益，保障其健康成长，收养人也不宜收养过多的子女，应当结合收养人的抚养能力等多种因素，确定其适合收养的子女的数量。① 同时，根据第2款收养的，也要符合第1098条、第1101条和第1102条规定的其他收养条件。此外，登记部门应特别注意审查收养人是否符合第1098条第2项规定的"有抚养、教育和保护被收养人的能力"。

《中国公民收养子女登记办法》第7条第2款规定，收养查找不到生父母的弃婴、儿童的，收养登记机关应当在登记前公告查找其生父母；自公告之日起满60日，弃婴、儿童的生父母或者其他监护人未认领的，视为查找不到生父母的弃婴、儿童。公告期间不计算在登记办理期限内。民政部《收养登记工作规范》第17条进一步规定，公告应当刊登在收养登记机关所在地设区的市（地区）级以上地方报纸上。公告要有查找不到生父母的弃婴、弃儿的照片。办理公告时收养登记员要保存捡拾证明和捡拾地派出所出具的报案证明。派出所出具的报案证明应当有出具该证明的警员签名和警号。

收养人根据本条第2款收养孤儿、残疾未成年人或者儿童福利机构抚养的查找不到生父母的未成年人后，不影响本身的生育权。我国《人口与计划生育法》第18条第2款规定："符合法律、法规规定条件的，可以要求安排再生育子女。具体办法由省、自治区、直辖市人民代表大会或者其常务委员会规定。"据此，《湖南省人口与计划生育条例》第15条规定，夫妻双方无子女，依法收养子女后要求生育的，可以再生育一个子女。湖南省人口计生委关于印发《〈湖南省人口与计划生育条例〉应用解释》的通知第2条规定，《条例》第15条第2项是为了保护公民合法收养的权利，公民依照《收养法》第8条第2款规定，收养孤儿、残疾儿童或者社会福利机构抚养的查找不到生父母的弃婴和儿童，可以不受收养人无子女和收养一名的限制。因此，如果一对夫妻无子女并根据此规定合法收养了多个子女后，申请再生育的，应当予以批准。

（撰稿人：王葆莳）

---

① 雷明光主编：《中华人民共和国收养法评注》，厦门大学出版社2016年版，第123页。

> **第一千一百零一条　【夫妻共同收养原则】**
> 有配偶者收养子女,应当夫妻共同收养。

◆ 【法条由来】

本条来自《收养法》第 10 条第 2 款,内容没有实质性变动。

◆ 【法条评注】

本条是关于夫妻共同收养原则的规定。本条对有配偶者收养子女的条件作了限定,即有配偶者收养子女,原则上应当由夫妻共同收养。法律作出此种规定的主要理由在于:收养关系一旦成立,被收养人即成为收养人的家庭成员,收养人有配偶,但置其配偶的意见于不顾而单独收养,可能会对收养人的家庭关系造成不利的影响,不利于被收养人的健康成长,有违保护未成年人的立法目的。进而,夫妻共同收养,意味着被收养人和收养夫妻双方的近亲属均产生相应的血亲和姻亲关系,有利于被收养人融入新的家庭。共同收养后,对子女进行抚育是夫妻双方共同的义务,即使收养夫妻双方嗣后离婚,养子女和夫妻各方的亲属关系仍不受影响。同时需要注意,根据《民法典》的规定,只有夫妻才能共同收养,不存在婚姻关系的二人(如同居关系)不能共同收养。若在 1994 年 2 月 1 日民政部《婚姻登记管理条例》公布实施以前,男女双方已经符合结婚实质要件形成事实婚姻关系,也可以作为夫妻共同收养。

本条规则也存在例外情况:(1)若收养人的配偶查找不到或者不具备完全民事行为能力,由于其无法表达意愿,客观上无法实施收养行为,此时应当允许收养人单独收养。[①] 本条在内容上和第 1097 条相呼应:生父母送养子女,应当双方共同送养;但如果生父母一方下落不明或者查找不到的,该送养行为在客观上无法得到该被送养人父母双方的同意,在此情形下可以例外

[①] 雷明光主编:《中华人民共和国收养法评注》,厦门大学出版社 2016 年版,第 125 页。

地单独送养。（2）1993年11月3日公布的《离婚案件子女抚养意见》[①] 第14条规定，《收养法》施行前，夫或妻一方收养的子女，对方未表示反对，并与该子女形成事实收养关系的，离婚后，应由双方负担子女的抚养费；夫或妻一方收养的子女，对方始终反对的，离婚后，应由收养方抚养该子女。

《中国公民收养子女登记办法》第4条规定，夫妻共同收养子女的，应当共同到收养登记机关办理登记手续；一方因故不能亲自前往的，应当书面委托另一方办理登记手续，委托书应当经过村民委员会或者居民委员会证明或者经过公证。

（撰稿人：王葆莳）

[①] 该司法解释已经被2020年12月29日公布的《最高人民法院关于废止部分司法解释及相关规范性文件的决定》（法释〔2020〕16号）废止。

第一千一百零二条 【无配偶者收养异性子女的年龄差】
无配偶者收养异性子女的,收养人与被收养人的年龄应当相差四十周岁以上。

◆【法条由来】

本条来自《收养法》第9条,将"无配偶的男性收养女性的"改为"无配偶者收养异性子女的",体现平等原则。

◆【法条评注】

本条是关于无配偶者收养异性子女的年龄差的规定。本条对无配偶的收养人设置了特殊限制条件,目的是维护传统伦理道德观念。根据《民法典》第1099条规定,收养三代以内旁系同辈血亲子女的,一般不会发生违反道德伦理的情形,故可不受此条限制。

收养人无配偶,是指在收养关系成立时无配偶。本条所规定的配偶应当是与收养人具有法律认可的夫妻关系的人,如果只是以夫妻名义同居,不属于本条所规定的配偶。该条件的成立时间应当是指收养关系成立时,对于收养关系成立后配偶死亡的,不适用本条规定,已经成立的收养关系也不应当受到影响。

《民法典》第1259条规定,民法所称的"以上""以下""以内""届满",包括本数;所称的"不满""超过""以外",不包括本数。因此,本条所规定的40周岁以上包括40周岁。

(撰稿人:王葆莳)

> **第一千一百零三条　【继父母收养继子女的条件】**
> 继父或者继母经继子女的生父母同意，可以收养继子女，并可以不受本法第一千零九十三条第三项、第一千零九十四条第三项、第一千零九十八条和第一千一百条第一款规定的限制。

◆【法条由来】

本条来自《收养法》第14条，继父或者继母经继子女的生父母同意，可以收养继子女，并可以不受《收养法》第4条第3项（生父母有特殊困难无力抚养的子女可以被收养）、第5条第3项（有特殊困难无力抚养子女的生父母可以送养）、第6条（收养人条件）和被收养人不满14周岁以及收养1名的限制。本条内容没有实质性变动，对条文所涉相关指引性法条序号依《民法典》作相应技术性变更。

◆【法条评注】

本条是关于继父母收养继子女的条件的规定。

一、立法目的

继父母和继子女关系，是由于生父母一方死亡另一方带子女再婚，或者父母离婚后另行再婚而形成的。通常情况下，继父母子女之间的关系属于姻亲范围。因为根据《民法典》第1084条，父母与子女间的关系，不因父母离婚而消除；离婚后无论子女由父或者母直接抚养，仍是双方的子女；父母对于子女仍有抚养、教育、保护的权利和义务。同时，根据《民法典》第1072条第2款，继父或继母和受其抚养教育的继子女之间的权利和义务，适用本法对父母子女关系的有关规定。据此，如果继父母与继子女之间形成抚养关系，也适用有关父母子女关系的规定，但双方并未产生拟制血亲关系，也没有切断和原来的父母子女的关系，从而出现"事实上父母子女关系"和"法律上父母子女关系"的重合现象，权利边界模糊。此时，如果继父母将继子女收养，可以使这种关系简单化。进而，继父母和继子女之间的收养关系一旦形成，继兄弟姐妹关系即同时演变成兄弟姐妹关系，这有助于家庭关系的稳定协调，为继子女的成长提供更为健康的生活环境，故法律对此种收养关系的成立规定了更为宽松的条件。

二、继父母收养的条件

第一，继父或继母收养继子女时，须事先征得其再婚配偶，即被收养人的生父或生母的同意，并且取得不与被收养人共同生活的另一方生父或生母的同意，继子女年满8周岁以上的，还应征得其本人的同意。因为我国实行的是完全收养制，一旦继父或继母对继子女的收养关系成立，被收养人与其生父或生母的权利义务关系即告解除，不会再发生抚养、教育、赡养、继承等一系列以身份权存在为前提的关系，此种重大的身份关系变更行为应充分尊重当事人的意愿。同时要注意，继子女被收养后，终止的仅是该子女和不与其共同生活一方的生父或生母之间的权利义务关系，与再婚关系之内的生父母一方仍保留原直系血亲的母子（女）或父子（女）关系。

第二，由于继父母收养系基于与被收养人的父或母结婚这一原因，且通常是在形成抚养关系的条件下进行的，法律规定了更为宽松的条件。具体而言，继父或继母收养继子女，可以不受《民法典》规定的收养条件中的以下内容限制：第1093条第3项规定的被收养人为生父母有特殊困难无力抚养的子女；第1094条第3项规定的送养人须为有特殊困难无力抚养子女的生父母；第1098条规定的收养人应无子女或只有一名子女、年满30周岁、有抚养教育和保护能力、未患有在医学上认为不应收养子女的疾病、无不利于被收养人健康成长的违法犯罪记录；第1100条第1款规定的无子女的收养人可以收养两名子女、有一名子女的收养人只能收养一名子女；第1101条规定的收养人虽有配偶但却可以进行单方收养，因为该子女的生父和生母本来就是自然血亲，不必再参与收养。

第三，根据《中国公民收养子女登记办法》第5条第3款规定，在办理收养继子女登记手续时，可以只提交居民户口簿、居民身份证和收养人与被收养人生父或者生母结婚的证明。

三、外国人收养继子女的特别规定

民政部办公厅《关于外国人在中华人民共和国收养继子女当事人需要出具的证件和证明材料的通知》（民办函〔2008〕4号）第1条规定，外国人在华收养继子女的,需要出具的证件和证明材料包括:跨国收养申请书、出生证明、收养人与被收养人生父或者生母结婚的证明、收养人所在国主管机关同意其跨国收养子女的证明或者主管机关同意被收养人入境入籍的证明。以上文件均需办理公证、认证手续,并由中国收养中心进行审核、办理。该法第2条规定,送养人需要向省级人民政府民政部门出具的证件和证明材料包括:被收养人生父或者生母同意送养的书面意见、送养人居民户口簿和居民身份证、被收养人居民身份证或者户籍证明、送养人与被收养人之间的亲子关系证明。如果送养人死亡或者被人民法院宣告死亡的,再婚一方应当提交送养人的死亡证明(正常死亡证明由医疗卫生单位出具,非正常死亡证明由县以上公安部门出具)或者人民法院宣告死亡的判决书。收养登记员对当事人提交的送养人死亡证明应当严格审查和进行必要的调查,并将调查笔录归卷存档。被收养人为限制行为能力人的,应当提交被收养人同意被收养的证明。

(撰稿人:王葆莳)

> **第一千一百零四条　【收养自愿原则】**
>
> 收养人收养与送养人送养，应当双方自愿。收养八周岁以上未成年人的，应当征得被收养人的同意。

◆【法条由来】

本条来自《收养法》第 11 条，将"年满十周岁以上未成年人"改为"八周岁以上未成年人"，对应总则编对限制行为能力人年龄的调整。

◆【法条评注】

本条是关于收养自愿原则的规定。本条规定对收养关系的成立又设置了两项条件：一是收养关系成立的前提是双方自愿；二是被收养人为 8 周岁以上的未成年人时，该收养行为应当征得该未成年人的同意。

第一，收养关系的成立前提是收养人与送养人都必须是自愿的，依据《民法典》第 1094 条的规定，送养人有以下几种：一是孤儿的监护人，二是儿童福利机构，三是有特殊困难无力抚养子女的生父母。收养人在实施收养行为时，应当与孤儿的监护人、儿童福利机构或者被收养人的生父母之间达成收养合意。此外，依据《民法典》第 1097 条和第 1101 条，收养人在实施收养行为时，原则上应当夫妻共同实施，送养人在送养子女时，原则上也应当由双方共同送养。

第二，本条第 2 句规定，如果被收养人已经年满 8 周岁，则该收养关系的成立应当得到该被收养人的同意。法律作出此种规定的主要原因在于：8 周岁以上的未成年人属于限制民事行为能力人，具有一定的意思能力，而收养行为会对其亲子关系进行重大变更，因此应当得到其同意。根据民政部《收养登记工作规范》第 16 条，为确保未成年人的同意权，收养登记员要分别询问或者调查收养人、送养人、年满 8 周岁以上的被收养人和其他应当询问或者调查的人，特别是对被收养人应当询问是否同意被收养和有关协议内容。询问或者调查结束后，要将笔录给被询问人或者被调查人阅读。被询问人或者被调查人要写明"已阅读询问（或者调查）笔录，与本人所表示的意思一致（或者调查情况属实）"，并签名。被询问人或者被调查人没有书写能力的，可由收养登记员向被询问或者被调查人宣读所记录的内容，并注明"由收养登记员记录，并向当事人宣读，被询问人（被调查人）在确认所记录内容正确无误后按指纹。"然后请被询问人或者被调查人在注明处捺印。

（撰稿人：王葆莳）

> **第一千一百零五条　【收养的形式要件和程序】**
>
> 收养应当向县级以上人民政府民政部门登记。收养关系自登记之日起成立。
>
> 收养查找不到生父母的未成年人的，办理登记的民政部门应当在登记前予以公告。
>
> 收养关系当事人愿意签订收养协议的，可以签订收养协议。
>
> 收养关系当事人各方或者一方要求办理收养公证的，应当办理收养公证。
>
> 县级以上人民政府民政部门应当依法进行收养评估。

◆【法条由来】

本条来自《收养法》第 15 条，将第 15 条第 2 款中的"弃婴和儿童"变更为"未成年人"，"订立"修改为"签订"，并新增收养评估的规定。

◆【法条评注】

本条是关于收养的形式要件和程序的规定。

一、登记成立原则

本条第 1 款确立了收养关系的登记成立原则，即收养关系原则上必须经登记才能成立，否则收养无效。国家通过收养登记可以监督收养行为，及时发现和制止违法行为，依法保护收养当事人，尤其是被收养儿童的合法权益，促进家庭和睦和社会的安定。根据《中国公民收养子女登记办法》第 3 条的规定，依据被收养人的不同情况，办理收养登记的具体机关也不相同：（1）收养社会福利机构抚养的查找不到生父母的弃婴、儿童和孤儿的，在社会福利机构所在地的收养登记机关办理登记。（2）收养非社会福利机构抚养的查找不到生父母的弃婴和儿童的，在弃婴和儿童发现地的收养登记机关办理登记。（3）收养生父母有特殊困难无力抚养的子女或者由监护人监护的孤儿的，在被收养人生父母或者监护人常住户口所在地（组织作监护人的，在该组织所在地）的收养登记机关办理登记。（4）收养三代以内旁系同辈血亲的子女，以及继父或者继母收养继子女的，在被收养人生父或者生母常住户口所在地的收养登记机关办理登记。根据《华侨以及居住在香港、澳门、台湾地区的中国公民办理收养登记的管辖以及所需要出具的证件和证明材料的规定》，华侨以及居住在香港、澳门、台湾地区的中国公民在内地收养子女的，应当到被收养人常住户口所在地的直辖市、设区的市、自治州人民政府民政部门或者地区（盟）行政公署民政部门申请办理收养登记。

在办理流程上，《中国公民收养子女登记办法》第4条规定，收养关系当事人应当亲自到收养登记机关办理成立收养关系的登记手续。夫妻共同收养子女的，应当共同到收养登记机关办理登记手续；一方因故不能亲自前往的，应当书面委托另一方办理登记手续，委托书应当经过村民委员会或者居民委员会证明或者经过公证。《民政部婚姻司对〈收养法〉的解答》指出，收养限制民事行为能力人的，应当征得被收养人的同意。因此在办理收养登记时，具有限制民事行为能力的被收养人也须亲自到场。

民政部、公安部、司法部、卫生部、人口计生委《关于解决国内公民私自收养子女有关问题的通知》规定了未经登记收养弃婴和儿童的补救程序：收养人符合《收养法》规定的条件，私自收养非社会福利机构抚养的查找不到生父母的弃婴和儿童，捡拾证明不齐全的，由收养人提出申请，到弃婴和儿童发现地民政部门领取并填写《捡拾弃婴（儿童）情况证明》，由收养人常住户口所在地的村（居）民委员会确认，基层政府部门审核并出具《子女情况证明》，发现地公安部门对捡拾人进行询问并出具《捡拾弃婴（儿童）报案证明》，收养人持上述证明及《中国公民收养子女登记办法》规定的其他证明材料到弃婴和儿童发现地的民政部门办理收养登记。

1992年《收养法》颁布之前成立的事实收养关系，可以不经登记而成立，这属于登记成立原则的例外。《最高人民法院关于学习、宣传、贯彻执行〈中华人民共和国收养法〉的通知》（法发〔1992〕11号）第2条规定，收养法施行后发生的收养关系，审理时适用收养法。收养法施行前受理，施行时尚未审结的收养案件，或者收养法施行前发生的收养关系，收养法施行后当事人诉请确认收养关系的，审理时应适用当时的有关规定。《最高人民法院关于贯彻执行民事政策法律若干问题的意见》（现已失效）第28条规定："亲友、群众公认,或有关组织证明确以养父母与养子女关系长期共同生活的,虽未办理合法手续,也应按收养关系对待。"

据此,对于1992年《收养法》颁布实施之前发生的收养关系,只要符合《收养法》规定的实质要件,即使欠缺登记形式要件,也可以承认其效力。在判定实质要件时,主要审查标准为是否长期共同生活。对此可以通过对当地群众走访调查,结合生活经验和各方因素(如户口是否迁入)综合判断。例如,若被收养人被从生父母处抱走后,一直随收养人夫妻生活,被收养人的责任田由收养人夫妻耕种,粮食直补款也由其领取,即可以认定双方的收养关系成立。① 反之,若被收养人仅是将户口登记在收养人名下,事实上并未共同生活,亦未办理收养登记,则收养行为依法无效。

二、收养前的公告

本条第2款规定,收养查找不到生父母的未成年人的,办理登记的民政部门应当在登记前予以公告。对此,需结合其他法律法规正确理解公告程序。

《中国公民收养子女登记办法》第7条第2款规定,收养查找不到生父母的弃婴、儿童的,收养登记机关应当在登记前公告查找其生父母;自公告之日起满60日,弃婴、儿童的生父母或者其他监护人未认领的,视为查找不到生父母的弃婴、儿童。公告期间不计算在登记办理期限内。民政部《收养登记工作规范》第17条第2款进一步规定,公告应当刊登在收养登记机关所在地设区的市(地区)级以上地方报纸上。公告要有查找不到生父母的弃婴、弃儿的照片。办理公告时收养登记员要保存捡拾证明和捡拾地派出所出具的报案证明。派出所出具的报案证明应当有出具该证明的警员签名和警号。弃婴(儿)寻亲公告应包含以下内容:弃婴(儿)的姓名、出生年月、性别、身体特征、被捡拾的时间、地点、随身携带物品、身穿服装、公告期限、认领方式,并附弃婴(儿)被捡拾时的一寸正面免冠照片一张,弃婴(儿)在捡拾前姓名不详,出生年月是估算的要特别注明。②

民政部和公安部在2015年联合发布的《民政部、公安部关于开展查找不

---

① 参见安某1与安某2等共有纠纷上诉案,河南省许昌市中级人民法院(2014)许民终字第544号民事判决书。
② 参见《上海市民政局关于统一规范本市弃婴(儿)寻亲公告的有关规定》(沪民婚发〔2015〕1号)之具体规定。

到生父母的打拐解救儿童收养工作的通知》（民发〔2015〕159 号）进一步规定了收养被解救拐卖儿童的公告制度：收养登记机关在收到收养登记申请书及相关材料后，应当按照规定进行公告。自公告之日起满 60 日，打拐解救儿童的生父母或者其他监护人未认领的，收养登记机关应当为符合条件的当事人办理收养登记。对不符合条件的，不予登记并对当事人说明理由。

三、收养协议

本条第 3 款规定，收养关系当事人愿意签订收养协议的，可以签订收养协议。据此，收养协议原则上并非收养关系成立的必备条件，但在收养打拐解救儿童或跨国收养中，则必须签订收养协议。

《民政部、公安部关于开展查找不到生父母的打拐解救儿童收养工作的通知》规定，(1) 社会福利机构收到查找不到生父母或其他监护人的证明后，对于符合收养条件的儿童，应当及时进行国内送养，使儿童能够尽快回归正常的家庭生活。(2) 办理收养登记前，社会福利机构应当与收养家庭签订收养协议。(3) 打拐解救儿童被收养后，公安机关查找到其生父母或其他监护人，或者其生父母或其他监护人又查找到该儿童的，如儿童的生父母或其他监护人要求解除收养关系，且经公安机关确认该儿童确属于被盗抢、被拐骗或者走失的，收养人应当与社会福利机构共同到民政部门办理解除收养关系登记。据此，如被收养人系查找不到生父母的打拐解救儿童，收养人必须和社会福利机构签订收养协议，并且在协议中承诺"如公安机关查找到被收养儿童的生父母或其他监护人，我们愿意配合公安、社会福利机构开展相关工作。如其生父母或其他监护人要求解除收养关系，我们愿意与社会福利机构共同到民政部门办理解除收养关系登记"。

根据《外国人在中华人民共和国收养子女登记办法》第 9 条，外国人来华收养子女，应当与送养人订立书面收养协议；书面协议订立后，收养关系当事人方可共同到被收养人常住户口所在地的省级人民政府民政部门办理收养登记。

四、收养公证

根据本条第 4 款的规定，只要收养关系一方当事人要求办理收养公证，各方即有义务办理公证手续。根据《司法部关于贯彻执行〈中华人民共和国收养法〉若干问题的意见》（司发通〔2000〕33 号）第 1 条规定，可以办理公证的类型包括收养公证、解除收养关系公证，以及其他相关公证，如收协议、亲属关系、解除收养关系协议、声明书、委托书等公证。上述意见第 2 条和第 3 条规定，新收养法施行后，收养关系的成立和协议解除收养关系以登记为准。公证机构办理收养或解除收养关系公证，应按《公证暂行条例》和《公证程序规则（试行）》的规定办理，要重点审查当事人的身份、行为能力和意思表示是否真实，收养登记证或解除收养关系证明是否系有权机关签发。公证机构发现登记证内容违反收养法的，应当拒绝公证。夫妻共同收养，一方因故不能亲到场，另一方到场并提交经过公证的配偶的委托书的，视为亲自到场。该意见第 5 条规定，对收养查找不到父母的弃婴和儿童的，如当事人申请办理弃婴或弃儿来源情况公证，应提交办理登记的收养登记机关出具的公告查找情况证明，公证机构审查后予以公证。该意见第 6 条规定，对原收养法施行前发生的事实收养，公证机构仍按《司法部关于办理收养法实施前建立的事实收养关系公证的通知》规定办理事实收养公证。

《司法部关于办理收养法实施前建立的事实收养关系公证的通知》（司发通〔1993〕125 号）中指出，对于收养法实施前已建立的事实收养关系，当事人可以申办事实收养公证。凡当事人能够证实双方确认共同生活多年，以父母子女相称，建立了事实上的父母子女关系，且被收养人与其生父母的权利义务关系确已消除的，可以为当事人办理收养公证。收养关系自当事人达成收养协议或因收养事实而共同生活时成立。办理事实收养公证由收养人住所地公证处受理。

司法实践中大多数法院认为，事实收养关系公证不能代替收养登记，事实收养本身是否成立，仍需根据《最高人民法院关于贯彻执行民事政策法律若干问题的意见》（现已失效）第 28 条确认。换言之，若当事人仅在公证处办理了收养关系公证书，而未在民政部门登记，收养关系仍可能无效。但如果当事人除了办理收养公证，尚有其他事实证明收养关系的存在，如所在乡政府及村民委员会能证实收养事实，邻居证实被收养人长期和收养人共同生活，并照顾收养人，被收养人迁入收养人户头，登记为父母子女关系，即可认定收养关系成立。[1]

五、收养评估制度

收养评估，是指民政部门对收养申请人是否具备抚养、教育和保护被收

---

[1] 参见黄某 1 与黄某 2 法定继承纠纷案，湖南省长沙市中级人民法院（2014）长中民一终字第 00153 号民事判决书。

养人的能力进行调查、评估,并出具评估报告的专业服务行为,① 即主要是对收养申请人的事先评估,确保其适合收养条件。也有观点认为,收养评估既涉及收养能力评估,也包括融合期调查和收养后回访。②《民法典》第1098条规定收养人应当"有抚养、教育和保护被收养人的能力"。这里的抚养教育能力,涉及收养人的婚姻家庭状况、性格心理,以及与被收养人的相适度等诸多方面,对其科学判断需要运用相关专业知识和方法。只有通过收养评估,才能更加准确、客观地反映收养人是否具备抚养教育能力,从而从实体和程序两方面保障被收养人的利益,体现《民法典》第1044条第1款确立的最有利于被收养人的原则。

为了加强收养登记管理,规范收养评估工作,保障被收养人的合法权益,民政部门从2012年开始,就在多个省份开展收养评估试点工作。在总结实践经验的基础上,民政部在2020年12月30日发布《收养评估办法(试行)》(民发〔2020〕144号,以下简称《办法》)。该《办法》适用于中国内地居民在中国境内收养子女的收养评估,③ 但收养继子女的除外(第2条)。

该《办法》第4条规定,收养评估应当遵循最有利于被收养人的原则,独立、客观、公正地对收养申请人进行评估,依法保护个人信息和隐私。为此目的,该《办法》第12条规定:评估人员、受委托的第三方机构与收养申请人、

---

① 《收养评估办法(试行)》(民发〔2020〕144号)第3条。
② 山东省民政厅、山东省公安厅2018年12月14日印发《山东省收养评估办法》(鲁民〔2018〕106号)第三条:"本办法所称收养评估,包括收养能力评估、融合期调查和收养后回访。其中收养能力评估指的是:指对有收养意愿的当事人(以下简称收养申请人)抚养教育被收养人的能力进行评估。主要包括对收养申请人个人和家庭基本状况、收养动机目的和养育安排、收养申请人提交的证件和证明材料情况等进行全面调查,从而对收养申请人及其共同生活的家庭成员抚养教育被收养人的能力做出综合评定。融合期调查:指在收养登记办理前,对收养关系当事人融合情况进行评估。主要包括对被收养人与收养申请人及其家庭成员共同生活、相处和情感交融等情况、收养申请人履行临时监护职责情况、对被收养人的照料抚育情况和(被)收养意愿等进行调查评估。收养后回访:指收养登记办理后,对收养人与被收养人共同生活的情况进行评估。主要包括收养人对被收养人的养育教育情况、被收养人健康成长和受教育情况、双方情感交融情况等进行调查评估。"
③ 该《办法》第十五条规定:"华侨以及居住在香港、澳门、台湾地区的中国公民申请收养的,当地有权机构已经作出收养评估报告的,民政部门可以不再重复开展收养评估。没有收养评估报告的,民政部门可以依据当地有权机构出具的相关证明材料,对收养申请人进行收养评估。外国人申请收养的,收养评估按照有关法律法规规定执行。"

送养人有利害关系的，应当回避。第13条规定了民政部门对收养评估小组和委托第三方机构的监督职能。第14条规定开展收养评估不得收取任何费用。

在评估模式上，目前国内外收养评估主要有收养登记机关直接评估、社会组织评估、福利机构评估等模式。该《办法》第5条第1款规定，民政部门进行收养评估，可以自行组织，也可以委托第三方机构开展。开展收养评估的第三方机构应具备特定条件，① 并和民政部门签订委托协议。该《办法》第6条规定，民政部门自行组织开展收养评估的，应组建收养评估小组。收养评估小组应有2名以上熟悉收养相关法律法规和政策的在编人员。

收养评估是对收养人抚养教育被收养人能力的综合评定，需确定科学的指标体系，以确保评估结果的可信度。除收养人的收养动机、经济状况、婚姻状况、家庭状况、身体健康状况、学历学识、品德品行等指标外，还要对被收养人情况以及影响收养人抚养教育被收养人能力的其他因素进行深入研究，努力将其转化为可通过约见、面谈、家访、走访等办法观察反映的客观指标，并积极尝试运用其他方法对各项指标进行检验、完善。为此目的，该《办法》第8条第1款规定，收养评估内容包括收养申请人以下情况：收养动机、道德品行、受教育程度、健康状况、经济及住房条件、婚姻家庭关系、共同生活家庭成员意见、抚育计划、邻里关系、社区环境、与被收养人融合情况等。同时，该《办法》第16条允许省级民政部门可以结合当地情况细化、补充收养评估内容并报民政部备案。

在评估流程方面，该《办法》第9条规定，收养评估流程包括书面告知、评估准备、实施评估、出具评估报告。民政部门收到收养登记申请有关材料后，经初步审查收养申请人、送养人、被收养人符合民法典和收养子女登记办法规定之要求的，应书面告知收养申请人将对其进行收养评估；委托第三方机构开展评估的，民政部门应当同时书面告知受委托的第三方机构。收养申请人确认同意进行收养评估的，第三方机构应当选派2名以上具有社会工

---

① 该《办法》第七条规定："受委托的第三方机构应当同时具备下列条件：（一）具有法人资格；（二）组织机构健全，内部管理规范；（三）业务范围包含社会调查或者评估，或者具备评估相关经验；（四）有5名以上具有社会工作、医学、心理学等专业背景或者从相关工作2年以上的专职工作人员；（五）开展评估工作所需的其他条件。"实践中，该第三方机构可以是民政局批准并登记的第三方民办非企业单位，如社会工作事务所；评估人员应取得民政局颁发的收养评估员资格证。

作、医学、心理学等专业背景或者从事相关工作 2 年以上的专职工作人员开展评估活动。民政部门自行组织收养评估的，由收养评估小组开展评估活动。评估人员根据评估需要，可以采取面谈、查阅资料、实地走访等多种方式进行评估，全面了解收养申请人的情况。收养评估小组和受委托的第三方机构应当根据评估情况制作书面收养评估报告。收养评估报告包括正文和附件两部分：正文部分包括评估工作的基本情况、评估内容分析、评估结论等；附件部分包括记载评估过程的文字、语音、照片、影像等资料。委托第三方机构评估的，收养评估报告应当由参与评估人员签名，并加盖机构公章。民政部门自行组织评估的，收养评估报告应当由收养评估小组成员共同签名。

该《办法》第 11 条规定，收养评估期间，收养评估小组或者受委托的第三方机构发现收养申请人及其共同生活家庭成员有法定情形的，应当向民政部门报告，作为批准收养与否的重要参考标准：弄虚作假、伪造、变造相关材料或者隐瞒相关事实的；参加非法组织、邪教组织的；买卖、性侵、虐待或者遗弃、非法送养未成年人，及其他侵犯未成年人身心健康的；有持续性、经常性的家庭暴力的；有故意犯罪行为，判处或者可能判处有期徒刑以上刑罚的；患有精神类疾病、传染性疾病、重度残疾或者智力残疾、重大疾病的；存在吸毒、酗酒、赌博、嫖娼等恶习的；故意或者过失导致正与其进行融合的未成年人受到侵害或者面临其他危险情形的；有其他不利于未成年人身心健康行为的。

该《办法》第 10 条第 2 款规定，评估机构作出的评估结论，系民政机关是否为收养申请人办理收养登记的重要参考依据。如收养评估结论为不合格，申请人可以资料准备不足等事由申请重新评估，民政机关同意重新评估后结论仍为不合格，应作出不予办理收养登记的通知。收养申请人认为评估程序存在瑕疵的，可以提出异议并申请复核，但对于评估结论本身不服的，不得诉请人民法院对评估结论的合理性进行审查。[1]

（撰稿人：王葆蒔）

---

[1] 参见常秀兰、张青山诉泰州市姜堰区民政局不予办理收养登记案，江苏省泰州市姜堰区人民法院（2015）泰姜行初字第 00050 号行政判决书。

第一千一百零六条 【收养关系在户籍登记方面的效力】

收养关系成立后,公安机关应当按照国家有关规定为被收养人办理户口登记。

◆【法条由来】

本条来自《收养法》第16条,内容没有实质性变动。

◆【法条评注】

本条是关于收养关系在户籍登记方面的效力的规定。《中国公民收养子女登记办法》第8条规定:"收养关系成立后,需要为被收养人办理户口登记或者迁移手续的,由收养人持收养登记证到户口登记机关按照国家有关规定办理。"据此,被收养人能否办理户口登记是建立在收养关系成立的基础之上,故户口的变更登记可以视为民政部门已经办理了收养登记手续。[①] 同时要注意,虽然公安机关原则上应为被收养人办理户口登记,但仍需遵守国家相关规定以及迁入地户口管理规定。

(撰稿人:王葆莳)

[①] 参见高某、黄某确认收养关系纠纷案,贵州省遵义市中级人民法院(2017)黔03民再52号民事判决书。

> **第一千一百零七条　【生父母亲友抚养不适用收养的规定】**
>
> 孤儿或者生父母无力抚养的子女，可以由生父母的亲属、朋友抚养；抚养人与被抚养人的关系不适用本章规定。

◆【法条由来】

本条来自《收养法》第17条，内容没有实质性变化。

◆【法条评注】

本条是关于生父母亲友抚养不适用收养的规定。

一、孤儿或者生父母无力抚养的子女

根据《民政部关于在办理收养登记中严格区分孤儿与查找不到生父母的弃婴的通知》中规定，孤儿是指其父母死亡或人民法院宣告其父母死亡的不满14周岁的未成年人；送养孤儿的须提交有关部门出具的孤儿父母死亡证明书或人民法院宣告死亡的判决书。

"生父母无力抚养"指的是被收养人的生父母因为经济困难、身体原因等，无力抚养被收养人。抚养子女是父母依法应当履行的义务，但如果生父母因病、残疾、经济困难等有特殊困难，无力抚养子女时，法律允许将子女送养或者交予他人抚养。

二、抚养关系不发生收养效果

抚养，是指未成年人的亲属或其他人对其承担供养、保护和教育的责任。抚养和监护不同，抚养是监护权的具体内容之一，主要侧重于对未成年人的日常生活照料，而监护权是对未成年人的人身权益和财产权益所享有的监督、保护的身份权。根据《民法典》第1084条规定，离婚后，无论子女由哪一方父母直接抚养，仍是双方的子女，双方仍对子女承担监护责任。《民法典》第1058条、第1067条和第1071条规定，抚养权通常由父母行使，无论双方是否结婚，均平等享有对未成年子女抚养、教育和保护的权利，共同承担对未成年子女抚养、教育和保护的义务。除了父母对未成年子女有抚养义务外，

《民法典》第1074条第1款和第1075条第1款规定，有负担能力的祖父母、外祖父母对于父母已经死亡的未成年的孙子女、外孙子女以及有负担能力的兄、姐对于父母已经死亡或父母无能力抚养的未成年的弟、妹也有抚养的义务。

孤儿或者生父母无力抚养是指未成年儿童得不到有保障的抚养，在此情况下可以由生父母的亲属、朋友抚养。本条明确规定了抚养人与被抚养人之间的关系不适用《民法典》婚姻家庭编第五章的规定。这意味着，抚养关系当事人之间不产生拟制血亲关系，被抚养人并未解除和生父母之间的父母子女关系。相应的，变更抚养权无需遵守有关收养关系成立的限制性条件。

由于抚养关系不适用有关收养关系的规定，故对于事实抚养关系，当事人之间可以通过约定就相关的权利义务进行处分，包括解除抚养关系，而无需按照《民法典》相关规定进行登记。[①]

（撰稿人：王葆莳）

[①] 参见高某1与高某2、郭某抚养纠纷案，甘肃省高级人民法院（2019）甘民申2032号民事裁定书。

第一千一百零八条 【祖父母和外祖父母的优先抚养权】

配偶一方死亡，另一方送养未成年子女的，死亡一方的父母有优先抚养的权利。

◆ 【法条由来】

本条来自《收养法》第18条，内容没有变动。

◆ 【法条评注】

本条是关于祖父母和外祖父母的优先抚养权的规定。

一、生存一方配偶送养未成年子女

本条所规定的情形虽然限于"配偶一方死亡"时另一方单方送养的情形，在文义上并不包括"生父母一方不明或者查找不到"。但从立法目的上看，本条主要目的是保障未成年子女死亡一方父母对该未成年人的亲权和情感维系，此种权利或者情感维系在生父母一方不明或查找不到的情形下也同样应当受到保护。因此，在"生父母一方不明或者查找不到"的情形下，未成年人的祖父母或者外祖父母也应当有优先抚养的权利。①

二、死亡一方配偶父母的优先抚养权

本条规定的优先抚养权是一种期待权，死亡一方（包括被宣告死亡）配偶的父母不是在任何时候都享有该优先权。只有当生存一方配偶准备送养未成年子女时，死亡一方配偶的父母才存在实现优先抚养权的可能性。同时，优先抚养权的权利主体也是特定的，除了死亡方配偶的父母，其他任何亲属包括生存一方配偶的父母都不是优先抚养权的权利主体。

从我国的实际情况来看，祖父母或外祖父母有抚养孙子女或外孙子女的习惯，有的子女从小就被祖父母或外祖父母抚养照管，双方的感情密切程度较高。夫妻一方死亡后，另一方将子女送他人收养，往往是由两种情况引起

---

① 雷明光主编：《中华人民共和国收养法评注》，厦门大学出版社2016年版，第125页。

的：一是生存一方缺乏监护和抚养能力；二是其有监护和抚养能力但不愿承担监护义务而舍弃子女。在这两种情况下，依法均应当由祖父母或外祖父母监护。因此，另一方将子女送他人收养时，应向子女的祖父母或外祖父母征求意见。如果祖父母或外祖父母坚决要求监护和抚养，而且有监护、抚养的能力，则应由祖父母或外祖父母监护或抚养，另一方与他人所办收养手续应为无效，这样对子女的健康成长更为有利。如果祖父母或外祖父母不愿意监护和抚养，或者虽然愿意但无能力监护和抚养，另一方才可将子女送他人收养。

基于上述理念，《最高人民法院民事审判庭关于夫妻一方死亡另一方将子女送他人收养是否应当征得愿意并有能力抚养的祖父母或外祖父母同意的电话答复》（〔1989〕法民字第21号）中指出，夫妻一方死亡，另一方有抚养子女的能力而不愿尽抚养义务，以及另一方无抚养能力，且子女已经由有抚养能力，又愿意抚养的祖父母、外祖父母抚养的，为送养子女发生争议时，从有利于子女健康成长考虑，子女由祖父母或外祖父母继续抚养较为合适。同时，从保护未成年人利益角度而言，死亡方配偶的父母需要具备一定抚养能力，方可主张优先抚养权。

（撰稿人：王葆莳）

> **第一千一百零九条 【外国人在中国收养子女的规定】**
>
> 外国人依法可以在中华人民共和国收养子女。
>
> 外国人在中华人民共和国收养子女,应当经其所在国主管机关依照该国法律审查同意。收养人应当提供由其所在国有权机构出具的有关其年龄、婚姻、职业、财产、健康、有无受过刑事处罚等状况的证明材料,并与送养人签订书面协议,亲自向省、自治区、直辖市人民政府民政部门登记。
>
> 前款规定的证明材料应当经收养人所在国外交机关或者外交机关授权的机构认证,并经中华人民共和国驻该国使领馆认证,但是国家另有规定的除外。

◆ 【法条由来】

本条来自《收养法》第 21 条,其中第 1 款没有实质变动,第 2 款和第 3 款来自《收养法》第 21 条第 2 款,删除《收养法》第 21 条第 3 款规定的"收养关系当事人各方或者一方要求办理收养公证的,应当到国务院司法行政部门认定的具有办理涉外公证资格的公证机构办理收养公证"。因为之前的《公证处办理涉外公证业务暂行管理办法》第 3 条规定,直辖市和市、县公证处可以申报办理涉外公证业务,直辖市市辖区公证处具备该办法第 2 条条件的在与市公证处划清业务管辖范围的前提下,也可以申报办理涉外公证业务。由公证处所在市、县(市辖区)司法局逐级向省级司法厅(局)申报,申报时应附规定条件的详细材料,由省级司法厅(局)审查批准,报司法部备案。但该法规已经被《国务院关于第三批取消和调整行政审批项目的决定》和《司法部关于废止十二件部颁规章的决定》废止。

◆ 【法条评注】

本条是关于外国人在中国收养子女的规定。

一、外国人依法收养

我国《涉外民事关系法律适用法》第 28 条第 1 句规定："收养的条件和手续，适用收养人和被收养人经常居所地法律。"该条采用了重叠连结点，要求涉外收养必须同时符合收养人和被收养人经常居所地的法律，以确保在我国成立的收养关系同时符合被收养人所在国家的法律规定，避免出现"跛脚收养关系"，损害被收养未成年人的利益。《外国人在中华人民共和国收养子女登记办法》第 3 条也规定："外国人在华收养子女，应当符合中国有关收养法律的规定，并应当符合收养人所在国有关收养法律的规定；因收养人所在国法律的规定与中国法律的规定不一致而产生的问题，由两国政府有关部门协商处理。"据此，外国人收养中国未成年人的，必须首先满足我国《民法典》中关于收养人和被收养人的限制性规定。如涉外收养人必须有抚养教育被收养人的能力、未患有在医学上认为不应当收养子女的疾病，且年满 30 周岁等。同时，为了确保在我国登记的涉外收养关系在外国也能得到承认，本条第 2 款第 1 句规定："外国人在中华人民共和国收养子女，应当经其所在国主管机关依照该国法律审查同意"，即收养关系必须同时符合我国法律和收养人所在国家法律的规定。

需要注意的是，我国《民法典》规定收养人有子女的只能收养一名子女以及无子女的收养人可以收养两名子女的限制主要是为了配合我国的计划生育政策，而涉外收养国一般都没有计划生育的政策，此条规定限制了一些外国父母的收养权。1999 年修订后的《外国人在中华人民共和国收养子女登记办法》借鉴了理论界的意见，将外国收养人只能收养一名子女的规定删除了，但并未进一步规定外国人收养中国儿童有无数量上限。考虑到保障上述被收养人的合法权益，保障其健康成长，收养人不宜收养过多的子女。登记审查机关应结合《民法典》第 1098 条第 2 项规定的"有抚养、教育和保护被收养人的能力"等多种因素，确定其适合收养的子女的数量。①

单身的外国人，如果符合收养国和我国关于收养的规定，可以在中国收养子女。但考虑到健全家庭更有利于儿童的成长，实践中通常倾向于家庭收养优先于个人收养。比如，中国收养中心一般会优先安排外国双亲家庭在中

---

① 雷明光主编：《中华人民共和国收养法评注》，厦门大学出版社 2016 年版，第 123 页。

国进行收养，而不提倡、不鼓励单身外国人来华收养子女。

二、外国人收养的登记程序

本条第2款第2句规定，外国人在中华人民共和国收养子女的，应当提供由其所在国有权机构出具的有关其年龄、婚姻、职业、财产、健康、有无受过刑事处罚等状况的证明材料，并与送养人订立书面协议，亲自向省、自治区、直辖市人民政府民政部门登记。

在具体程序上，《外国人在中华人民共和国收养子女登记办法》第4条规定，（1）外国人在华收养子女，应当通过所在国政府或者政府委托的收养组织（以下简称外国收养组织）向中国政府委托的收养组织（以下简称中国收养组织）转交收养申请并提交收养人的家庭情况报告和证明。（2）前款规定的收养人的收养申请、家庭情况报告和证明，是指由其所在国有权机构出具，经其所在国外交机关或者外交机关授权的机构认证，并经中华人民共和国驻该国使馆或者领馆认证的下列文件：跨国收养申请书；出生证明；婚姻状况证明；职业、经济收入和财产状况证明；身体健康检查证明；有无受过刑事处罚的证明；收养人所在国主管机关同意其跨国收养子女的证明；家庭情况报告，包括收养人的身份、收养的合格性和适当性、家庭状况和病史、收养动机以及适合于照顾儿童的特点等。

同时，上述登记办法第5条规定，拟将子女交给外国人收养的送养人应当向省级人民政府民政部门提交本人的居民户口簿和居民身份证（社会福利机构作送养人的，应当提交其负责人的身份证件）、被收养人的户籍证明等情况证明，并根据不同情况提交有关证明材料。

上述登记办法第6条规定，省级人民政府民政部门应当对送养人提交的证件和证明材料进行审查，对查找不到生父母的弃婴和儿童公告查找其生父母；认为被收养人、送养人符合《收养法》规定条件的，将符合规定的被收养人、送养人名单通知中国收养组织，同时转交相关证件和证明材料。第7条规定，中国收养组织对外国收养人的收养申请和有关证明进行审查后，应当在省级人民政府民政部门报送的符合规定条件的被收养人中，参照外国收养人的意愿，选择适当的被收养人，并将该被收养人及其送养人的有关情况通过外国政府或者外国收养组织递交外国收养人。外国收养人同意收养的，中国收养组织向其发出来华收养子女通知书，同时通知民政部门向送养人发出被收养人已被同意收养的通知。

《外国人在中华人民共和国收养子女登记办法》第 8 条和第 9 条规定，外国人来华收养子女，应当亲自来华办理登记手续。夫妻共同收养的，应当共同来华办理收养手续；一方因故不能来华的，应当书面委托另一方，且委托书应当经所在国公证和认证。和国内收养不同的是，外国人来华收养子女，应当与送养人订立书面收养协议；书面协议订立后，收养关系当事人方可共同到被收养人常住户口所在地的省级人民政府民政部门办理收养登记。第 11 条和第 13 条规定，收养登记机关收到外国人来华收养子女登记申请书和收养人、被收养人及其送养人的有关材料后，对符合规定的当事人办理收养登记，发给收养登记证书。同时应当将登记结果通知中国收养组织。被收养人出境前，收养人应当凭收养登记证书到收养登记地的公安机关为被收养人办理出境手续。

此外，《民政部关于规范生父母有特殊困难无力抚养的子女和社会散居孤儿收养工作的意见》规定，（1）外国人收养两类儿童登记的办理，由省级人民政府民政部门对送养人提交的涉外送养材料进行审查，认为符合法律规定的，填写《生父母有特殊困难无力抚养的子女和社会散居孤儿涉外送养审查意见表》，并向中国儿童福利和收养中心报送，同时附两套上述涉外送养材料的复制件以及被收养人照片。（2）中国儿童福利和收养中心为被收养人选择到外国收养人后，向省级人民政府民政部门发出《涉外送养通知》，由省级人民政府民政部门书面通知送养人，或者由受委托的社会福利机构代为转交送养人。（3）送养人接到书面通知后，省级人民政府民政部门和受委托的社会福利机构，应当积极协助送养人做好交接工作，并指导送养人将收养人的情况如实告诉 7 周岁以上被收养人，帮助送养人做好被收养人的心理辅导。

三、《跨国收养方面保护儿童及合作公约》

1993 年海牙国际私法会议通过了《跨国收养方面保护儿童及合作公约》（以下简称《公约》），该公约主张加强各国的合作机制，最大限度地便利跨国收养程序，为儿童利益提供最佳保护。该《公约》主要内容包括：（1）收养应适用收养人所在国和被收养人所在国双方的法律。原住国的主管机关必须确认该儿童适用于收养；对在原住国内安置该儿童的可能性作了应有的考虑后，确认跨国收养符合儿童的最佳利益；收养国的主管机关必须确认预期养父母条件合格并适于收养儿童；保证预期养父母得到必要的商议；确认该儿童已经或被批准进入并长期居住在该国。（2）跨国收养应通过中央机关进行，首先由收养人按规定向本国的中央机关提出申请，由收养国的中央机关向原住国的中央机关转交申请。

  我国于 2005 年批准加入《公约》，同时声明：（1）中国民政部为中国履行《公约》赋予职责的中央机关。（2）《公约》第 15 条至第 21 条规定的中央机关职能由中国政府委托的收养组织——中国收养中心履行；只有在收养国政府或政府委托的组织履行有关中央机关职能的情况下，该国公民才能收养惯常居住在中国的中国儿童。（3）中国涉外收养证明的出具机关为被收养人常住户口所在地的省级人民政府民政部门，其出具的收养登记证为收养证明。

（撰稿人：王葆莳）

> **第一千一百一十条　【保守收养秘密】**
> 收养人、送养人要求保守收养秘密的，其他人应当尊重其意愿，不得泄露。

◆ **【法条由来】**

本条来自《收养法》第 22 条，内容没有变动。

◆ **【法条评注】**

本条是关于保守收养秘密的规定。

一、收养保密权

本条规定了收养秘密的内容，但没有明确收养秘密的定义与范围。一般认为，收养秘密是指收养人和送养人不愿公开的有关收养关系当事人的信息，以及收养发生的具体事实。[①]

由于收养涉及收养家庭、原生家庭以及被收养人三方的重大身份关系变更，相较于生父母和子女的关系，收养形成的拟制血亲关系更容易受到外界影响，较为脆弱，故当事人可能希望隐瞒某些情形，有利于维护收养关系稳定和谐，在一定程度上避免对被收养人心理产生影响，有助于被收养人的抚养和成长。同时，根据《民法典》第 990 条和第 1034 条的规定，收养行为在一定程度上属于公民个人隐私，自然人的隐私权和个人信息均受法律保护，《民法典》第 1032 条第 1 款规定，任何组织或者个人不得以刺探、侵扰、泄露、公开等方式侵害他人的隐私权。

法律规定收养人、送养人要求保守收养秘密的，其他人不得泄露。但如果收养人和送养人没有明确向知情人提出保密要求的，知情人是否可以泄露秘密而不受法律追究？特别是在收养登记过程中，收养人和送养人需要向登记机关提交大量的有关收养资格条件的证明文件，故收养过程中的知情人员

[①] 雷明光主编：《中华人民共和国收养法评注》，厦门大学出版社 2016 年版，第 187 页。

并非特定,要求收养人或送养人向每位知情人员提出保密要求也不现实。而根据《民法典》有关隐私权和个人信息保护的相关规定,作为人格权的隐私权属于绝对权,任何组织或者个人不得侵害;《民法典》第1038条规定,未经被收集者同意,信息收集者、控制者不得向他人非法提供个人信息,且应当采取技术措施和其他必要措施,确保其收集、存储的个人信息安全,防止信息泄露;《民法典》第1039条规定,特别是国家机关及其工作人员对于履行职责过程中知悉的自然人的隐私和个人信息,应当予以保密,不得泄露或者向他人非法提供。因此,按照对隐私权的理解,其他人保守收养秘密的义务的前提在于是否知情,而不在于收养人或送养人是否提出明确的要求。

二、侵害收养保密权的法律责任

本条没有规定侵害收养保密权的法律责任,对此可以适用《民法典》中有关人格权、隐私权和个人信息保护的相关规定。《民法典》第995条规定,人格权受到侵害的,受害人有权依照本法和其他法律的规定请求行为人承担民事责任,如停止侵害、排除妨碍、消除危险、消除影响、恢复名誉请求权,且不适用诉讼时效的规定。《民法典》第1037条第2款规定,自然人发现信息处理者违反法律、行政法规的规定或者双方的约定收集、处理其个人信息的,有权请求信息处理者及时删除。但需要注意的是,知情人违反收养保密义务的后果通常是收养关系破裂,但收养关系破裂可能基于多种原因,主观性较强,实践中往往难以证明违反保密义务和收养关系破裂之间的因果关系,从而无法向违反保密义务者主张赔偿责任。

三、被收养人的知情权

法律规定知情人员保守收养秘密的目的是能够使儿童被当作养父母自己的孩子来抚养,排除生父母对被收养人的干扰,同时保护收养人的隐私权,保证收养人家庭享有不受他人干扰的生活权利,有利于被收养孩子的健康成长。但被收养人怀疑或者得知自己被收养时,是否应当享有知情权,要求知悉自己被收养的事实或者自己的真实身份?对此我国《民法典》第1073条规定:"对亲子关系有异议且有正当理由的,父或者母可以向人民法院提起诉讼,请求确认或者否认亲子关系。""对亲子关系有异议且有正当理由的,成年子女可以向人民法院提起诉讼,请求确认亲子关系。"据此,成年子女可能会要求养父母或收养登记机关提供生父母相关信息,从而产生被收养人知情权与养父母及生父母隐私权的冲突。

对此,张新宝教授指出,在具体人格权发生冲突时,应该坚持权利协调原则,通过一种权利在其保护的范围或程度上作出让步而使另一种权利得到基本满足。① 在养子女知情权与生父母隐私权发生冲突时,应进行某种适当的协调,通过在较小的范围内公开隐私,以满足知情权的需要,比如,被收养人寻找生父母或者获取出生信息。同时,被收养人也负有对已经知悉的生父母私生活保密的义务,不得扩散和泄露。从比较法角度来看,虽然大多数国家传统上奉行秘密收养原则,但国际社会越来越倾向于收养的公开性,以保护儿童的出身知悉权。例如联合国《儿童权利公约》第7条规定:"儿童出生后应立即登记,并有自出生时起获得姓名的权利,有获得国籍的权利,以及尽可能知道谁是其父母并受其父母照料的权利。"《跨国收养方面保护儿童及合作公约》第30条规定,缔约国的主管机构应确保其所取得的有关儿童的出生,特别是关于儿童父母身份以及病史的资料得以保存。上述主管机关应确保在该国法律允许的情况下,该儿童或其代理人有权在适当的指导下接触这些资料。

笔者认为:首先,被收养儿童不知晓收养事实的,若冒昧告知其真相可能会破坏家庭的安定,甚至对儿童的成长造成极大的伤害,故他人不应主动告知其真相。其次,如果该儿童发现自己是被收养的,且要求知道生父母情况或查看收养记录,此时不宜阻止儿童行使对出身的知悉权。据此,在确保收养关系稳定和被收养人利益的前提下,我国应依法赋予成年被收养人通过法定途径了解收养信息的权利,并明确信息公开的原则和条件,维护成年被收养人的知情权,平衡养子女知情权与生父母隐私权的利益冲突。

(撰稿人:王葆莳)

---

① 张新宝:《隐私权的法律保护》,群众出版社2004年版,第104页。

第二节 收养的效力

> **第一千一百一十一条 【收养关系成立的法律效力】**
>
> 自收养关系成立之日起,养父母与养子女间的权利义务关系,适用本法关于父母子女关系的规定;养子女与养父母的近亲属间的权利义务关系,适用本法关于子女与父母的近亲属关系的规定。
>
> 养子女与生父母以及其他近亲属间的权利义务关系,因收养关系的成立而消除。

◆【法条由来】

本条规定沿用了《收养法》第 23 条的规定,未作实质性修改。

◆【法条评注】

本条是关于收养关系成立法律效力的规定。收养的效力,是指因收养的成立而引起的法律后果的总称。收养成立的效力包括收养的拟制效力和收养的消除效力。

一、收养的拟制效力

收养的拟制效力,是指收养依法创设新的亲属关系及其权利义务的效力,也称收养的积极效力。收养的拟制效力主要表现为养子女与养父母的法律效力以及养子女与养父母的近亲属的法律效力。

(一)养子女与养父母之间的法律效力

本条第 1 款规定:"自收养关系成立之日起,养父母与养子女间的权利义务关系,适用本法关于父母子女关系的规定;养子女与养父母的近亲属间的权利义务关系,适用本法关于子女与父母的近亲属关系的规定。"据此,自收养关系成立之日起,养父母与养子女间的权利义务关系,适用法律关于父母子女关系的规定。养子女取得了相同于养父母婚生子女的身份与地位,享有与婚生子女同等的权利与义务。例如,本编中有关父母对子女的抚养教育、保护义务,子女对父母的赡养扶助等规定,《民法典》继承编中有关父母与子女互为第一顺序的法定继承人的规定,均适用于养父母与养子女。

(二) 养子女与养父母的近亲属之间的法律效力

养子女与养父母的近亲属间的权利义务关系,是亲子关系在法律上的延伸。具体说来,养子女与养父母的父母间,有祖孙间的权利和义务;养子女与养父母的子女间,有兄弟姐妹间的权利和义务。上述近亲属间的抚养、赡养和扶养适用本编的规定;法定继承适用《民法典》继承编的相关规定,养兄弟姐妹、养祖父母、养外祖父母为第二顺序法定继承人;养孙子女、养外孙子女可以代位继承其养祖父母、养外祖父母的遗产。

二、收养的消除效力

收养的消除效力,是指收养成立后依法终止原有的亲属关系及其权利义务的效力,也称收养的消极效力。收养的消除效力主要表现为养子女与生父母的法律效力以及养子女与生父母以外的其他近亲属的法律效力。

(一) 养子女与生父母之间的法律效力

本条第2款的规定:"养子女与生父母及其他近亲属间的权利义务关系,因收养关系的成立而消除。"可见,收养的消除效力所消除的,仅为法律意义上的父母子女关系,而非血缘意义上的父母子女关系。养子女与生父母间基于出生而具有的直接血缘联系,不能通过法律手段加以改变。

(二) 养子女与生父母以外的其他近亲属之间的法律效力

依据本条第2款的规定,养子女与生父母以外的其他近亲属间的权利义务关系,亦因收养关系的成立而消除。例如,养子女与生父母的父母不再存在祖孙的身份关系,与生父母的子女不再存在兄弟姐妹的身份关系。

◆【其他问题】

关于收养成立后,依法终止原有的亲属关系及其权利义务关系后,禁婚亲的问题。收养成立后,养子女与生父母以及生父母以外的其他近亲属之间的亲属关系消除。但是,收养的消除效力并不影响血缘关系这一客观事实。这种亲属关系的消除是法律意义上的亲属关系的消除,而非血缘意义上的亲属关系消除。本编第 1048 条规定:"直系血亲或者三代以内的旁系血亲禁止结婚。"在养子女与生父母以及生父母以外的其他近亲属之间的亲属关系消除后,该条禁止结婚的规定依旧适用。

(撰稿人:龙翼飞　姚　邢)

第一千一百一十二条 【养子女的姓氏】

养子女可以随养父或者养母的姓氏，经当事人协商一致，也可以保留原姓氏。

◆【法条由来】

本条规定是对《收养法》第 24 条的修改和完善。《收养法》第 24 条规定："养子女可以随养父或者养母的姓，经当事人协商一致，也可以保留原姓。"本条规定将《收养法》第 24 条中的"姓"改为"姓氏"。"姓氏"为"姓"的书面语，使用更加规范。《民法典》人格权编第 1015 条亦用了"姓氏"的概念，该条规定："自然人应当随父姓或者母姓，但是有下列情形之一的，可以在父姓和母姓之外选取姓氏：（一）选取其他直系长辈血亲的姓氏；（二）因由法定扶养人以外的人扶养而选取扶养人姓氏；（三）有不违背公序良俗的其他正当理由。""少数民族自然人的姓氏可以遵从本民族的文化传统和风俗习惯。"

◆【法条评注】

本条是关于养子女的姓氏的规定。本条规定体现了本编贯穿的人权平等、人格尊严、人本秩序、人亲和谐的核心法理思想以及权利法定、效力公信、公序良俗等具体法理规则。[1]《民法典》第 1012 条规定："自然人享有姓名权，有权依法决定、使用、变更或者许可他人使用自己的姓名，但是不得违背公序良俗。"可见，姓名权是公民一项重要的人格权，同时也是身份关系的一种标志。对养子女姓氏的更改，是收养效力的表现之一。根据本条规定，养子女可以随养父或者养母的姓氏，经当事人协商一致，也可以保留原姓氏。在我国的司法实践中，收养人年满 8 周岁以上的，如需要改动其姓名，还需要征得该收养人的同意。

(撰稿人：龙翼飞　姚　邢)

---

[1] 参见龙翼飞：《编纂民法典婚姻家庭编的法理思考与立法建议》，载《法制与社会发展》2020 年第 2 期。

> **第一千一百一十三条　【无效收养行为】**
> 有本法第一编关于民事法律行为无效规定情形或者违反本编规定的收养行为无效。
> 无效的收养行为自始没有法律约束力。

◆【法条由来】

本条规定是对《收养法》第25条规定的修改完善。主要包括：（1）法条引致的修改，将"《中华人民共和国民法通则》第五十五条"改为"本法第一编关于民事法律行为无效规定情形"，"本法"改为"本编"，实质内容不变。（2）将第2款简化为："无效的收养行为自始没有法律约束力"。

◆【法条评注】

本条是关于无效收养行为的规定。本条规定的内容，可以概括为以下几方面：

一、无效收养的原因

无效收养行为，是欠缺收养成立的法定要件，不能发生收养法律后果的收养行为。本条第1款规定："有本法第一编关于民事法律行为无效规定情形或者违反本编规定的收养行为无效。"因此，判断收养行为是否有效，应以《民法典》总则编有关民事法律行为要件的规定和本编有关收养关系成立要件的规定为依据。

1. 违反《民法典》第143条、第144条的规定。《民法典》第143条规定："具备下列条件的民事法律行为有效：（一）行为人具有相应的民事行为能力；（二）意思表示真实；（三）不违反法律、行政法规的强制性规定，不违背公序良俗。"《民法典》第144条规定："无民事行为能力人实施的民事法律行为无效。"根据前述条文规定，以下三种情形收养无效：第一，收养关系当事人不具备相应的民事行为能力。比如，夫妻双方都不具备完全民事行为能力。第二，收养的意思表示不真实。收养关系的建立，收养关系当事人意思表示应当真实。如果一方故意欺骗、胁迫另一方，使其作出错误的意思表示，受欺诈、胁迫的一方当事人可以主张收养无效。第三，收养行为的性质或内容违反法律、行政法规的强制性规定或者违背公序良俗。

2. 违反本编有关收养的规定。包括：（1）收养行为欠缺法定的实质要件。例如收养人、被收养人和送养人的条件，以及法律对于收养人数的限制和无配偶者收养异性的年龄限制等。（2）收养行为欠缺法定形式要件。例如，收养应当向县级以上人民政府民政部门登记、办理登记的民政部门对查找不到生父母的弃婴和孤儿应当在登记前予以公告等。

二、确认收养无效的程序

在司法实践中，依诉讼程序确认收养无效有以下两种情形：一是当事人或利害关系人提出请求确认收养无效之诉，由人民法院依法判决收养无效。二是人民法院在审理有关案件的过程中发现无效收养行为，在有关判决中确认收养无效。拟制血亲的亲子关系和自然血亲的亲子关系一样，是赡养、抚养、监护、法定继承等赖以发生的基础法律关系，认定收养行为是否有效，是正确处理有关案件的必要前提，也直接影响判决结果。

三、收养无效的法律后果

本条第 2 款规定："无效的收养行为自始没有法律约束力。"因此，收养关系被宣告无效后，自始无效，即具有溯及力。收养行为被宣告无效后，养子女与亲生父母的权利义务关系自动恢复，但第三人已经取得的权利，不因此而受影响，例如收养行为被宣告无效时，亲生父亲已死亡且遗产已进行分割完毕的，养子女对于亲生父亲的遗产无继承权。

在司法实践中，对于收养无效的法律后果的认定，亦应坚持"最有利于被收养人"的基本原则。对于部分缺失法定构成要件的收养行为，应考虑被收养人在收养家庭中的生活情况、宣告收养关系无效后被收养人的安置问题等具体情况，以被收养人的利益为首要考虑因素，作出最有利于被收养人的裁判。

◆【其他问题】

关于能否依行政程序确认收养无效的问题。《中国公民收养子女登记办法》第 12 条规定："收养关系当事人弄虚作假骗取收养登记的，收养关系无效，由收养登记机关撤销登记，收缴收养登记证。"至于当事人和利害关系人能否依行政程序申请确认收养无效的问题以及具体的程序问题，并无规定。身份立法重身份关系的稳定性，一旦在当事人之间形成了身份关系，除非有重大理由，方可宣告该身份行为无效。因此，为了体现"最有利于被收养人"这一现代各国收养立法的最基本原则，对于违反行政规定而面临收养无效的情形，如果从被收养人利益出发否认该收养的效力对其不利，亦应例外地肯定该收养的合法性。

（撰稿人：龙翼飞　姚　邢）

第三节 收养关系的解除

> **第一千一百一十四条** 【未成年人收养关系的解除】
> 收养人在被收养人成年以前,不得解除收养关系,但是收养人、送养人双方协议解除的除外。养子女八周岁以上的,应当征得本人同意。
> 收养人不履行抚养义务,有虐待、遗弃等侵害未成年养子女合法权益行为的,送养人有权要求解除养父母与养子女间的收养关系。送养人、收养人不能达成解除收养关系协议的,可以向人民法院提起诉讼。

◆【法条由来】

本条来自《收养法》第26条,在第1款将"十周岁"改为"八周岁",以适应《民法典》关于限制民事行为能力人年龄的下调。

◆【法条评注】

本条是关于未成年人收养关系解除的规定。收养关系是法律拟制的父母子女关系,既可以依法设立,也可以依法解除。《民法典》第1114条至第1118条对解除收养法律关系的途径、条件和程序作了明确的规定。按照上述规定,我国解除收养的方式有两种:一是依据收养当事人的协议而解除;二是依据收养当事人一方的要求而解除。

一、收养人和送养人协议解除

根据本条第1款第1句的规定,被收养人成年之前,收养人和送养人必须协商一致才能解除收养关系,即收养人不得单方面解除收养关系,也不得请求法院判令解除收养关系。在被收养人成年之后,收养人可以和被收养人根据第1115条第1句协议解除收养关系,也可以根据第1115条第2句请求法院判令解除收养关系。本条第1款第1句的立法意旨在于保护未成年人利益,防止发生因为收养人与送养人相互推卸抚养责任而致使未成年的被收养人无人抚养的情况。

被收养人不满8周岁的,收养人和送养人协商一致即可解除收养关系,无需征求被收养人的意见。夫妻共同收养或送养的,也必须由夫妻双方一致同意解除。收养人与送养人应当签订解除收养关系协议。

若被收养人为年满8周岁的未成年人,在收养人与送养人协商一致同意解除收养关系的基础上,还必须征得被收养人的同意。未成年养子女不同意解除收养关系的,即使收养人与被收养人一致同意,收养关系也不得解除。收养人与送养人签订书面解除收养关系协议时,8周岁以上的未成年被收养人应当在该协议上签字或者摁手印表示同意,或者在双方办理解除收养关系手续时,向民政部门工作人员作出同意表示。

二、送养人请求解除收养关系

本条第2款的立法目的在于保护未成年被收养人的合法权益,即送养人可以因收养人的特定过错行为而要求解除收养关系。收养关系成立后,养父母与养子女之间形成拟制血亲关系,养父母须依法承担抚养、教育、保护未成年养子女的义务和责任。收养人不依法履行抚养教育被收养人的义务,有虐待、遗弃等侵害未成年养子女之行为的,既违反了其法定义务,也违反了和送养人之间约定的义务,故送养人有权请求解除养父母与养子女之间的收养关系。当然,送养人也不能随意干预已经形成的拟制血亲关系,必须是在收养人不履行抚养义务,且有虐待、遗弃等行为时才可以提起解除。被收养人成年后,送养人就不再具有提起解除收养人与被收养人收养关系的资格。若养父母仍存在遗弃或虐待等行为,成年养子女可以根据第1115条解除收养关系。

司法实践中,法院可以通过公安部门向当事人下达的家庭暴力告诫书、未成年人所在学校和居委会的情况说明等材料确认虐待或遗弃之事实。若查证收养人确实有该类行为的,且被收养人未满8周岁的,应依法判决解除收养关系;如果被收养人已经年满8周岁,应听取被收养人意见,其亦同意解除收养关系的,依法判决双方解除收养关系;如年满8周岁的被收养人不同意解除收养关系,应对有过错的收养人批评教育,若其本人认识到自己的错误并愿意改正，可以不解除收养关系。

从保护未成年人利益和合法收养关系的角度出发，法院必须严格遵守本条限定的解除条件，不得任意扩大，具体而言：（1）收养关系成立后，因为送养人反悔、收养人无过错的情况下，送养人要求解除收养关系的，人民法院应当依法保护正当合法的收养关系，依法驳回送养人的诉讼请求，并应当对其进行适当的批评教育。（2）收养成立后，养父母一方反悔，或者发现收养的子女有生理缺陷或其他病症从而要求解除收养关系的，一般不应支持。（3）生父母故意泄露收养秘密或有其他不利于收养关系的行为，导致收养关系难以为继，养父母不得不同意和生父母协商解除收养关系的，依据《民法典》第1118条第2款规定，法院应在确认双方收养关系解除的同时判令生父母补偿养父母已经为养子女支付的抚养费。（4）收养人去世并不意味着收养关系解除，例如养父母先后去世，且被收养人在后去世方去世前已经成年的，只要养父母生前均未主张过解除收养关系，即使被收养人在其养父母去世后迁回生父母所在的地区，其与生父母之间的权利义务关系并不当然恢复。[①]

三、非送养人的生父母请求解除收养关系

根据《民政部、公安部关于开展查找不到生父母的打拐解救儿童收养工作的通知》的规定，若打拐解救儿童被收养后，公安机关查找到其生父母或其他监护人，或者其生父母或其他监护人又查找到该儿童的，如儿童的生父母或其他监护人要求解除收养关系，且经公安机关确认该儿童确属于被盗抢、被拐骗或者走失的，收养人应当与社会福利机构共同到民政部门办理解除收养关系登记。这是针对特殊情形的收养关系解除，仅适用于打拐解救儿童的收养关系。

（撰稿人：王葆莳）

[①] 参见郑某与洋浦经济开发区管理委员会再审行政裁定书，最高人民法院（2016）最高法行申4181号。

> **第一千一百一十五条　【成年后收养关系的解除】**
>
> 养父母与成年养子女关系恶化、无法共同生活的,可以协议解除收养关系。不能达成协议的,可以向人民法院提起诉讼。

◆【法条由来】

本条来自《收养法》第 27 条,内容没有实质性变动。

◆【法条评注】

本条是关于成年后收养关系的解除的规定。

一、收养人和被收养人协议解除收养关系

本条针对的是成年被收养人的收养关系解除。《民法典》中的收养制度不仅要有利于被收养人的健康成长,也是对我国养老制度的重要补充和完善。许多养父母之所以收养子女,也主要出于养老的考虑。被收养人成年后应当履行赡养养父母的法定义务,但如果其与养父母关系恶化,无法继续共同生活,此时维持收养关系并无实益。同时,已经成年的养子女具有完全民事行为能力,能够对未来生活安排作出独立判断,故本条规定,收养关系成立之后,若收养家庭生活情形发生重大变化,或者因为某种原因导致养父母和成年子女之间产生矛盾和隔阂,且难以调和、影响双方正常生活的,养父母和成年子女可以通过协议方式解除收养关系。解除协议的主要内容应包括各方当事人的基本情况;收养关系的成立时间、经过;解除收养关系的原因;解除收养关系住房及有关财产、生活安排等方面事宜的处理;解除收养关系的日期;双方认为应当约定其他内容,并由双方签字、盖章、注明日期。成年养子女与养父母不能达成解除收养关系协议的,或者虽然同意解除收养关系,但对财产分割存在争议的,要求解除收养关系的一方可以向人民法院提起诉讼。

二、关系恶化的认定

收养人或被收养人根据本条第 2 句诉请法院判令解除收养关系的,人民法院应尊重养父母与养子女的收养事实与实际关系，查明当事人收养的事实、收养人与被收养人生活的具体情况，查明解除收养关系的具体事实和理由，结合相关的证据材料，判定双方关系是否足以恶化到无法共同生活。同时要注意做好双方当事人的调解工作。当事人无法和好或者无法达成调解协议的，人民法院可以依法作出准予或者不准予解除收养关系的判决。

实践中，若收养人年事已高、需要照顾，法院会从严把握"关系恶化"的判定标准，避免出现收养人老无所依的情况。例如在"王某某与徐某某解除收养关系纠纷案"①中，原告要求解除收养关系的理由在于，原告因病住院手术被告也不来看望，手术时家属签字都不签，日常生活中也不对原告进行照顾，甚至多次扬言要解除收养关系。法院经审理后认为，养父母与成年养子女关系恶化、无法共同生活的，方可解除收养关系。原被告共同生活近40年，在被告养父去世前双方关系一直和睦，现原、被告虽然出现矛盾，但尚未恶化至无法共同生活的程度。原告年事渐高且老伴去世，又无其他子女，更需要被告及其家人的关心和照顾，原、被告之间的收养关系在当前不宜解除。

若收养人身体状况良好，经济独立，无需被收养人经济补偿，则对于关系恶化的判定相对较为宽松，例如原告诉请解除收养关系，②理由是"原告离家外住后拒不告知被告新的居住地址，对被告的电话、短信问候基本不回复，并拒绝参加被告的婚礼。双方关系淡漠，不相往来。原告身体状况良好，经济独立，有房可住，解除收养关系后，不需要被告的经济补偿"。法院审理后认为："原、被告双方自2016年来未共同生活，互不来往，关系淡漠。原告拒绝告知被告其新的居住住址，且拒绝参加被告的婚礼，足以证明双方关系已恶化，无法共同生活。现原告坚决要求解除收养关系，且不要求被告的经济补偿，本院对原告的诉请依法予以支持。"

（撰稿人：王葆莳）

---

① 参见辽宁省辽河人民法院民事判决书，（2017）辽7401民初1703号。
② 参见上海市虹口区人民法院民事判决书，（2019）沪0109民初28587号。

第一千一百一十六条 【解除收养关系的登记要件】

当事人协议解除收养关系的，应当到民政部门办理解除收养关系登记。

◆【法条由来】

本条来自《收养法》第 28 条，内容没有实质性变动。

◆【法条评注】

本条是关于解除收养关系的登记要件的规定。根据本条规定，收养关系的成立应当依法登记，收养关系的解除也必须依照法律规定的程序进行，不存在"事实解除"或"自动解除"收养关系之可能。收养人死亡或被收养人在成年后离开收养家庭，并不属于解除收养关系的情形，不能视为自动解除与被收养人的收养关系。①

根据 1998 年修正后的《收养法》第 28 条和《民法典》第 1116 条，解除收养关系必须到民政部门进行登记。双方当事人仅签订解除收养协议而未到民政部门登记的，解除协议不生效力。

在具体程序上，根据《中国公民收养子女登记办法》第 9 条和第 10 条规定，收养关系当事人应持居民户口簿、居民身份证、收养登记证和解除收养关系的书面协议，共同到被收养人常住户口所在地的收养登记机关办理解除收养关系登记。收养登记机关收到解除收养关系登记申请书及有关材料后，应当自次日起 30 日内进行审查；对符合《收养法》规定的，为当事人办理解除收养关系的登记，收回收养登记证，发给解除收养关系证明。协议解除收养关系属于重要的身份行为，各方当事人必须亲自到收养登记机关办理，不允许第三人代替。我国民政部门对于解除收养关系的协议并不作实质审查，仅作形式审查。

（撰稿人：王葆莳）

---

① 参见吴某、谭某机动车交通事故责任纠纷案，安徽省合肥市中级人民法院（2019）皖 01 民终 4638 号民事裁定书。

> **第一千一百一十七条** 【解除收养关系的法律效果】
>
> 收养关系解除后，养子女与养父母以及其他近亲属间的权利义务关系即行消除，与生父母以及其他近亲属间的权利义务关系自行恢复。但是，成年养子女与生父母以及其他近亲属间的权利义务关系是否恢复，可以协商确定。

◆ 【法条由来】

本条来自《收养法》第29条，内容没有实质性变动。

◆ 【法条评注】

本条是关于解除收养关系的法律效果的规定。

一、收养关系解除的一般效果

本条第1句规定了收养关系解除在身份关系上的一般效果，即从收养关系解除之日起，养子女与养父母间不再存在拟制血亲关系，他们相互之间的抚养、赡养、相互继承遗产的权利义务关系即行消除，养子女与养父母的近亲属之间的拟制直系或者旁系血亲关系也随之消除。养子女在收养期间因为继承、受赠与等原因取得的财产，属于养子女个人所有的财产，收养关系解除时，应当允许其带走。养子女的劳动收入在家庭共有财产中所占的份额，在收养关系解除时，也应对该家庭共有财产进行分割和析产，属于养子女个人的财产，也可由养子女带走。

收养关系解除后，未成年的养子女与其生父母之间的权利义务关系自行恢复，对未成年养子女的抚养教育责任由其生父母或者其他近亲属承担，同时相互之间的赡养、遗产继承等关系亦同时恢复。

二、成年被收养人和生父母协商恢复身份关系

成年被收养人和养父母解除收养关系后，由于和生父母多年来并无抚养、赡养关系，在现实生活中往往接触较少，可能会存在心理隔阂，且法律上对

近亲属有诸多权利或限制性规定，① 故有的成年养子女在解除收养关系后，基于种种原因不愿意恢复与生父母之间的父母子女关系。为尊重当事人对身份关系的选择权，本条第2句规定，收养关系解除后，当事人可以协商确定是否恢复被收养人和生父母及其他近亲属间的权利义务关系。

虽然本条规定"成年养子女与生父母及其他近亲属间的权利义务关系是否恢复，可以协商确定"，但由于被收养人和其他近亲属之间的权利义务关系均建立在父母子女关系基础上，故成年养子女只需和生父母协商恢复权利义务关系即可，无需和其他近亲属协商。养子女和生父母协商恢复父母子女关系的，和其他近亲属的法律上的权利义务关系也自行恢复。

从本条结构来看，第1句规定的是一般效果，第2句但书条款应为例外情形，即收养关系解除后，养子女与生父母及其他近亲属间的权利义务关系原则上自行恢复，但成年养子女和生父母可以通过协商，例外地约定不恢复父母子女关系。第1句的立法目的在于避免收养关系解除后未成年子女出现抚养真空现象，而在被收养人成年的情况下不存在此种不利可能，故可以更多考虑当事人的自主选择。

同时要考虑到，从社会习惯的角度来看，现实中双方很少就是否恢复父母子女关系进行书面约定，更罕有专门约定不恢复父母子女关系的情形，由此可能会导致本条第2句立法目的落空。我们认为，在判定被收养人和生父母是否恢复权利义务关系时，"协商确定"在形式上可以包括书面形式和其他行为方式，不应苛求当事人必须通过书面协议约定。法院应根据相关证据探求当事人是否有恢复父母子女关系的意愿和事实，且由主张恢复父母子女关系的当事人承担举证责任。② 例如，成年养子女在收养关系解除后和生父母共

---

① 例如，《企业国有资产法》第45条第3项规定，未经履行出资人职责的机构同意，国有独资企业、国有独资公司不得向董事、监事、高级管理人员或者其近亲属所有或者实际控制的企业投资。《期货公司监督管理办法》第49条规定："期货公司的董事长、总经理、首席风险官之间不得存在近亲属关系。"《精神卫生法》第28条第1款规定："除个人自行到医疗机构进行精神障碍诊断外，疑似精神障碍患者的近亲属可以将其送往医疗机构进行精神障碍诊断。对查找不到近亲属的流浪乞讨疑似精神障碍患者，由当地民政等有关部门按照职责分工，帮助送往医疗机构进行精神障碍诊断。"
② 参见吴某与谭某、中国人民财产保险股份有限公司镇江市分公司机动车交通事故责任纠纷案，安徽省合肥市中级人民法院（2019）皖01民终4638号民事裁定书。

同生活,① 其他近亲属认可其为家庭成员的,可以推定双方协商恢复父母子女关系。反之,如果生父母拒绝成年被收养人回家居住,或者生父母病重住院期间子女未曾探视,则可以认定双方并未协商确定恢复父母子女关系。

(撰稿人:王葆莳)

---

① 收养人毕某 1 夫妇去世后,被收养人毕某 2 和亲生父亲毕某 3 之间的权利义务关系,因后期共同生活而自然恢复。参见李某、毕某 4 返还原物纠纷案,天津市高级人民法院(2018)津民申 10 号民事判决书。

> **第一千一百一十八条　【收养关系解除后的补偿义务】**
>
> 　　收养关系解除后，经养父母抚养的成年养子女，对缺乏劳动能力又缺乏生活来源的养父母，应当给付生活费。因养子女成年后虐待、遗弃养父母而解除收养关系的，养父母可以要求养子女补偿收养期间支出的抚养费。
>
> 　　生父母要求解除收养关系的，养父母可以要求生父母适当补偿收养期间支出的抚养费；但是，因养父母虐待、遗弃养子女而解除收养关系的除外。

◆【法条由来】

本条来自《收养法》第 30 条，主要将条文中"生活费和教育费"改为"抚养费"。

◆【法条评注】

本条是关于收养关系解除后的补偿义务的规定。

一、成年养子女的生活费给付义务

本条第 1 款第 1 句规定了成年养子女对养父母的生活费给付义务。因为收养关系的解除，并不能改变养父母对养子女承担过抚养关系的事实，从权利义务平等原则出发，养子女也应对缺乏劳动能力又没有生活来源的养父母尽赡养扶助义务，即使双方不再存在收养关系。主张生活费给付的前提是"缺乏劳动能力又没有生活来源"，如果仅具备其中一项条件，就无法主张该给付义务。同时要注意，要结合养父母的实际生活需要判断是否"没有生活来源"。例如有的收养人虽然有一定经济收入，如低保或退休金，但收养人年事已高且无人照顾，或身有残疾，或患有疾病，其养老金无法满足其医疗生活需要的，生活困难实际发生，即应酌情判令养子女支付一定数额的生活费。这符合权利义务一致的民事法律原则，亦有利于保护老年人的合法权益。

生活费的数额，则应根据养子女的负担能力和养父母的实际需要，并以达到当地一般群众生活水平为准,具体的数额和给付方式,可以由养父母与子女协商确定。协商不成的,由人民法院根据当地城镇居民或农村居民的人均收入、家庭平均生活消费支出水平,以及双方当事人的实际收入等情况综合考虑,可以采用半年或一年支付一次的方式。若养父母还有其他亲生子女等抚养义务人,可以酌减养子女的生活费支付数额。

我们认为,根据《民法典》第 1114 条和第 1115 条的规定,解除收养关系有三种情况:(1)收养人和送养人协议解除对未成年人的收养关系。(2)因收养人不履行扶养义务,送养人通过协商或诉讼解除收养关系。(3)养父母和成年养子女协议或通过诉讼解除收养关系。本条第 1 款第 1 句规定的成年养子女生活费给付义务,应是针对第 1 种和第 3 种解除收养关系情形。若收养关系因为收养人不履行抚养义务、虐待或遗弃未成年养子女而解除,收养人的行为违反了收养制度的根本目的,无权要求成年养子女给付生活费。

二、养子女的抚养费补偿义务

本条第 1 款第 2 句规定,因养子女成年后虐待、遗弃养父母而解除收养关系的,养父母可以要求养子女补偿收养期间支出的抚养费。若双方因为关系恶化而根据第 1115 条解除收养关系,且此种关系恶化的原因在于养子女成年后虐待和遗弃养父母导致,即养子女对于关系恶化存在过错,则应对养父母在收养期间支出的抚养费做出补偿。但如果收养人没有相应证据证明养子女成年后对其有虐待、遗弃行为,就无法主张补偿请求权。

根据《民法典婚姻家庭编司法解释(一)》第 42 条的规定,"抚养费",包括子女生活费、教育费、医疗费等费用。就抚养费具体数额而言,《民法典婚姻家庭编司法解释(一)》第 49 条规定:抚养费的数额,可以根据子女的实际需要、父母双方的负担能力和当地的实际生活水平确定。有固定收入的,抚养费一般可以按其月总收入的 20% 至 30% 的比例给付。负担两个以上子女抚养费的,比例可以适当提高,但一般不得超过月总收入的 50%。无固定收入的,抚养费的数额可以依据当年总收入或者同行业平均收入,参照上述比例确定。有特殊情况的,可以适当提高或者降低上述比例。实践中法院一般也以当地城镇居民年人均可支配收入和农村居民年人均纯收入作为计算抚养费的主要依据,并在此基础上酌情考虑养子女在抚养过程中的其他合理开支。

例如在"苏某1、周某与刘某、王某等抚养费纠纷案"中,① 法院认为,抚养费应以人均消费性质支出为基本计算标准;此外,原告主张为养子女治疗牙齿的医疗费用 5800 元,该费用不在人均生活消费性支出之内,且数额较大,应当一并给付原告。原告主张为养子女学习驾驶培训费用支出 5000 元,因该费用是一种技能培训费用,亦不在人均生活消费性支出之内,且数额较大,应当一并给付原告;原告主张的教育费,已包括在居民人均消费性支出之中,不应重复给付。

适用本条时,应注意本条第 1 款第 1 句和第 2 句规定了两项不同的请求权,法院应根据当事人的主张分别加以判定。例如在"李某与王某解除收养关系纠纷案"中,② 收养人因被告的虐待行为导致双方关系恶化,故请求解除收养关系,并要求被告支付生活费和教育费。法院经审理后认为,考虑到原告因年老已经丧失了劳动能力,又没有其他经济来源,故判令被告在解除收养关系时向原告支付一定数额的生活费;另外,原告不能提供证据证明被告存在虐待、遗弃养父母的行为,主张要求被告支付收养期间支出的抚养费的请求,不予支持。

三、生父母的补偿义务

本条第 2 款规定,生父母要求解除收养关系的,养父母可以要求生父母适当补偿收养期间支出的抚养费。但因养父母虐待、遗弃养子女而解除收养关系的除外。生父母要求解除收养关系的原因有二:一是因养父母不承担抚养义务,或虐待、遗弃养子女;二是生父母自身反悔而主动要求协商解除收养关系,甚至通过向他人透漏收养事实等方式干扰收养关系,从而迫使收养人同意解除收养关系。在第一种情形下,养父母无权要求补偿抚养费;在第二种情况下,生父母的行为在一定程度上损害了养父母的感情和经济利益,因此应适当补偿其在收养期间所支出的抚养费。

(撰稿人:王葆莳)

---

① 参见江苏省兴化市人民法院民事判决书,(2019)苏 1281 民初 3957 号。
② 参见河北省饶阳县人民法院民事判决书,(2018)冀 1124 民初 268 号。

后 记

《中国民法典评注》由中国民法学研究会会长王利明教授担任总主编，丛书共计12册。丛书的策划写作始于2020年年初，到正式出版历时20月有余，最初的统稿工作完成于2020年9月底，但考虑到最高人民法院将于2020年年底完成司法解释清理工作，各编内容将受到不同程度的影响，故决定书稿内容等到司法解释颁布时做相应修改再交付印刷，后获悉《个人信息保护法》《人脸识别司法解释》等法律规范也将颁布，故直到2021年8月底才交付书稿。后续我们将根据法律规范的变化而不断修改完善本套丛书，以期能为《民法典》的贯彻实施起到一定的积极作用。

本书是针对《民法典》婚姻家庭编的评注，由龙翼飞教授担任主编，冉克平教授担任执行主编负责本编的统稿工作。人民法院出版社的法信团队为本书的出版做了大量的编辑工作。本编写作分工如下（除主编、执行主编外，其余作者按照姓氏笔画排列）：

龙翼飞（主编）：《民法典》第1040条至第1043条、第1045条至第1050条、第1053条、第1083条、第1090条、第1111条至第1113条

冉克平（执行主编）：《民法典》第1084条至第1089条、第1091条至第1092条

王葆莳：《民法典》第1044条、第1093条至第1110条、第1114条至第1118条

叶名怡：《民法典》第1064条至第1065条

孙维飞：《民法典》第1076条至第1079条

李昊：《民法典》第1051条至第1052条、第1054条

李国强：《民法典》第1067条至第1075条

肖新喜：《民法典》第1055条至第1063条、第1066条

姚邢：《民法典》第1080条至第1082条

作者谨识

二〇二一年十一月一日